MONDE D'HIER, MONDE DE DEMAIN

"Lettres néerlandaises"
Série dirigée par Philippe Noble

Ouvrage publié avec le concours
de la Fondation néerlandaise des lettres

Nederlands
letterenfonds
dutch foundation
for literature

Photos © archives privées de l'auteur, à l'exception des p. 161 et 325.
p. 161 : © https://www.paneuropa.at/karl-von-habsburg-bei-der-austro-british-society/
p. 325 : © catholicherald.co.uk/the-21st-century-habsburg-mission/

Titre original :
Beter wordt het niet
Een reis door het Habsburgse Rijk en de Europese Unie
Éditeur original :
De Geus, Amsterdam

ISBN 978-2-330-17374-6

CAROLINE DE GRUYTER

Monde d'hier, monde de demain

Un voyage à travers l'empire des Habsbourg et l'Union européenne

traduit du néerlandais (Pays-Bas)
par Olivier Vanwersch-Cot

ACTES SUD

Jamais, peut-être, les empires n'ont fait l'objet d'autant d'études.

PATRICE GUENIFFEY ET THIERRY LENTZ,
La Fin des empires (2016).

PRÉFACE À L'ÉDITION FRANÇAISE

Je suis ravie de voir ce livre paraître en traduction française.

En découvrant dans l'histoire de l'empire des Habsbourg une foule d'enseignements applicables à l'Europe d'aujourd'hui, j'ai eu la surprise de ma vie. Ce qui m'a poussée à écrire ce livre, c'est l'idée qu'un tel rapprochement pouvait s'avérer tout aussi éclairant pour d'autres que moi. En ces temps incertains de basculements et de bouleversements, le fait de porter un regard rétrospectif sur cet autre État multinational – un État qui a su se maintenir pendant des siècles – peut donner des repères, ouvrir des perspectives et, qui sait, apporter même un peu d'espoir. Car, à bien y regarder, on s'aperçoit que l'Union européenne n'a pas seulement en partage avec l'Empire habsbourgeois l'indécision, la lenteur et la médiocrité, mais aussi une résistance et une solidité que l'on a trop souvent tendance à sous-estimer. Même dans la vieille Mitteleuropa.

Ce livre a été écrit avant l'invasion de l'Ukraine par Vladimir Poutine en février 2022. L'édition originale néerlandaise a même paru un an auparavant, au début de mars 2021. Mais si cette guerre est absente des pages qui suivent, cela ne veut pas dire pour autant que la comparaison entre l'empire des Habsbourg et l'Union européenne ait en rien perdu de sa validité. Au contraire. Il y a beau temps que Poutine cherche à déstabiliser en matière politique, militaire et économique d'anciennes républiques soviétiques telles que la Tchétchénie, la Géorgie, la Moldavie et l'Ukraine. La peur de "l'ours russe" est depuis des années l'un des facteurs dominants de la vie politique dans de larges parties de l'Europe centrale et orientale. C'est bien pourquoi l'ombre portée de Poutine s'étendait déjà sur maintes pages de ce livre.

L'invasion de l'Ukraine n'a fait que rehausser la pertinence de nombreux passages évoquant une fière Russie qui se penche inlassablement sur son passé et se pose en éternelle victime de tous et de tout (en contraste saisissant avec l'Europe occidentale, qui préfère en général regarder devant elle). De même, les parallèles que je trace entre les politiques étrangère et de défense menées autrefois par les Habsbourg et aujourd'hui par l'Europe, ainsi que leur commune incapacité à faire la guerre, ont peut-être de quoi susciter plus que jamais nos réflexions.

Les turbulences géopolitiques actuelles sont pour beaucoup d'entre nous une source d'inquiétude et d'incertitude. Mais pour nombre de Français et d'autres Européens solidement ancrés dans l'Union, cette continuité historique – cette ligne droite reliant l'empire des Habsbourg à l'Europe d'aujourd'hui – devrait pouvoir être aussi, d'une manière ou d'une autre, un facteur de réconfort.

CAROLINE DE GRUYTER,
Bruxelles, automne 2022[1].

1. Traduction : Philippe Noble.

L'EMPIRE DES HABSBOURG VERS 1900

ARBRE GÉNÉALOGIQUE

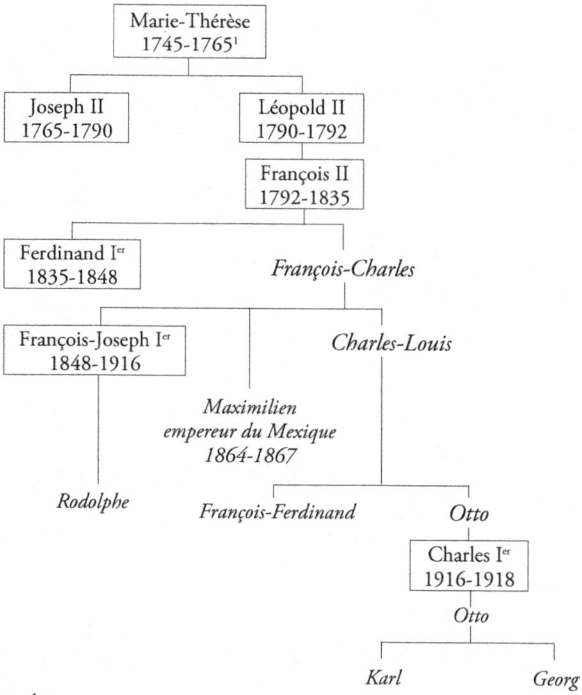

Légende :

— En romain et en encadré : empereurs et impératrice de l'Empire habsbourgeois.

— En *italique* : archiducs ou princes non régnants.

1. Marie-Thérèse régna de 1740 à 1780, mais ne porta le titre d'impératrice que durant la période où son époux, François-Étienne de Lorraine, fut empereur du Saint Empire. De 1765 à 1780, elle fut officiellement "régente" pour le compte de son fils Joseph II.

INTRODUCTION

Béla Zombory-Moldován a vingt-neuf ans quand sa vie bascule. Été 1914 : il passe ses vacances sur la côte adriatique en compagnie de ses amis. Soudain, la Première Guerre mondiale éclate. Dans la semaine suivant l'événement, l'artiste insouciant et tendre, le fils de bonne famille hongrois, revêt son uniforme et part pour le front.

Il n'a aucune idée de ce qui l'attend, écrit-il dans *The Burning of the World*, les Mémoires de sa première année de guerre publiés par son petit-fils en 2014. Pour lui, la guerre ne veut rien dire : "Après mon grand-père, plus aucun membre de la famille n'avait combattu. Ils étaient tous plus ignorants que moi et ne pouvaient rien me dire qui puisse m'aider. Jusqu'à ce que la guerre nous tombe dessus, nous la considérions comme une absurdité. Maintenant, elle était devenue réalité. Notre seule consolation était que l'ennemi avait sans doute le même problème."

Quiconque lit ces lignes, dans une Europe qui vit, au plus près, sa première guerre depuis plus de soixante-dix ans, ne peut s'empêcher de relever certains parallèles. Personne ne dit qu'une guerre mondiale va éclater. Nous ne sommes pas en 1914. Pourtant, comme à cette époque, bien des plaques tectoniques ont bougé au cours des dernières années. Les guerres et les conflits armés se rapprochent – Ukraine, Syrie, Libye, Haut-Karabakh. Et de la même manière que les contemporains de Zombory-Moldován spéculaient sur la chute de l'empire des Habsbourg, l'ensemble multinational dont faisait partie la Hongrie, certains envisagent aujourd'hui la fin de la tout aussi multinationale Union européenne. Chaque nouvelle crise, prétend-on, menace son existence même. Or les crises, ce n'est pas ce qui manque.

Se pourrait-il que l'une d'elles soit fatale à l'Union ? Est-il envisageable que celle-ci connaisse un sort semblable à celui de l'empire des Habsbourg ? Et que se passerait-il dans ce cas ?

Voilà le genre de questions que je m'efforcerai d'examiner dans ce livre – sans toutefois, et de façon délibérée, leur apporter de réponse.

D'abord parce que les événements de ce genre sont imprévisibles. Personne ne sait ce qui va se passer. En dépit de toutes les sombres prédictions le concernant, l'empire des Habsbourg a perduré six siècles.

Mes réticences s'expliquent en deuxième lieu par le fait que toute réponse définitive devrait reposer sur un travail universitaire répertoriant précisément les similitudes et les différences existant entre l'empire des Habsbourg et l'Union européenne. Or je ne suis pas une chercheuse universitaire.

Enfin, je ne souhaite pas me livrer à l'exercice consistant à poser, puis à défendre, une thèse. Cela ne m'intéresse pas. Dans les temps polarisés qui sont les nôtres, on nous assomme de livres où l'auteur énonce un point de vue tranché, à l'américaine, puis enfonce le clou en alignant les arguments au fil des chapitres.

Très peu pour moi. J'ai essayé de faire le contraire. Ce livre n'est en aucun cas un traité exhaustif sur les similitudes et les différences, mais plutôt une quête impressionniste et personnelle au cours de laquelle certaines fenêtres se sont ouvertes, et d'autres non.

Mon point de départ est simple. De 2013 à 2017, j'ai habité à Vienne, la capitale de l'Empire austro-hongrois jusqu'en 1918. J'ai alors été surprise de constater combien l'esprit des Habsbourg hantait encore les lieux. Tout naturellement, j'ai commencé à m'intéresser à l'histoire du pays. Tout ce que j'ai découvert, lu ou entendu a infléchi ma vision de l'Europe. Depuis plus de vingt ans, mon métier consiste à commenter l'actualité européenne pour la presse et les médias. Mon immersion temporaire dans le monde des Habsbourg m'a amenée à me poser toutes sortes de questions que je ne me serais vraisemblablement pas posées – en tout cas, pas de cette façon – si, au lieu d'habiter quatre ans à Vienne, je m'étais installée à Zurich ou à Dublin.

C'est tout[1].

Dans ce livre, je tente de croquer le portrait de l'Union européenne en faisant un long détour. Un portrait personnel. Qu'est-ce que l'Union européenne ? Et que n'est-elle pas ? Que pouvons-nous

1. En français dans le texte. *(Toutes les notes sont du traducteur ou de l'éditeur.)*

en attendre ? Le détour en question n'est autre que l'empire des Habsbourg.

Ma perspective européenne colore cet empire, de même que mon regard habsbourgeois colore l'Europe.

En choisissant cette approche, j'espère me tenir à distance des discussions stériles opposant ceux qui trouvent l'UE trop puissante à ceux qui considèrent qu'elle n'a pas assez de pouvoir. L'Union étrangle-t-elle les États-nations démocratiques et souverains ? N'est-elle au contraire qu'une entité impuissante et désespérément divisée trahissant la promesse d'apporter l'unité et la solidarité aux peuples européens qui se sont déchirés pendant des siècles ? Autre question que je préfère éluder.

Qui a raison, du nationaliste ou du fédéraliste ? Je n'en sais rien. Mais le regard qu'ils posent l'un et l'autre sur l'Europe me paraît statique et inintéressant. Chacun d'eux a un rêve, un rêve d'où proviennent leurs attentes – forcément exagérées. Jamais l'UE ne pourra les satisfaire, ce qui condamne les deux camps à une déception permanente.

Il y avait déjà longtemps que je m'interrogeais : ne pouvons-nous pas poser sur l'Europe un regard plus réaliste et plus nuancé ? Ne pouvons-nous pas accepter que l'Union ait des limites et en attendre un peu moins ? Comment se fait-il que l'Europe soit une grande puissance aux yeux du monde, alors que ses propres citoyens mettent l'accent sur ses faiblesses et sa pusillanimité ?

Avant Vienne, j'ai habité à Bruxelles. Mes dernières années dans cette ville ont été très chargées. La crise financière, la crise économique et la crise de l'euro – dans cet ordre – y ont donné lieu à un gigantesque spectacle politique. Chaque sommet était qualifié d'"existentiel", de "réunion de la dernière chance". À la surprise de nombreux commentateurs, l'UE a survécu à ces chocs. Chaque fois que les chefs de gouvernement frôlaient l'abîme, ils décidaient qu'il valait mieux passer des compromis que se jeter dans le vide. Ils voulaient survivre. Et cela a changé l'Union. Sur certains plans, elle s'est consolidée, tandis que sont apparues de nouvelles lignes de fracture.

De Vienne, j'ai rendu compte des crises ultérieures qui ont secoué l'Europe : la crise des migrants et le Brexit. Entre-temps, j'approfondissais mes connaissances sur l'empire des Habsbourg qui, bien plus que je ne me l'étais imaginé, avait lui aussi exercé un gouvernement partiel et difficile sur plusieurs peuples, rarement d'accord entre eux et toujours jaloux les uns des autres. Les Habsbourg, ai-je découvert, poursuivaient une incessante quête de compromis semblable à celle que j'avais observée à Bruxelles. Certains processus m'étaient tout à fait familiers : l'ajustement, l'adaptation et le remaniement sans fin puisque chaque réforme en appelle inévitablement une autre. Les Habsbourg devaient compter, comme les Européens d'aujourd'hui, avec une grande vulnérabilité militaire qui les contraignait à mener une politique extérieure fondée sur la préservation de zones tampons, sur les alliances avec leurs voisins et sur l'art de la temporisation. D'autre part, ils avaient, comme nous, tendance à sous-estimer leurs forces – aux yeux des autres, ils étaient plus puissants qu'ils n'en avaient eux-mêmes conscience. L'empire était de toute part, et en permanence, la cible d'attaques.

Tout à coup, mon séjour à deux pas d'un des palais impériaux de la ville me mettait sous les yeux une multitude de fils reliés à l'Europe actuelle. J'ai tiré sur ces fils. Certains ne se rattachaient à rien. Ils me laissaient bredouille. Mais d'autres pointaient vers des livres ou des travaux de recherches intéressants, suscitaient des rencontres et des voyages passionnants. Toutes choses qui finirent par modifier sensiblement mon point de vue sur l'Europe.

Les pages suivantes sont le récit de cette enquête. Rien de plus et rien de moins. Elles sont remplies de notations subjectives et de photos que j'ai prises moi-même. Je pose des questions auxquelles ni moi ni mes interlocuteurs n'avons de réponse. Je saute parfois du coq à l'âne. Dans les bons moments, la réflexion s'approfondit. Les choses se sont vraiment passées ainsi. Ce livre a été écrit par tâtonnements successifs. Je n'avais pas de structure, pas de schéma, pas même de date de remise à l'éditeur. Il a été terminé quand il l'a été. À l'époque, j'avais depuis longtemps déménagé à Oslo – où j'ai d'ailleurs découvert de nouveaux matériaux intéressants pour mon sujet.

La pandémie de Covid-19 m'a empêchée de faire tout ce que j'aurais voulu. J'ai dû annuler mes dernières visites à Vienne. J'aurais aussi aimé retourner une dernière fois à Trieste. J'avais prévu d'assister le 28 juin à la réunion de famille organisée chaque année par les Habsbourg pour commémorer l'assassinat du prince héritier François-Ferdinand à Sarajevo en 1914, mais ce projet est également tombé à l'eau.

Mais peut-être n'est-ce pas une catastrophe. Ce livre est par définition incomplet et inachevé, tout comme l'empire des Habsbourg et l'Union européenne.

Ma principale ambition est de faire connaître à mes lecteurs des choses qui étaient nouvelles pour moi, qui m'ont passionnée et ont enrichi mon regard sur l'Europe – dans l'espoir que ces découvertes les passionneront autant que moi. À l'heure où des slogans simplistes menacent d'effacer la nuance et la réflexion, il est bon de continuer à se poser des questions. D'accepter son ignorance. Et de cultiver le doute.

C'est dans un contexte semblable que le jeune peintre Béla Zombory-Moldován écrivit ses Mémoires depuis le jour de l'année 1914 où lui et ses amis furent directement transportés de la plage adriatique de Novi Vinodolski vers le front de l'Est. Un contexte historique marqué par de graves désordres sociaux, politiques et géopolitiques.

Au cours de la première année de guerre, il est grièvement blessé et retourne chez lui. Mais il ne parvient pas à renouer le fil de son existence. La vie normale est devenue pour lui aussi irréelle que sa condition de soldat moins d'un an plus tôt. Il comprend alors que quelque chose s'est cassé – un monde, une façon de vivre qui ne reviendra plus jamais.

Il en prend conscience le jour où il se retrouve sur la côte adriatique, attablé face à la mer dans une trattoria où il déguste un demi-litre de vin rouge. La scène se passe en 1915 ; il est venu chercher l'inspiration – en vain. Il constate avec un ami que le XXe siècle naissant n'a pas produit grand-chose de bon. La guerre, que tout le monde supposait brève, s'éternise. Et la société s'étourdit de slogans et de grands mots tels que "renouvellement", "nouvelle vision", "démocratie" – un vacarme d'"ismes" qui s'enchaînent en un tourbillon de plus en plus brutal, de plus en plus rapide, de plus en plus abrutissant. Peut-être, finit par dire le peintre, "que tous ces désordres déboucheront sur une transformation révolutionnaire, ou qu'ils ne sont rien d'autre que des fétus de paille voletant dans le vent".

Notre situation n'a, je le répète, rien de comparable avec celle de cette époque. Mais la remarque de Béla serait tout à fait d'actualité en 2021. C'est pour cela que ce livre a vu le jour.

Oslo, janvier 2021.

CHAPITRE 1

Everything that has happened to our forefathers is still happening.
"Tout ce qui est arrivé à nos ancêtres continue de nous arriver."

EDMUND DE WAAL,
The White Road: A Pilgrimage of Sorts (2015).

I

Je vide des cartons de déménagement à Vienne. Mon regard se dirige vers le square sur lequel donne notre appartement. Une classe de maternelle joue dans l'herbe. Deux institutrices aussi rousses l'une que l'autre fument près d'un coquet massif de fleurs et rappellent de temps à autre un bambin à l'ordre. Bizarre : dans ce pays, ce n'est presque jamais la peine. Bien qu'aucun grillage n'entoure le square, aucun enfant ne s'aventure sur la chaussée.

Le square s'appelle Katharina Schratt Platz. Le nom figure sur une plaque. Qui, me demandé-je en découpant l'adhésif du carton suivant, peut bien être cette Katharina Schratt ?

De nombreux Européens craignent que "nous ne devenions tous pareils". L'unification européenne et la mondialisation suscitent cette crainte. Les populistes jouent sur cette corde. Mon expérience me prouve exactement le contraire. Il suffit de déménager un certain nombre de fois d'un pays européen à un autre pour constater combien nous sommes différents. Je quitte Bruxelles pour Vienne et je ne comprends plus rien. La Belgique et l'Autriche sont toutes deux membres de la zone euro et de l'espace Schengen. Il y a des H&M partout. Amazon livre impeccablement tous les livres que la vénérable librairie Frick, l'institution du Graben, ne possède pas en rayon. Mais pour le reste, j'ai perdu toutes mes antennes. Mes antennes sociales, mes antennes historiques. Autour de moi, le monde a complètement changé.

Qui, par exemple, était Katharina Schratt ? J'interroge des habitants du quartier. Ils me regardent d'un air incrédule. "Vous ne savez pas qui était Katharina Schratt ?" me demande une voisine, comme pour s'assurer d'avoir bien compris ma question. Katharina Schratt, m'explique-t-elle, était l'amie de François-Joseph, l'avant-dernier empereur, qui a régné presque soixante-dix ans. Actrice, elle jouait parfois au Burgtheater. L'empereur l'admirait. Comme sa femme, l'impératrice Sissi, ne séjournait que rarement à Vienne, François-Joseph se sentait seul. L'idée de lui procurer une compagnie féminine venait de Sissi. Elle avait elle-même choisi l'actrice pour son mari. Schratt faisait la lecture à l'empereur et se promenait avec lui dans le parc. Elle lui avait acheté un poêle parce qu'il faisait très froid dans son bureau. Les historiens ne savent toujours pas s'ils avaient une relation amoureuse, ou seulement platonique. D'après une rumeur persistante, l'empereur se serait tellement attaché à Katharina qu'il se serait marié avec elle après l'assassinat de Sissi. Mais il n'existe aucune preuve de cette union. Seule certitude : l'actrice était logée ici, dans une des demeures bordant ce jardin du quartier de Hietzing. Ce square – dorénavant mon square – est situé tout près du château de Schönbrunn, la résidence d'été de l'empereur. À partir de son logement, Katharina pouvait emprunter une entrée secondaire pour s'enfoncer discrètement dans le parc en longeant les hautes verrières de la magnifique serre aux palmiers et les grilles du plus ancien jardin zoologique d'Europe. Apparemment, elle rendait visite au souverain presque tous les jours.

À peine ai-je terminé mon enquête que la municipalité fait installer à l'entrée du square un disgracieux panneau indiquant le nom et l'histoire de l'actrice. Dans la foulée, le square est promu "Park".

À côté de l'ancienne demeure de Katharina se dresse une vaste maison jaune-ocre au perron accessible par un escalier double. Quand il fait sombre, on voit des lustres scintiller au premier étage. Parfois, des personnes d'un certain âge en sortent ; d'autres fois, ce sont des gens jeunes poussant des voitures d'enfant. Style loden et pantalon à carreaux. Il s'agit de la résidence de famille des Esterházy. Depuis plus de deux cents ans, plusieurs générations y résident. Toutes sous le même toit. Comme si rien n'avait changé. Ils faisaient autrefois partie de la cour impériale et ne sont plus jamais partis depuis.

Hietzing se situe au sud de la ville. Le métro dessert l'arrondissement, aujourd'hui rattaché à une métropole de presque deux millions d'habitants. À l'origine, Hietzing était un village indépendant. L'empereur habitait à la Hofburg, au centre de Vienne. Schönbrunn était sa résidence d'été. Pendant longtemps, Le château fut le seul endroit où il pouvait voir son épouse dans la capitale. Sissi venait de Bavière. Les snobs viennois la considéraient comme une grossière paysanne. L'impératrice s'efforça de leur plaire pendant des années. Elle s'épuisait à paraître de plus en plus belle, affichant une taille de plus en plus fine. Elle voulait que les gens soient fiers d'elle. Un des endroits les plus étonnants du palais de Schönbrunn est sa salle de gymnastique, équipée de barres fixes et d'un cheval d'arçons en bois recouvert de cuir. Quand elle ne pesa pratiquement plus rien, sans doute gravement anorexique, elle renonça et se mit à voyager. Sissi passait la plupart de son temps à l'étranger. Elle séjournait souvent en Grèce et en Hongrie. Parfois en Angleterre, où elle pratiquait l'équitation. Les rares fois où elle rentrait à Vienne, elle n'allait pas plus loin que Schönbrunn. Elle refusait de pénétrer plus avant dans la ville. Pour voir son épouse, l'empereur n'avait d'autre choix que de venir la rejoindre, accompagné de sa suite. Toute la cour prenait alors le train. Otto Wagner, l'architecte créateur de plusieurs stations du métro viennois, conçut spécialement pour elle une petite gare près du palais. Celle-ci a été magnifiquement rénovée en 2014.

Aujourd'hui, Schönbrunn est la plus grande attraction touristique d'Autriche. Une foule de bus remplis de Chinois bloquent l'entrée. Dans les boutiques du musée, les touristes achètent des chopes, des porte-clefs et des chocolats ornés du portrait de Sissi. L'altesse que les Viennois ne pouvaient pas supporter. Partout semblable, l'Europe ? À mon avis, pas du tout.

Nous habitons près de l'entrée secondaire par laquelle passait Katharina pour rejoindre l'empereur. Du côté calme, loin des bus de touristes. Le côté où les familles aisées qui travaillaient pour l'empereur se faisaient construire des maisons.

C'est dans une de ces maisons que nous avons emménagé. Jaune, vaste, et en forme de U. L'espace intérieur abrite un jardin. Nous occupons une des branches du U au premier étage. Les propriétaires, qui logent au rez-de-chaussée, donnaient autrefois des fêtes et des réceptions à l'étage. Les pièces sont disposées en enfilade. Dans chacune d'elles, une double porte peinte en blanc donne sur une autre chambre. Où s'ouvre une autre porte donnant sur la pièce suivante. Pas de couloir.

La maison a beaucoup de charme. Parquet à l'ancienne craquant sous les pas, doubles vitrages fermés par d'antiques ferrures, balconnets circulaires, mais comment aménager l'appartement pour éviter de traverser constamment les chambres à coucher des autres ?

Seule la cuisine a été négligée. Elle a été installée plus tard. Armoires des années 1980, un peu déglinguées. Une seule famille occupait autrefois la maison. Il n'y avait qu'une cuisine, en bas. Le personnel de maison devait monter et descendre les escaliers, les bras chargés de plats et d'assiettes.

Ceci est une maison habsbourgeoise, une maison de style Biedermeier[1]. La propriétaire habite en bas. Je lui donne dans les trente-cinq ans. Elle a trois

1. Correspondant à peu près à notre style Restauration ou Louis-Philippe dans les pays de culture allemande.

jeunes enfants. Son arrière-grand-père travaillait pour l'empereur, son mari est un prince allemand.

En Autriche, les titres de noblesse ont été abolis après l'effondrement de l'empire en 1918. De plus, jusqu'à aujourd'hui, personne n'a le droit de s'appeler *von* quelque chose. Pas même les authentiques Habsbourg, les descendants directs de la famille impériale. Pourtant, les Autrichiens raffolent des titres. Quand les voisins du quartier nous expliquent qui est qui – à nous, les néophytes débarqués de l'autre bout de l'Europe –, ils commencent par les titres et racontent ensuite le reste de l'histoire.

Vienne est depuis des siècles le paradis européen de la musique classique. On y trouve les meilleures salles de concert du continent. Le Wiener Staatsoper est un des rares opéras au monde qui n'a pas besoin de faire "moderne" pour "parler à un public élargi". Sa programmation classique remplit ses salles tous les jours. La ville fourmille de musiciens et d'orchestres, qu'on peut louer pour une somme assez modique. Un descendant des Habsbourg organise chaque année chez lui un concert durant lequel un ensemble à cordes joue sur un podium. À la fin de la réception, un invité se lève pour remercier le "comte et la comtesse" d'avoir honoré la tradition familiale et mis leur maison à disposition.

J'ai demandé un jour à une connaissance ce qui se passerait si les hôtes n'étaient pas désignés par leurs titres. Impossible, m'a-t-elle répondu. "Ce serait la fin des concerts."

Un de nos voisins reçoit en petit comité un vendredi soir. Les propriétaires du rez-de-chaussée ne sont pas invités. Pourquoi le seraient-ils ? je ne m'en étonne pas. Mais un des convives se sent obligé de m'ouvrir les yeux : "La famille se targue d'avoir été plus proche de l'empereur que tout le monde." Ainsi en va-t-il encore à Vienne, un siècle après la chute de la monarchie.

Ma famille et moi-même avons habité Bruxelles pendant cinq ans, cinq années harassantes pendant lesquelles j'ai couvert la crise financière et la crise de l'euro. Tout est différent dans la capitale belge, centre politique de l'Europe. Pourtant le centre géographique de l'Europe ne se trouve pas à Bruxelles, mais à Vienne. Depuis l'élargissement de 2004 qui fit entrer dix nouveaux pays dans l'Union européenne, le cœur de l'Europe se situe quelque part entre Munich, Prague et Vienne. Dans l'ancien empire des Habsbourg. Vienne n'est donc pas un mauvais poste d'observation pour quelqu'un qui, comme moi, écrit sur l'Europe. Non seulement parce que ce coin du continent offre à l'observateur une perspective totalement différente, mais aussi parce que la vie s'y déroule selon un autre rythme. Dans les cafés viennois traditionnels, presque personne n'a le nez collé sur son iPad, les jeunes pas plus que les autres. Tout le monde discute ou lit les journaux en version papier. Les quotidiens étrangers ne sont quasiment pas distribués. Et ceux qui le sont arrivent rarement avant le déjeuner. Ici, les gens lisent la presse de la veille.

Je fais la même chose : je lis le journal de la veille. Bien des nouvelles étant déjà connues, l'attention se reporte sur des articles tout à fait différents. Les perspectives s'en trouvent modifiées. Ceci est aussi un des effets directs d'un déménagement à l'intérieur de l'Europe. Je le recommande chaudement à quiconque craint de "perdre sa culture" dans l'Union européenne.

II

Je lis les journaux de la veille dans une maison habsbourgeoise, j'ai des voisins habsbourgeois qui portent des vêtements habsbourgeois (culottes de peau et dirndls[1] compris) et mangent des plats habsbourgeois tels que le *Tafelspitz* (une sorte de pot-au-feu). Mais je ne sais rien sur l'empire des Habsbourg. Absolument rien.

1. Sur ce vêtement féminin traditionnel, voir ci-après, chapitre 7.

À l'école, les petits Néerlandais des années 1970 apprenaient tout sur Guillaume d'Orange, la domination espagnole, la Seconde Guerre mondiale et les relations transatlantiques. Chaque pays a sa façon d'enseigner l'histoire. Mes enfants ont fait leur scolarité dans des écoles françaises. Leurs manuels d'histoire traitaient du Roi-Soleil et de la Révolution. L'intégration européenne occupait une place plus importante qu'à mon époque. Ils connaissent par exemple la différence entre le Conseil européen et la Commission européenne. Pour ma part, je n'ai découvert ce genre de subtilités que lorsque je suis venue travailler à Bruxelles.

J'écris depuis vingt ans sur l'Europe. J'ai habité dans toutes sortes de pays européens – à l'intérieur et à l'extérieur de l'Union. Je voyage beaucoup à travers le continent. Cela m'a appris une chose : chaque pays a une autre histoire, d'autres intérêts, d'autres souhaits et d'autres tabous. C'était ainsi autrefois, et cela reste vrai aujourd'hui. Ces différences expliquent la fréquence de leurs querelles. Dans le passé, ces conflits dégénéraient régulièrement. Une guerre éclatait. Après les deux guerres mondiales, les pays d'Europe ont décidé de ne plus se tirer dessus avec des munitions, mais avec des mots. Bruxelles a été inventée pour cela.

Le fait qu'ils se disputent encore sur tout est normal. Cela prouve que l'Union garde la même utilité aujourd'hui qu'au début des années 1950.

Comprendre l'Europe consiste en grande partie à comprendre les États membres. D'où viennent-ils ? Quelle est leur histoire ? Quelles sont leurs entraves ? Sans cette vision, on ne comprend pas leurs réactions et on ne sait pas où passent leurs lignes rouges. Et on ne saisit pas non plus les enjeux des batailles qu'ils se livrent à Bruxelles.

Pour comprendre pourquoi l'Autriche est tellement prorusse, tellement hostile à l'énergie nucléaire, et tellement attentive à ce qui arrive dans les Balkans et en Ukraine, il faut se plonger dans le passé. Un passé en grande partie marqué par les Habsbourg.

Le passé habsbourgeois ne hante pas seulement le square Katharina Schratt, il hante la ville entière. Aujourd'hui encore, les représentations du Staatsoper doivent se terminer avant dix heures du soir. L'opéra a été construit pour l'empereur François-Joseph, qui rechignait à rester plus longtemps au spectacle. Presque tous les cafés de Vienne proposent sur leur carte du *Kaiserschmarrn*, une spécialité de crêpe aux raisins secs, coupée en lanières. Quand les cuisiniers impériaux avaient fait des crêpes, François-Joseph adorait, paraît-il, en déguster les restes, assaisonnés de compote de prunes et saupoudrés de sucre glace. J'ignore si l'histoire est vraie, mais c'est encore ainsi que le *Kaiserschmarrn* est servi : avec des prunes, du sucre glace et la légende afférente. Pendant le week-end, il m'arrivait d'aller en manger avec les enfants dans le parc de Schönbrunn. Dans un coin du parc, près d'une grande pelouse où les écureuils viennent vous manger dans la main, se dresse un modeste pavillon en bois. Il abritait autrefois le jardin d'enfants impérial ; aujourd'hui, il héberge un café.

Le président autrichien et une partie du gouvernement siègent encore à la Hofburg, le palais des Habsbourg. Wolfgang Schüssel – l'ex-chancelier ayant amené l'Union européenne à envisager de sanctionner l'Autriche après la formation, à son initiative, du premier gouvernement incluant le parti d'extrême droite FPÖ – organise des conférences dans une salle au deuxième étage du palais. En été, il y fait si chaud qu'il faut ouvrir les fenêtres, qui donnent sur une cour intérieure bordée de stalles au rez-de-chaussée. L'empereur gardait ses célèbres lipizzans dans cette écurie. Aujourd'hui, ces chevaux effectuent des exercices de dressage devant les touristes dans un manège situé dans une autre partie du bâtiment.

Ainsi peut-il arriver qu'un ministre tchèque venu donner une conférence sur la sécurité européenne et les conséquences politiques du Brexit doive s'interrompre parce que les hennissements et les bruits de sabots provenant du niveau inférieur rendent impossible toute conversation normale. Nulle part ailleurs, une telle scène ne pourrait se produire. Je ne vous parle même pas de l'odeur de crottin…

L'empire des Habsbourg a existé plusieurs siècles, sous des formes diverses.

L'Espagne et les Pays-Bas en firent un temps partie. Au début du XVIe siècle, l'empire se décala vers l'est afin d'aider les Hongrois à tenir tête aux Turcs. Le pouvoir y est demeuré faible pendant longtemps. L'Europe traversait alors une période de turbulences. L'empire changeait constamment de physionomie. Mais au XVIIIe siècle, l'impératrice Marie-Thérèse entreprit de bâtir un État. Éducation, bureaucratie, armée – lentement, mais sûrement, elle centralisa toutes les administrations.

Cette période est bien connue. La bureaucratie habsbourgeoise édifiée par Marie-Thérèse reposait sur des règles et des procédures. Il s'agissait d'établir un système solide et capable de résister aux chocs. Tout était documenté et archivé. De solides institutions furent créées, sous la conduite de fonctionnaires puissants. Nombre d'entre elles existent encore, des palais de justice aux ministères, sans oublier les écoles et la banque centrale.

La bureaucratie habsbourgeoise a une réputation de "modernité". Les historiens ont beaucoup écrit sur Marie-Thérèse. Tous admirent sa ténacité à défendre le modèle novateur par lequel elle entendait faire fonctionner au mieux un empire multiethnique où les autorités locales et nationales disposaient d'une large autonomie : en faisant de cet empire un État de droit. Un pays où tous les groupes jouissent des mêmes droits et où les mêmes règles s'appliquent à tous. Doté d'instances de surveillance indépendantes. Et d'une bureaucratie solide.

Le dernier empire, celui d'après Marie-Thérèse, fait penser à l'Europe. Certes, l'ensemble habsbourgeois était un État, ce que n'est pas l'Union. Mais les deux entités ont de nombreux points communs. La multitude des nationalités. L'accent mis sur l'égalité, pour éviter les conflits. Le rôle majeur de la réglementation. Les organismes indépendants chargés de vérifier le respect des règles par toutes les parties.

Le roman de Joseph Roth *Les Fausses Mesures* raconte l'histoire d'un ancien soldat envoyé comme contrôleur des poids et mesures en Galicie, dans l'actuelle Ukraine. Il doit vérifier que les commerçants et les marchands n'escroquent pas les clients en trafiquant les poids de leur balance. Comme l'Union européenne, l'Autriche-Hongrie constituait un marché unique. Celui-ci ne pouvait fonctionner qu'à condition que les kilos soient égaux partout. Mais quand le contrôleur arrive, l'empire est sur le point de s'effondrer. Tout le monde le pressent. Et tout le monde triche allègrement. Le héros de Roth ne tarde pas à s'apercevoir qu'il est la seule personne intègre dans une société de plus en plus corrompue. Ses interventions lui valent les pires sarcasmes. Il n'a aucune autorité. Petit à petit, l'inévitable se produit : renonçant à lutter, il finit lui aussi par tirer au flanc.

Ce livre fait immanquablement penser aux émissaires bruxellois débarquant à l'aube dans des entreprises soupçonnées d'entente illicite sur les prix. Ou aux hommes de la troïka tançant la Grèce pour l'imprécision de son cadastre, ou dictant au Portugal les modifications à apporter d'urgence à son droit du travail. Pourtant, je doute fort que l'Union soit aussi vermoulue que l'empire des Habsbourg au temps de l'étalonneur.

Dans toute l'Europe, la bureaucratie de l'Union suscite des réactions incroyablement négatives. Les Autrichiens crachent eux aussi sur les profiteurs et les "fonctionnaires non élus" de Bruxelles. Un automobiliste conduisant une très vieille BMW fait le plein dans un garage autrichien. Le pompiste extasié fait le tour de la voiture jusqu'au moment où il aperçoit la plaque minéralogique. "Qu'est-ce que c'est ?" demande-t-il en désignant les caractères bleus sur fond blanc. "Une immatriculation belge pour fonctionnaire européen", lui répond le conducteur. Aussitôt, le pompiste tourne les talons et s'éloigne. Il est frappant que la bureaucratie de Marie-Thérèse – qui fut en son temps infiniment plus nombreuse que celle de l'Union – jouisse encore d'une excellente réputation.

Une réputation sans doute méritée. Un jour d'hiver, je me promène à Dubrovnik avec un groupe d'hommes politiques et de fonctionnaires originaires de toute l'Europe. Il pleut. Les étroites ruelles sont sombres et désertes. Les pavés humides luisent sous la lumière blafarde de rares réverbères. En été, la cité est prise d'assaut par les touristes. Les bateaux de croisière les déversent par milliers. Mais en hiver, le visiteur dispose de la ville pour lui tout seul. Notre guide, qui a séjourné dans de nombreux pays grâce au programme Erasmus, a tout son temps. À un moment, elle désigne un édifice rectangulaire dans le vieux port.

C'est là, explique-t-elle, que les Habsbourg ont, à partir du XVIIIe siècle, contrôlé l'entrée des voyageurs étrangers. Il s'agissait, pour la plupart, de négociants ottomans. Eux-mêmes et leurs marchandises devaient passer plusieurs semaines en quarantaine afin d'éviter la propagation des maladies.

Et le système fonctionnait. Il était fiable, solide et respecté. Il s'imposait jusque dans les moindres recoins de l'empire. La famille de la guide éprouve toujours le plus profond respect pour les Habsbourg. "Ils nous ont apporté la stabilité, la prospérité et la sécurité", déclare-t-elle sur ton qui ne supporte pas la réplique.

Mais ce respect se manifesta surtout *a posteriori*. Dubrovnik avait longtemps été une république indépendante. Après les guerres napoléoniennes, les Habsbourg usèrent de sordides manœuvres pour se faire attribuer la ville par le congrès de Vienne en 1815. Ils la dirigèrent durant à peine un siècle. La tâche n'était guère facile. Dubrovnik – ou Raguse, comme on l'appelait à l'époque – avait sa fierté. De nombreux habitants supportaient mal de recevoir soudain leurs directives de la lointaine Vienne germanophone. Mais après la monarchie autrichienne arrivèrent les guerres. Et avec elles, de nouveaux maîtres, souvent moins affables. Plus les malheurs s'accumulaient au XXe siècle, plus le XIXe siècle paraissait appréciable. Le stable siècle des Habsbourg.

"Peut-être en va-t-il de même avec l'Europe actuelle, médite notre guide. C'est seulement après les avoir perdus qu'on mesure le prix de la stabilité et du bon gouvernement." Puis elle se retourne et s'engage dans un escalier de pierre raide pour nous inviter à poursuivre la visite au sommet des remparts de la ville.

"C'est seulement après les avoir perdus qu'on mesure le prix de la stabilité et du bon gouvernement." Plus encore que les reliques habsbourgeoises qui parsèment mon nouveau biotope viennois, la remarque de la jeune Croate me lance sur les traces des Habsbourg. Tout d'un coup, leur destin m'intrigue. Se pourrait-il que l'étude de leur empire nous permette de mieux comprendre, non seulement l'Autriche, mais aussi l'Europe ?

III

L'année 2016 commence. Et l'Europe ne se porte pas très bien.

Secouée par la crise des migrants, l'Union se divise. À Vienne, les réfugiés défilent pour ainsi dire sous mes fenêtres. Quand la chancelière allemande Angela Merkel annonce qu'ils sont les bienvenus en Allemagne, je saute dans le premier train pour Munich. Un train bondé de Syriens. Je croyais pouvoir écrire un beau reportage sur cette foule qui, au terme d'un long et épuisant voyage, rejoint enfin la terre promise. Mais non. À peine montés dans les wagons, tous les Syriens tombent de sommeil. Jusqu'à Munich, je n'entends qu'un concert de ronflements. C'est le reportage le plus ennuyeux de ma vie.

Dans mon compartiment, la seule personne réveillée est une Allemande qui a rendu visite à sa famille en Autriche. Je l'avais déjà remarquée sur le quai – une femme élégante, perdue dans la meute des réfugiés. Pharmacienne à la retraite. L'Allemagne a raison de faire ça, me confie-t-elle. Les Allemands vivent toujours dans l'ombre portée du passé. Quand ils peuvent montrer au monde leurs bons côtés, ils ne laissent pas passer leur chance. Les nombreux Autrichiens venus offrir aux réfugiés du shampoing, des jouets et des gâteaux maison étaient animés des mêmes sentiments.

Faire le bien est aussi une tentative d'améliorer l'histoire. De soulager sa conscience. Mais ma voisine de train s'inquiète. "Nous devons réussir. Sinon, l'Europe s'embrasera et les vieux démons ressurgiront."

Aussi décide-t-elle sur-le-champ, pendant ce voyage historique et silencieux, de donner des leçons d'allemand dans son village près de Munich. Comme bénévole. Elle tiendra parole, mais les bonnes volontés seront si nombreuses qu'on ne fera appel à elle que sporadiquement.

Nous restons en contact après notre périple. Ses mails deviennent de plus en plus politiques. Elle perd confiance dans la CDU, le parti conservateur d'Angela Merkel pour lequel elle a toujours voté. Elle cherche à se rassurer et veut garder l'espoir. Mais elle ne trouve rien à quoi se raccrocher. Quelques mois plus tard, quand circulent les premières histoires sur les problèmes causés par les migrants qui se font passer pour des réfugiés syriens, la pharmacienne a perdu toutes ses illusions. Ça ne va pas marcher, m'écrit-elle. "Notre pays est fichu."

Puis vient l'élection présidentielle autrichienne. Deux candidats sont au coude à coude : un professeur à la retraite écologiste et le numéro deux du parti d'extrême droite FPÖ. Mais le scrutin ne se déroule pas correctement. Un petit million d'électeurs votent par correspondance. Dans certains districts, les enveloppes sont ouvertes trop tôt. Il existe des procédures pour éviter les fraudes ou les erreurs. Le dépouillement doit avoir lieu en présence de représentants de tous les partis, ainsi que d'un membre de la commission électorale. Une enquête montre que des irrégularités ont eu lieu dans plusieurs bureaux. On ne saurait trouver meilleur exemple de la mentalité autrichienne : il y a des règles, mais bon, entre nous, on peut s'arranger…

Un second scrutin a lieu après l'annulation de l'élection. Le professeur en sort vainqueur. Mais il s'en est fallu de peu que l'Autriche n'élise un homme qui porte un pistolet à la ceinture, traite les réfugiés de criminels et n'hésite pas à affirmer que son concurrent a le cancer. Toute l'Europe avait les yeux rivés sur l'élection. L'Autriche serait-elle le premier pays de la partie ouest de l'Union à porter au pouvoir un président d'extrême droite ?

2016 est une année effarante. Les populistes ont le vent en poupe. Les Britanniques votent pour le Brexit. Les Américains élisent Trump. La morosité est telle que certains prédisent la victoire du leader d'extrême droite Geert Wilders à l'élection néerlandaise de 2017. Et celle de Marine Le Pen à l'élection française.

À cette époque, je lis *La Marche de Radetzky*, de Joseph Roth, un des grands romans sur la chute de l'empire des Habsbourg. L'histoire se passe peu avant la Première Guerre mondiale. Dans une garnison de l'armée impériale, le cynique comte Chojnicki demande à un officier : "Dans quelle partie de l'empire crois-tu que la révolte va commencer ?"

L'empire est voué à la mort, affirme catégoriquement l'aristocrate. "Dès l'instant où l'empereur se sera éteint, nous nous fracasserons en mille morceaux. Tous les peuples voudront fonder leur sale petit État." Là encore, les parallèles avec la situation présente sautent aux yeux. Chaque jour, de nouveaux prophètes nous prédisent l'implosion, ou l'explosion, de l'Union européenne. Je m'interroge : l'Union européenne peut-elle connaître la même fin que l'empire des Habsbourg ?

En 1914, presque personne n'imaginait que tout finirait si rapidement. L'économie tournait à plein régime. L'empereur François-Joseph, monté sur le trône dès 1848, venait d'accomplir plusieurs réformes démocratiques : élargissement des pouvoirs du parlement, renforcement de l'autonomie des groupes linguistiques et instauration du suffrage universel masculin. L'assassinat à Sarajevo de l'héritier du trône, l'archiduc François-Ferdinand, sema la consternation. La plupart des sujets de l'empereur comprenaient sa douleur. Ils compatissaient avec le vieil homme frappé par les épreuves : le suicide de son fils Rodolphe, le meurtre de sa femme Sissi, poignardée à mort à Genève, et maintenant ce nouveau drame. Dans tout l'empire se formèrent de longues files d'hommes volontaires pour le front.

Quatre ans plus tard, la fuite en Suisse du nouvel empereur Charles et de sa famille signait la fin de l'empire des Habsbourg.

Stefan Zweig, autre chroniqueur de l'époque, revient au même moment de Suisse en Autriche. À Feldkirch, juste après avoir passé la frontière, il aperçoit un train roulant dans la direction opposée. Les quais sont noirs de monde. La tension est palpable. Beaucoup de spectateurs sont habillés en noir. Zweig raconte : "La locomotive s'arrêta. Un mouvement imperceptible se fit dans les rangs de ceux qui attendaient. [...] Alors je reconnus derrière la glace du wagon la haute stature dressée de l'empereur Charles, le dernier empereur d'Autriche, et son épouse en vêtements noirs, l'impératrice Zita. [...] En cet instant, la monarchie presque millénaire avait réellement pris fin."

IV

Entre l'empire des Habsbourg et l'Union européenne, il existait un lien direct, incarné par un personnage, aujourd'hui malheureusement disparu. Ce personnage était Otto, le fils de Charles. Il avait quatre ans lorsque son père fut couronné empereur d'Autriche et roi de Hongrie après la mort de François-Joseph. L'événement a été filmé. Sur une photo, le bambin, le visage encadré par de longs cheveux bouclés, pose entre son père et sa mère Zita.

Il porte un manteau et une coiffe d'hermine. Otto était présent lui aussi dans le train de Feldkirch. Il avait alors six ans. Si l'empire ne s'était pas écroulé, il serait devenu plus tard empereur.

Otto était un authentique Européen. Les Autrichiens lui ayant confisqué son passeport, il était, par la force des choses, devenu citoyen européen. Il possédait quatre nationalités et parlait huit langues, dont le hongrois et le latin. Sa mère considérait que ce multilinguisme faisait partie des devoirs de sa charge puisqu'il aurait à régner sur plusieurs pays dans le cas où l'empire se reconstituerait. Otto a passé sa jeunesse en Suisse, au Portugal, en Espagne et en Belgique, où il a fait des études de sciences politiques. En 1937, presque vingt ans après la chute de l'empire, il écrivait encore : "Je sais pertinemment qu'une majorité écrasante du peuple autrichien souhaite que j'assume l'héritage de mon père, l'Empereur de la Paix, le plus vite possible." Il sillonna toute l'Europe pour promouvoir des plans de paix paneuropéens visant à faire barrage au nazisme. Il n'était pas le seul aristocrate à résister à la barbarie pendant l'entre-deux-guerres. Mais ses projets n'aboutirent pas, et les nazis accédèrent au pouvoir. Hitler fit enfermer à Dachau plusieurs membres éminents de sa famille, tels que Maximilien et Ernest de Hohenberg, fils de François-Ferdinand et petits-cousins d'Otto, pour prévenir toute opposition. Otto lui-même fut condamné à mort par contumace. Pendant quelque temps, il parvint à organiser la fuite hors d'Autriche de nombreuses personnes, en particulier celle de milliers de Juifs. Mais après la conquête de l'Europe par les nazis, Otto dut se réfugier aux États-Unis.

De l'autre rive de l'Atlantique, il tenta de soutenir des groupes de résistants – en Europe centrale, il existait même quelques milliers de "résistants habsbourgeois", parmi lesquels un officier qui tenta de faire sauter le quartier général de la Gestapo à Vienne. Otto défendit auprès de Roosevelt et Churchill l'idée d'une "fédération danubienne". Mais Staline ne voulait pas en entendre parler. Après l'occupation par les communistes de la moitié de l'Europe, Otto s'investit d'une nouvelle mission : libérer les parties centrale et orientale du continent pour que celui-ci puisse recouvrer son unité.

Il conserva encore longtemps des ambitions impériales. En Espagne et en France, où il résida initialement (Madrid lui avait accordé un passeport diplomatique), il continuait de distribuer des titres de noblesse comme si de rien n'était. Ce n'est qu'en 1965 qu'il cessa d'anoblir, et renonça au trône. Ainsi obtint-il enfin un passeport autrichien, à condition de s'abstenir de toute activité politique dans son pays d'origine.

De la politique, il en fit donc à Pöcking, le village bavarois où il s'était établi. Ses amis conservateurs lui procurèrent un passeport allemand en 1978. L'année suivante, il fut candidat aux premières élections européennes sur la liste de la CSU. Otto bouclait un cycle. Ne pouvant plus monter sur le trône, il allait désormais se consacrer à la nouvelle Europe "pluriculturelle". Le multiculturalisme à l'américaine lui déplaisait foncièrement. À ses yeux, les diverses cultures ne devaient pas se fondre, mais vivre sous le même toit sans perdre leur spécificité. Il défendait une Europe chrétienne (où la Turquie n'avait pas sa place), une Europe qui finirait par regrouper tous les pays du continent, même ceux situés derrière le rideau de fer. Cette Europe devait être édifiée lentement. Elle devait "pousser comme un arbre, pas surgir d'un coup comme un gratte-ciel américain".

Otto voyait dans l'unification européenne de l'après-guerre une espèce de remake de l'Empire habsbourgeois. Une entité différente dans la forme, certes, mais très semblable dans l'esprit. Il soutenait en effet qu'"il y a quelque chose de beaucoup plus grand et plus important que l'Autriche, la Hongrie, ou quoi que ce soit d'autre, tout simplement parce que l'Europe existe et que nous ne pourrons résoudre de nombreux problèmes qu'en coopérant".

L'événement qui a sans doute le plus contribué à faire connaître Otto est le pique-nique qu'il a organisé en août 1989 à Sopron, le long de la frontière austro-hongroise. Plusieurs milliers d'Allemands de l'Est avaient alors envahi la Hongrie dans l'espoir de pouvoir passer à l'Ouest, comme les centaines de Hongrois qui avaient profité d'une première brèche dans le rideau de fer en mai de la même année. La Hongrie était en ébullition. Le régime communiste était à bout de souffle et tout le monde le savait. Financièrement incapable d'assurer l'entretien du Mur, le gouvernement caressait l'idée de lever les barrières. Ce qui l'aurait, par la même occasion, débarrassé des Allemands de l'Est. Le Premier ministre hongrois poussait dans ce sens sans que Moscou parût lui mettre des bâtons dans les roues. Otto organisa son pique-nique transfrontalier juste au même moment. Les Allemands de l'Est s'y rendirent, accompagnés de nombreux Hongrois. Des activistes paneuropéens les attendaient du côté autrichien. Otto n'était pas physiquement présent pour préserver les apparences "spontanées" et apolitiques du raout. Sur instruction de Budapest, les gardes-frontières ouvrirent les grilles. Sans doute auraient-ils fait la même chose le lendemain ou quelques jours plus tard si le pique-nique n'avait pas eu lieu. Mais l'événement avait une forte valeur symbolique : le rideau de fer était tombé. Le pique-nique constituait donc un moment-clef de la révolution pacifique qui allait se poursuivre au cours de l'année. En septembre, la frontière s'ouvrait de façon permanente. En novembre, le mur de Berlin s'écroulait.

En sa qualité de parlementaire européen et de Habsbourg, Otto a consacré le reste de sa vie à recoller les morceaux épars de l'Europe.

V

Son père Charles, l'empereur qui ne régna que deux ans, mourut misérablement en exil à Madère. Atteint d'une affection pulmonaire, il supportait mal le climat humide de l'île. Son médecin lui conseillait d'en partir. Mais personne ne voulait, dans les années qui suivirent 1918, se compromettre avec ce souverain déchu. Le temps des grands empires était passé. Tous s'étaient effondrés à peu près au même moment : l'allemand, l'ottoman, le russe et l'autrichien. À l'instigation du président américain Woodrow Wilson, l'autodétermination devint le nouveau mantra politique : les peuples qui avaient longtemps vécu sous le knout avaient le droit de disposer d'eux-mêmes.

Cet empereur exilé, et de surcroît sans le sou, personne ne tenait à s'en encombrer. Charles n'avait pas été expulsé de Suisse vers Madère sans raison : n'avait-il pas tenté par deux fois de revenir au pouvoir en Hongrie ? Dès lors, il avait été assigné à résidence avec sa femme et ses huit jeunes enfants dans une villa humide et à moitié vermoulue, inhabitée depuis des années, sur les hauteurs brumeuses de Funchal. Il y mourut en 1922, à l'âge de trente-cinq ans. Otto en avait neuf.

VI

Peu de temps avant son décès, Otto avait déclaré : “L'Europe est maintenant unie et on y retrouve les traces d'une conception de la société semblable à celle qui caractérisait l'empire des Habsbourg[1].”

Le mot allemand *Gesellschaftsverständnis* employé dans le texte original de cette citation désigne le regard porté sur la société. C'est-à-dire, très exactement, ce que je cherche à cerner. Quelle est donc cette manière de penser ? Comment s'y prenait l'ancienne monarchie ? Quelles analogies et quelles différences présentait-elle avec notre époque ? Cela vaudrait vraiment la peine d'en tirer des leçons.

1. Texte original, dans le quotidien *Die Welt* : *“Das alles ist vorbei, Europa ist vereint, und man kann darin Spuren eines Gesellschaftsverständnisses finden, wie es auch das Habsburgerreich ausgezeichnet hat.”* (www.welt.de/04-07-2011)

CHAPITRE 2

Les grands empires ne meurent jamais complètement.

JEAN-PAUL BLED,
L'Agonie d'une monarchie (2014).

I

Par une pluvieuse journée de printemps, je sonne à la porte de la modeste maison blanche située derrière la mienne. J'entends mon voisin traverser le couloir à petits pas en s'appuyant sur sa canne. Quand Albrecht Hohenberg m'ouvre, je m'aperçois que je l'ai croisé plusieurs fois au supermarché et dans la rue. J'ai en face de moi le petit-fils du prince héritier François-Ferdinand et de son épouse Sophie Chotek, tous deux assassinés en juin 1914 à Sarajevo. Hohenberg va sur ses quatre-vingt-dix ans[1].

L'empereur François-Joseph n'appréciait guère François-Ferdinand, dont les idées ne concordaient pas avec les siennes. Dans la double monarchie

1. Albrecht Hohenberg est décédé quelques semaines après la parution du présent ouvrage, en mars 2021.

instaurée en 1867, la Hongrie avait obtenu un statut presque équivalent à celui de l'Autriche. Le prince voulait régler leur compte à ces insupportables Hongrois. L'empereur ne croyait pas au succès d'une telle politique. Elle lui paraissait dangereuse. Les Hongrois n'arrêtaient pas de ruer dans les brancards. Ils n'étaient jamais satisfaits. Jamais contents de rien – un peu comme les Britanniques dans l'Union. L'empereur estimait néanmoins qu'il ne fallait pas les brusquer. Les Magyars avaient leur fierté. Leur donner le fouet ne ferait qu'empirer les choses. Cela mettrait la monarchie en danger.

François-Ferdinand et Sophie laissaient trois orphelins. L'empereur eut pitié d'eux. Il leur fit don d'un lopin de terre à Hietzing, près de Schönbrunn. Ils y résident encore – tout au moins, leurs descendants. Je connais une des femmes de la famille. Nous nous voyons souvent aux séances de yoga, après lesquelles nous faisons un bout de chemin ensemble. Je ne veux pas l'importuner avec mon projet. Mais elle m'encourage : si tu veux discuter des Habsbourg et de l'Europe, il faut le faire avec un homme doté d'une vision historique. Quelqu'un qui ait pleinement vécu cette période. Un représentant de la vieille garde. Ce serait bien que tu rencontres tonton Albrecht. Oncle Albrecht. "Je vais lui passer un coup de fil."

Chaque fois que je discute avec de vieux Autrichiens, je suis frappée par la succession de bouleversements qu'ils ont vécus. La Première Guerre mondiale est suivie d'une sanglante guerre civile dans les années 1930. En 1938, l'Autriche est annexée par Hitler. La Seconde Guerre mondiale éclate ensuite. Dès la fin de celle-ci, les Alliés partagent le pays en quatre zones, administrées chacune par un des vainqueurs. Les Russes ne partent que dix ans plus tard, au milieu des années 1950 – à condition que le pays demeure neutre, enfonçant ainsi avec la Suisse un coin dans le front de l'Otan formé par l'Allemagne et l'Italie.

Aujourd'hui encore, bon nombre d'Autrichiens craignent le retour des Russes. Après l'annexion de la Crimée, le propriétaire du manège où ma fille avait l'habitude de s'entraîner le samedi ne manquait jamais de nous demander : quand pensez-vous que les Russes vont revenir ? Au début, j'ai cru à une plaisanterie. Mais il était tout à fait sérieux. Un proverbe autrichien dit : "Il ne faut pas marcher sur la queue de l'ours russe." Un de mes amis m'a raconté que sa mère, comme beaucoup de gens de sa génération, veillait à ce que le réservoir de sa voiture soit toujours au minimum à moitié plein. "Comme ça, expliquait-elle, si les Russes débarquent, nous aurons assez d'essence pour foncer immédiatement très loin à l'ouest."

Hohenberg est né en 1931. Il se rappelle encore un peu l'occupation allemande. De la période soviétique qui a suivi, il a conservé un souvenir plus vif. Il a grandi au château d'Artstetten, en Basse-Autriche, l'unique bien restant à son père, Maximilien Hohenberg. Après la chute de l'empire en 1918, la famille fut dépouillée de tout le reste : leur statut officiel d'aristocrate, leurs précepteurs, leurs domestiques, jusqu'à leurs montres. La particule "von", signe de noblesse, disparut de leur nom. Maintenant, un siècle plus tard, Albrecht continue de s'appeler "Hohenberg", et non "von Hohenberg". Les Habsbourg possédant un passeport étranger ont le droit de conserver leur "von", mais pas lui : il est autrichien, et il respecte la loi. Ce n'était pas le cas de l'homme qui serait aujourd'hui sur le trône si l'empire des Habsbourg ne s'était pas effondré, Karl, le fils aîné d'Otto. Sur son site web, il maintenait son "von". L'État autrichien s'en est aperçu et lui a infligé une amende de 70 euros. Karl a introduit un recours en arguant que ce "von" ne s'appliquait pas spécifiquement à sa personne. Mais il a perdu.

Dans l'école de son village en Basse-Autriche, Albrecht Hohenberg était officiellement l'égal des autres enfants. Bien sûr, tout le monde savait parfaitement qui il était. Il était le seul à porter des chaussures.

Pendant la période nazie, son père fut emprisonné au camp de Dachau avec d'autres éminents ex-aristocrates, tout aussi connus comme simples citoyens que s'ils avaient encore appartenu à la noblesse. Il y avait parmi les détenus de nombreux hommes politiques, surtout des socialistes et des communistes. Les Allemands ne voulaient pas les supprimer. En les enfermant, ils cherchaient surtout à éviter que l'élite autrichienne ne leur mette des bâtons dans les roues. Les captifs partageaient des cigarettes, de rares nourritures et, dans la plupart des cas, une immense aversion pour les fascistes. Hohenberg raconte avec un rire malicieux que son père, l'aristocrate déchu, tira ensuite avantage de ses bonnes relations avec les rouges de Dachau : quand les Russes arrivèrent, ils le laissèrent en paix. Les communistes, qui avaient confisqué les biens des Hohenberg en 1918, n'en plaidèrent pas moins la cause de la famille auprès des Soviétiques en 1945. "Les Russes, qui mouraient toujours de faim, faisaient de temps en temps une razzia dans nos provisions. Plusieurs dizaines de soldats étaient parfois cantonnés dans le château. Mais ça n'allait pas plus loin."

Albrecht Hohenberg a pris place dans le confortable petit salon décoré de meubles blancs et beiges, et de nombreuses lampes d'ambiance. En m'asseyant sur le canapé, je m'aperçois que j'ai laissé sur la moquette crème une traînée de boue et de feuilles mortes. Je ramasse quelques feuilles. Laissez donc, me rassure-t-il, "nous avons un aspirateur".

"Une tasse de café ?" me demande-t-il dans un fort bon néerlandais. Sa femme, la comtesse von Cassis-Faraone, est à moitié néerlandaise – ceci explique cela. Hohenberg a étudié l'architecture. Dans les années 1950, il a habité quelque temps à Utrecht, dans la famille de sa future épouse. C'est ainsi qu'il a appris le néerlandais. Il se promenait toujours avec un dictionnaire dans la poche. Dès qu'il ne connaissait pas un mot, il disait : "Je regarde dans *la petite* dictionnaire."

Il aime bien les Néerlandais, me confie-t-il. Les Autrichiens les trouvent généralement un peu trop directs. "Mais, chez vous, il y a aussi eu un Premier ministre socialiste capable de prendre fait et cause pour la famille royale quand une affaire a éclaboussé le prince Bernhard. Chapeau !"

De quel Premier ministre s'agissait-il ? Den Uyl[1] ?
"Je ne me rappelle plus."

Il n'en va pas toujours ainsi, affirme-t-il. Il cite en exemple un des membres de sa famille, qui scolarisait ses enfants au lycée français de Vienne. Le programme d'histoire traitait en long et en large de la Révolution française. La présentation qui en était faite était tellement partiale, tellement pleine de mépris pour tout ce qui touchait de près ou de loin à la noblesse, que les parents se sont plaints à la direction de l'établissement. Comme si l'aristocratie était absolument mauvaise, et le peuple, entièrement bon. "Tout le monde ne naît pas héros", constate Hohenberg.

Et la plainte a été suivie d'effet ?

"Oui, répond-il, les professeurs ont adapté leurs leçons."

J'ai du mal à le croire. Mes enfants fréquentent le même établissement. Bien qu'il s'agisse d'un lycée international, les programmes sont incroyablement français. Tous les manuels et tous les enseignants viennent de France. Les examens sont corrigés en France. Il me semble en outre peu probable que les Autrichiens et les Français puissent un jour s'accorder sur la portée de la Révolution. Les Habsbourg l'abhorraient. Leur politique conservatrice, tant intérieure qu'extérieure, visait à éviter sa diffusion dans le reste de l'Europe. La reine Marie-Antoinette,

1. Joop den Uyl (1919-1987), Premier ministre de 1973 à 1977, eut en effet à résoudre en 1976 une affaire de trafic d'influence au profit de la compagnie américaine Lockheed, dans laquelle le prince Bernhard des Pays-Bas était impliqué.

guillotinée à Paris en 1793, était une Habsbourg. Sa mère, l'impératrice Marie-Thérèse, lui avait donné le jour non loin d'ici, au palais de Schönbrunn. À quatorze ans, elle avait été mariée à Versailles au dauphin français. Marie-Thérèse détestait la guerre. De puissants rivaux menaçaient les frontières de son vaste empire. Pour éviter d'avoir à combattre sur plusieurs fronts, elle concluait des alliances stratégiques avec certains d'entre eux. Les mariages de ses filles et de ses nièces faisaient partie de cette stratégie.

Impossible d'échapper à cette longue histoire, philosophe Albrecht Hohenberg. Personnellement, il n'en aura vécu qu'une partie. Il aura connu le chancelier Dollfuss, les austrofascistes[1], Hitler, Staline, et pour finir, la démocratie autrichienne. *Und ich sitze immer noch hier* – Et je suis toujours là.

Quelle leçon tire-t-il des événements ?

Il répète : "Tout le monde ne naît pas héros."

Il n'a jamais travaillé comme architecte dans un bureau, mais il a administré le domaine familial en Styrie. Il avait vingt-cinq personnes sous ses ordres. "Tout se passe mieux quand on est présent et qu'on serre la main le matin à chaque employé. Quand quelqu'un doit aller à l'hôpital, il faut l'y amener soi-même. Je n'ai jamais réalisé de grandes choses dans ma vie, mais je crois que ce que j'ai fait plaide en ma faveur."

Les Habsbourg se sont dispersés dans le monde entier. La famille compte aujourd'hui plus de six

1. L'austrofascisme est la variante autrichienne, catholique, corporatiste et conservatrice, du fascisme venu d'Italie. Les chanceliers Dollfus et Schuschnigg en étaient les représentants.

cents membres. Le chef en a longtemps été Otto, le député européen. Après son décès, le flambeau est passé à son fils Karl. Dans les années 1990, ce dernier a lui aussi siégé au Parlement européen – pour le parti conservateur autrichien ÖVP. Les Habsbourg avaient entre-temps recouvré le droit d'avoir des activités politiques en Autriche. Mais une affaire de financement fragilisa sa position. Le parti le radia de la liste de ses candidats éligibles. Depuis lors, Karl multiplie les voyages pour soutenir des projets caritatifs dans le Caucase et au Moyen-Orient. En Autriche, il ne passe pas pour le plus futé des Habsbourg.

Que veut dire être un Habsbourg pour Albrecht Hohenberg ?

Il répond sans hésiter : "Cela représente une charge. On n'oublie jamais qu'on doit donner le bon exemple. Impossible d'y échapper. On vit avec le poids de l'Histoire. La nouvelle génération aussi."

Les gens vous baisent la main, ajoute-t-il. Tout le monde connaît votre nom. Mais, pour le reste, rien de très gratifiant.

Il se rappelle la première fois où il a vu Otto. La rencontre a eu lieu en Autriche. Jusqu'au milieu des années 1960, le fils du dernier empereur y était interdit de séjour. On ne pouvait le rencontrer qu'à l'étranger. Mais il finit par signer un document dans lequel il renonçait à toute prétention au trône. En 1966, il fut autorisé à entrer dans le pays – une seule journée, au Tyrol. Il y revint un an plus tard. Les deux hommes se donnèrent rendez-vous tout près de la frontière hongroise, dans une auberge du Burgenland, la province la plus à l'est. En dégustant son goulasch, Otto aurait déclaré à Hohenberg "qu'il ne fallait plus penser à restaurer la monarchie. Non. *Ich bin kein Monarch* – Je ne suis pas un monarque. Notre tâche consiste désormais à unir l'Europe. Nos grands-parents se sont tiré dessus. Cette folie doit cesser".

Il se rappelle un autre propos d'Otto, qui devrait plaire à beaucoup d'habitants d'Europe centrale : "En Europe, la hauteur des églises doit dépasser celle des banques." Otto accordait plus d'importance aux valeurs chrétiennes qu'à l'argent. Jusqu'en 1806, l'empereur d'Autriche était aussi empereur du Saint Empire romain germanique. De nombreux Habsbourg sont restés très religieux.

Hohenberg a été durant des années le trésorier de l'Union paneuropéenne, du temps où elle était présidée par son petit-cousin Otto. Un homme très en avance sur son temps, m'explique-t-il. Un vrai puits de science. Parler avec lui, c'était comme discuter de physique avec Einstein. Certains le trouvaient pédant. Il déambulait dans les couloirs du Parlement européen, le nez en l'air, toujours vêtu d'une veste de tweed. "Il se sentait vraiment investi d'une mission. Il avait vu fonctionner notre monarchie multiethnique et multilingue. Les querelles ne cessaient jamais, bien sûr. Des querelles de famille. *Das Streiten*, comme on dit en allemand, les mêmes disputes qu'au sein de l'Union européenne. Les Hongrois contre les Autrichiens. Les Tchèques contre les Allemands. *Et cætera*. Il fallait bien trouver des solutions. Comme nous le faisons maintenant en Europe."

Le vieux monsieur considère l'élection d'Emmanuel Macron à la présidence de la République française comme une véritable bénédiction. Voilà, au moins, un homme positif. Il éprouve peu de sympathie pour les oiseaux de malheur qui rejettent toutes les fautes sur Bruxelles. Il existe un parallèle avec la situation d'il y a un siècle : "Des auteurs comme Stefan Zweig et Joseph Roth ont dit pis que pendre de l'empire, mais ils s'en sont mordu les doigts après sa chute. Ils ont exprimé leurs regrets dans des pages pleines de nostalgie. Mais il était trop tard. Aujourd'hui, nombreux sont ceux qui critiquent l'Europe de la même façon. Mais il n'y aura pas de révolution semblable à celle d'il y a cent ans, à moins que les socialistes ne dominent la radio et la télévision. Il y a cent ans, une guerre a éclaté. Elle a tordu le cou à l'empire. Mais nous n'aurons pas de nouvelle guerre. À l'époque, l'Allemagne voulait la guerre ; aujourd'hui, plus du tout. D'autre part, plus personne ou presque n'a une armée puissante. Mon fils est officier de réserve. Il m'a raconté que l'armée autrichienne n'avait plus d'argent pour rien."

Il a parlé pendant presque deux heures. Je n'ai ressenti chez lui aucune trace de la méfiance que certains membres de la famille éprouvent à l'encontre des journalistes. Les seuls auxquels il ne fasse pas confiance sont les socialistes. Mais il n'est pas le seul dans le quartier. Nulle part à Vienne, les conservateurs n'obtiennent de meilleurs résultats qu'à Hietzing.

Il a une bonne vie, déclare-t-il. Cette maison a été achetée avec de l'argent néerlandais. Un capital provenant des Fentener van Vlissingen, la famille de sa femme. “Nous avons peu de besoins. Rien à voir avec l’impécuniosité de l’impératrice Zita, qui devait mendier du poisson pendant son exil en Espagne. Et avait adopté une chèvre parce qu’elle était trop pauvre pour acheter du lait à ses enfants.”

Pourtant, il a parfois du mal à supporter l’usage publicitaire que l’Autriche fait des Habsbourg alors qu’elle leur a presque tout pris. Cent ans après le début de la Première Guerre mondiale, le pays organise d’immenses expositions sur les Habsbourg. Cent ans après la fin de la guerre, encore des expositions. Entre-temps arrive l’année du centième anniversaire de la mort de François-Joseph. Les autorités jouent de nouveau le grand jeu, multiplient les galas, cérémonies et autres événements. À peine ont-elles fini d’honorer François-Joseph, qu’il faut célébrer le 300e anniversaire de la naissance de Marie-Thérèse. L’année voit se succéder les spectacles en l’honneur de Sissi, les concerts au palais de Schönbrunn et les visites guidées dans divers sites impériaux. Aujourd’hui, on peut même, pour une somme astronomique, passer une nuit dans la chambre à coucher de Sissi. Les touristes raffolent de ces animations. Hohenberg, beaucoup moins : “Pour nous, ces festivités ont un goût un peu amer. D’abord, on nous exproprie, puis on nous utilise comme appât.”

Et il ajoute en baissant la voix : “*Aber das gehört denen ja nicht* – Pourtant, ce n’est pas à eux, tout ça.”

Puis, il se remet à rire. Rester maître de soi – sans doute une seconde nature dans la famille. Il relativise ensuite allègrement : “Les Français ont fait bien pire, après tout : ils ont décapité la famille royale.”

II

Les premiers Habsbourg étaient des chevaliers originaires de l'actuelle Suisse alémanique. La dynastie agrandit progressivement son territoire par des conquêtes, des mariages et des alliances. L'empire a beaucoup changé de forme au cours des siècles. L'Espagne et les Pays-Bas en ont, à une certaine époque, fait partie. Mais ce livre se concentre sur la période "moderne" de l'empire, sur le XIXe et le début du XXe siècle, sur les cent dernières années où, ayant perdu depuis longtemps sa partie occidentale, il consolidait sa puissance en Europe centrale et orientale ainsi que dans les Balkans.

L'empereur régnait en monarque absolu, sans aucun doute. Sa plus grande crainte était que la Révolution française ne fît des émules parmi ses sujets. En 1848, des soulèvements eurent lieu dans plusieurs villes de l'empire : Vienne, Prague, Budapest. À un certain moment, la situation devint si critique que l'empereur dut se retirer en province avec sa famille. Mais les émeutes furent matées. François-Joseph, qui venait de monter sur le trône à l'âge de dix-huit ans, comprit néanmoins qu'une politique uniquement répressive ne suffirait pas à calmer l'agitation. Il se résolut à accomplir des réformes au cours des années suivantes. Il instaura le droit de vote, d'abord réservé à 5 % de la population masculine, puis progressivement élargi à d'autres groupes. Il créa des conseils de gestion, des parlements régionaux. Ces organes, initialement peu influents – l'empereur veillait à les cantonner dans un rôle subalterne –, finirent par acquérir plus de pouvoirs au cours des années. François-Joseph autorisa ensuite la création d'une Cour administrative chargée d'arbitrer les conflits entre les particuliers et l'État. Cette juridiction devint une institution forte, porteuse d'une voix indépendante dont l'empereur devait tenir compte.

Parallèlement aux réformes démocratiques adoptées ailleurs en Europe, François-Joseph multiplia les réformes constitutionnelles. Sur ce plan, l'empire ressemblait beaucoup à l'Union européenne. Le terreau habsbourgeois était perpétuellement labouré pour amadouer ses multiples peuples et groupes linguistiques. La réforme la plus importante fut celle de 1867, lorsque l'État centralisé dirigé par François-Joseph fut paralysé par les Hongrois. Après d'interminables négociations, l'empereur conclut un accord avec la Hongrie : l'empire se transforma en une double monarchie. Cette réforme entraînait sa scission en deux parties administrativement distinctes. La Hongrie devenait un royaume dirigé par le roi François-Joseph, tandis que la moitié ouest demeurait un empire dirigé par le même François-Joseph, cette fois-ci en tant qu'empereur.

De façon significative, François-Joseph ne manquait jamais d'insister sur ce qui faisait l'unité du pays : sa souveraineté conjointe sur *das Kaisertum* (l'empire) et *das Königreich* (le royaume). Aussi, reprenant les initiales des deux entités, désignait-il l'ensemble par l'abréviation *k. k.* : *kaiserlich-königlich* (impérial-royal). Les fiers Hongrois mettaient au contraire l'accent sur l'indépendance relative de chacune des parties ; ils utilisaient le sigle *k. u. k.* : *kaiserlich und königlich* (impérial ET royal). La signature des nouveaux accords sur l'armée de terre et la marine, que François-Joseph voulait dénommer *k. k.*, dut même être repoussée après que les Hongrois eurent mis leur veto à cet intitulé. Comme souvent, ils sortirent vainqueurs du conflit. On disait parfois que les rapports entre l'empire et le royaume se résumaient en une "égalité de droits par laquelle l'empire finançait les deux tiers des dépenses, et le royaume obtenait gain de cause dans trois quarts des cas".

Cette chamaillerie sémantique fait penser aux contorsions verbales pour éviter d'appeler "Constitution" la Constitution européenne. Ou à l'"union sans cesse plus étroite" *(ever closer union)* qui hérissait le Royaume-Uni. En 2016, juste avant le référendum sur le Brexit, le Premier ministre Cameron exigea la suppression de cette expression dans le Traité européen au motif que les Britanniques n'en voulaient plus. Un certain nombre de Néerlandais demandèrent la même chose : eux aussi estimaient que l'Europe ne devait pas devenir une union de plus en plus forte. Mais cette expression ne désigne pas une association destinée à devenir de plus en plus forte ; l'"union sans cesse plus étroite" est reprise d'une déclaration de Jean Monnet appelant au rapprochement des peuples, à la fraternisation des personnes. C'est d'ailleurs pour cette raison que le mot "union" n'est pas écrit avec un U majuscule, mais avec un *u* minuscule.

Les Habsbourg excellaient, comme nous, dans l'art du coupage de cheveux en quatre. L'écrivain Robert Musil se moque des chicaneries sur le sigle *k. k.* dans *L'Homme sans qualités*, la monumentale satire où il affuble la double monarchie du surnom de Cacanie (comprendre : pays de merde).

Les livres consacrés à l'histoire des Habsbourg sont fastidieux à lire. Aussi indigestes que les ouvrages traitant de l'Union européenne. Cela vient du fait que les peuples dirigés par la dynastie remettaient continuellement en cause leurs arrangements réciproques, exactement comme aujourd'hui dans l'Union européenne. Dès que l'empereur avait donné satisfaction à une nation, les autres se sentaient défavorisées. Et les récriminations repartaient de plus belle. Les minorités étaient en perpétuelle concurrence. Quand les Hongrois obtinrent des écoles dans leur langue, les Tchèques réclamèrent les mêmes droits. Quand ceux-ci leur furent accordés, les germanophones protestèrent, bientôt suivis par les Croates. Car tout, dans cet ensemble, se tenait. L'espace accordé aux uns empiétait sur celui des autres. À mon humble avis, ce sont tous ces mouvements péristaltiques, poursuivis d'année en année, qui font des livres sur les Habsbourg une lecture coriace, qui vous tombe des mains. Tout comme *L'Homme sans qualités*, d'ailleurs.

Beaucoup se gaussaient de ces mouvements, de la même manière que nous critiquons aujourd'hui l'Europe. Tous ces bidouillages, ces compromis boiteux générateurs de nouvelles frictions. Mais sans ces lentes et laborieuses négociations, l'empire des Habsbourg n'aurait-il pas éclaté beaucoup plus tôt ? En un certain sens, ses dirigeants n'avaient pas d'autre choix.

Eduard Taaffe, un des nombreux Premiers ministres mis à contribution par l'empereur, a reconnu un jour qu'il ne gouvernait, en fait, rien du tout. Il se contentait, disait-il, de *fortwursteln* – d'avancer cahin-caha ou, si on préfère, de naviguer à vue.

Cela ne vous rappelle rien ?

Pour parler de son travail, Taaffe employait aussi le verbe autrichien *durchfretten* : se débrouiller vaille que vaille. Il savait très bien s'y prendre pour trouver des majorités. Les hommes politiques qui le soutenaient obtenaient des concessions. Mais jamais toutes celles qu'ils souhaitaient. Aussi continuaient-ils à le soutenir, dans l'espoir d'en obtenir plus ultérieurement. Grâce à cette habile tactique de "frustration souriante", Taaffe fut le Premier ministre qui demeura le plus longtemps en poste sous l'empereur François-Joseph. Le président européen pourrait tirer d'utiles leçons de sa méthode.

Dans la double monarchie, le royaume de Hongrie avait une organisation différente du reste des territoires habsbourgeois. L'empire, autrement dit la moitié autrichienne, était très décentralisé. Les minorités y jouissaient de nombreux droits. Elles pouvaient parler leur propre langue dans quasiment toutes les situations – sauf dans l'armée et la haute administration où l'allemand dominait. Du côté hongrois régnait au contraire un fort centralisme. Les Magyars, qui ne représentaient que 40 % de la population du royaume, accaparaient tous les pouvoirs. Les minorités[1], par exemple les Roumains de Transylvanie, n'avaient qu'à bien se tenir.

Ces considérations historiques permettent de mieux comprendre la politique hongroise actuelle.

1. Pour mémoire, la Hongrie habsbourgeoise comprenait : la Slovaquie, la Croatie (moins la côte dalmate), le Nord de la Serbie, deux tiers de la Roumanie et même un petit morceau de l'Ukraine actuelle (le reste de l'Ukraine de l'Ouest étant directement "autrichien").

Quoi de neuf sous le soleil ? est-on tenté de se demander.

III

À Vienne, on a souvent l'impression d'évoluer dans une pièce de théâtre datant de l'époque Habsbourg. Sauf que les acteurs portent – parfois – des jeans.

Lors d'un dîner chez nos voisins du dessous, je fais la connaissance d'un conseiller en gestion d'entreprise nommé Gregor Razumovsky. L'Europe orientale est sa spécialité. Il connaît Bruxelles, où il a travaillé comme consultant pour la Commission européenne. "J'organise actuellement des concerts chez moi, me confie Gregor à la fin de l'agréable soirée ; si vous le souhaitez, je vous inscris sur ma liste de diffusion."

J'accepte très volontiers.

Un jour, je reçois un mail de la Razumovsky Gesellschaft : nous sommes invités à une soirée de musique de chambre au Razumovsky Salon, où seront données, entre autres, des œuvres de Schubert, Schumann et Brahms. Inutile de réserver : "premier arrivé, premier servi". Je note que le *o* de "Razumovsky" contient des armoiries.

Gregor habite près du palais du Belvédère, presque en face de la résidence de l'ambassadeur des Pays-Bas, dans une immense maison quasiment dérobée à la vue par des échafaudages. Il pleut à verse. Les montants sont protégés par de lourdes toiles plastique. Des rafales de vent en soulèvent des pans entiers. Nous attendons sous des trombes d'eau devant la porte d'entrée. Le patronyme Razumovsky figure sur plusieurs sonnettes.

Gregor accueille ses hôtes avec du vin et des bretzels dans un vaste salon tapissé de lambris en bois. Ses enfants font le service. En entrant, chacun dépose un don pour les musiciens dans une corbeille tressée. Le concert a lieu dans la pièce voisine : badigeon blanc, hauts plafonds, quelques portraits de famille et un piano à queue sur une petite estrade. C'est là, m'explique Gregor, que la famille a toujours donné ses concerts. Offrir un podium aux jeunes artistes et musiciens fait partie de ses missions. En bâtissant cette maison en 1902, la grand-mère de Gregor, la comtesse Marie Razumovsky, prévoyait déjà d'y organiser des concerts. Après l'expropriation, ceux-ci se sont interrompus, bien sûr. Pendant la Seconde Guerre mondiale, les Allemands ont occupé le palais Razumovsky. Puis les Russes leur ont succédé. Dans les années 1950, les appartements ont été loués à des inconnus. Quand la famille a récupéré le bâtiment, les locataires bénéficiaient de la protection de l'État. L'ancienne salle de concert, où nous nous trouvons maintenant, a ainsi été habitée par un cordonnier jusqu'en l'an 2000. L'homme refusait de déménager. Il a fallu attendre son décès pour que Gregor puisse réhabiliter et repeindre l'ensemble. C'est ainsi que maintenant, enfin, les Razumovsky ont pu ressusciter la tradition familiale.

Il me raconte toute l'histoire comme si je la connaissais déjà. Je ne peux pas lui en vouloir. À Vienne, les histoires comme celles-ci sont le lot commun. Une de nos amies tente depuis des années de récupérer des biens en République tchèque au bénéfice de sa famille. La famille d'une autre amie est, si je comprends bien, divisée entre ceux de ses membres qui se battent farouchement pour obtenir des restitutions, et ceux qui ne veulent plus entendre parler de rien et souhaitent tourner la page une fois pour toutes.

C'est un très beau concert. En rentrant chez moi, je m'avise que je pourrais taper sur Google le nom Razumovsky. Résultat : "Descendant direct du dernier hetman d'Ukraine." Je cherche ensuite le mot "hetman", qui signifie : chef d'État. Les branches ukrainiennes de la famille sont éteintes. Mais le rameau autrichien, établi à Vienne au début du XIXe siècle, se porte comme un charme.

Une voisine m'apporte ses lumières quelques jours plus tard. "Si l'Ukraine était une monarchie, Gregor serait aujourd'hui roi."

Faute de trône, Gregor administre maintenant une page Facebook où il propose de louer son salon pour des fêtes et des réceptions. 1 500 euros la journée, 750 la demi-journée. Il accorde aussi des interviews sur des sujets politiques à des journaux ukrainiens.

IV

Une des nombreuses choses que j'ignorais sur l'empire des Habsbourg est que l'Ukraine en faisait partie. Ou plus exactement, la partie occidentale de l'Ukraine : la Galicie.

Dans le métro de Bruxelles, on entend parler de nombreuses langues. Souvent, je les comprends. Vienne est plus grande que Bruxelles, et au moins aussi internationale. Mais dans le métro viennois, à l'exception des germanophones, je ne comprends presque personne. La plupart des usagers étrangers parlent une langue slave.

Peu avant la Première Guerre mondiale, Vienne comptait deux millions d'habitants. La ville était le centre administratif de l'empire des Habsbourg, une des grandes puissances européennes. Elle attirait beaucoup de monde. Pour faire carrière, il fallait venir à Vienne. Après la chute de l'empire, elle était devenue la capitale d'un petit pays alpin. Elle avait perdu toute importance. Pendant la guerre froide, perdue aux confins de l'Europe occidentale, adossée au rideau de fer, elle végétait. Quand le Mur s'effondra en 1989, le nombre d'habitants de la ville, réduit de moitié, se montait seulement à 1 million.

Mais la cité s'est remise à grandir. Les migrations venues de l'est ont fait remonter le chiffre de la population à 1,9 million. Quand un toit fuit, il est réparé par un couvreur polonais. La nounou des voisins du dessous vient de Slovaquie. Notre maison Biedermeier a des murs si épais que le wifi passe mal – l'ouvrier qui vient installer des amplificateurs est hongrois. Je lis quelque part que, sur les 21 000 infirmières de nuit viennoises, 20 000 viennent d'Europe orientale. Deux semaines ici, deux semaines là-bas. Elles voyagent en Flixbus. En 2020, pendant le confinement, il a fallu édicter des règlements spéciaux pour leur permettre de passer la frontière. Sinon, les hôpitaux auraient été saturés.

Une curiosité géographique : Vienne est plus près de la frontière ukrainienne que de la frontière suisse.

Dans notre rue, une grande maison blanche et déserte est à vendre. De la fenêtre de mon bureau, j'en entrevois l'enceinte derrière les arbres. Les voisins m'assurent qu'il s'agit de la demeure la plus chère de Vienne – prix demandé : 24 millions d'euros. De hauts murs entourent le bâtiment. Aucune vue, si ce n'est, par une mince ouverture donnant sur la rue, une percée sur une sorte de remise ou d'annexe trouée d'une vaste baie à l'avant de la propriété. À l'intérieur, on aperçoit des bois de cerf accrochés au mur. À part cela, la pièce est vide.

Un jour de 2015, je découvre que la remise abrite soudain une intense activité. Les trophées ont disparu. Des tables garnies d'ordinateurs portables ont fait leur apparition. Des hommes en t-shirt et aux cheveux ras sont assis sur des chaises blanches en plastique. D'autres s'affairent devant la porte. On dirait un poste sécurisé des Nations unies pendant une guerre civile. Les gardes sont équipés d'oreillettes au moyen desquelles ils semblent communiquer avec les 4 × 4 noirs qui accaparent toutes les places de stationnement. La présence de ces véhicules nous oblige parfois à tourner des heures dans le quartier pour nous garer. Les riverains commencent à se plaindre. La maison blanche possède un parking souterrain, croit savoir un voisin ; pourquoi ces types ne l'utilisent-ils pas ?

La situation m'intrigue. Quelques semaines plus tard, je croise un des jeunes gens postés devant la porte et je lui demande qui habite dans la maison. Il me répond en français qu'il ne comprend pas l'allemand. Je repose donc ma question en français. Il se contente de ricaner. Il n'a aucune intention de me dire quoi que ce soit.

Vienne a beau être une métropole, c'est aussi un village. Quelques jours plus tard, j'apprends par des amis d'amis l'identité du nouvel occupant de la maison blanche : il s'agit de Dmytro Firtash, un oligarque ukrainien actif dans les secteurs gazier et pétrolier. Les agents de sécurité francophones font apparemment partie de la Légion étrangère française. Au cours de l'hiver, l'homme d'affaires a fui en Autriche après avoir trop tardé à prendre ses distances avec l'ancien président Viktor Ianoukovytch. Plusieurs de ses entreprises avaient déjà leur siège ici. Cela n'a rien d'étonnant : nombre d'Ukrainiens possèdent des participations et des biens immobiliers dans ce pays. Ils obéissent au vieux réflexe habsbourgeois. Encore aujourd'hui. À la suite d'un changement de pouvoir en Moldavie, la moitié de l'ancien régime s'est retrouvée à Vienne. La capitale autrichienne est, après Belgrade, la plus grande ville serbe du monde. De nombreux penthouses du centre-ville sont aujourd'hui achetés par des Russes. Parmi les voitures garées dans notre rue, beaucoup ont une plaque d'immatriculation hongroise ou tchèque.

Je lis dans la presse que mon nouveau voisin reçoit régulièrement la visite de leaders politiques ukrainiens. Nul ne peut dire combien de temps il va rester. En mars 2014, Firtash avait été arrêté et gardé dix jours en détention à Vienne. Les États-Unis demandaient son extradition à cause d'une ancienne affaire de corruption en Inde. Pour être remis en liberté, l'oligarque avait versé une caution de 125 millions d'euros, la plus haute garantie jamais payée en Autriche. Depuis lors, un juge doit statuer sur la demande d'extradition américaine. Cela peut prendre du temps. La décision est très délicate dans un pays qui entretient, et souhaite conserver, d'étroites relations avec l'Est et l'Ouest. Entre-temps, le milliardaire n'a pas le droit de quitter le pays : il doit rester à la disposition de la police. On dit qu'il loue plusieurs maisons pour garantir sa sécurité. Il dort un jour dans l'une, un jour dans une autre. Quand il est à Hietzing, cela se remarque tout de suite : les rues du quartier sont envahies de gaillards trapus en veste de cuir noir. Le juge autrichien a finalement autorisé l'extradition en février 2017, mais le jugement n'a toujours pas été mis à exécution, à la suite d'une procédure suspensive entamée par Firtash.

Je demande une interview à mon nouveau voisin. Un avocat m'informe de son refus.

Un soir, je l'aperçois dans un restaurant du Naschmarkt, entouré de gorilles aux oreilles bourrées de plastique. Je suis un instant tentée d'aller lui parler. Mais la compagnie a un air tellement louche qu'elle m'ôte toute envie de le rencontrer. J'apprendrai plus tard que Firtash avait des liens avec Rudy Giuliani, avocat et homme à tout faire de Donald Trump. Selon la presse autrichienne, Giuliani aurait aidé Firtash à échapper aux griffes de la justice américaine. En échange de quoi, Firtasch aurait fait pression sur le gouvernement ukrainien pour obtenir des informations compromettantes sur Hunter Biden, le fils de Joe Biden, dans le cadre de la campagne de 2020.

Pendant la guerre froide, Vienne était un nid d'espions au service de l'Est et de l'Ouest. Les journaux se faisaient épisodiquement l'écho d'assassinats d'agents étrangers. Le roman de Graham Greene *Le Troisième Homme* se joue ici. Il existe même un musée consacré à cette période. Maintenant que les tensions avec la Russie se ravivent, Vienne – ville charnière entre l'Est et l'Ouest – redevient intéressante pour les services secrets. Nous nous demandons parfois quels passionnants voisins l'avenir nous réserve.

CHAPITRE 3

Ein aristodemoplutobürokratischer Mischmasch.
"Un méli-mélo aristo-démo-plouto-bureaucratique."

La double monarchie vue par KARL KRAUS dans *Les Derniers Jours de l'humanité* (1922).

I

Victor Adler, l'inamovible président du Parti social-démocrate d'Autriche (à la tête duquel il resta vingt ans) et éphémère ministre des Affaires étrangères du gouvernement provisoire autrichien (poste qu'il occupa deux semaines en 1918), voyait dans le gouvernement de François-Joseph *ein durch Schlamperei gemilderter Absolutismus*, "un absolutisme, tempéré par le laisser-aller". La définition se voulait affectueuse.

Un nouvel arrivant à Vienne peut avoir du mal à se représenter la situation en lisant ce jugement. Le leader socialiste ? L'homme qui a lutté pendant vingt ans afin d'arracher plus de droits pour les travailleurs à un empereur persuadé que son trône et son autorité lui venaient de Dieu ? Une définition *affectueuse* ?

Oui. Et Adler n'était pas le seul. En 1918, après la fuite en Suisse de la famille impériale, Karl Renner devint le premier chancelier de la Première République d'Autriche – le reliquat germanophone de l'ancien empire après la sécession successive de tous ses peuples. Renner, fils de paysan germanophone de Moravie – l'actuelle République tchèque –, était social-démocrate. Son gouvernement instaura la journée de travail de huit heures, les allocations chômage, les congés payés ainsi que toutes sortes de lois visant à l'amélioration des conditions de travail des ouvriers. Pourtant, Renner qualifiait lui aussi le nouvel État de "république sans républicain".

De Suisse, l'empereur fugitif, Charles, tenta plusieurs retours via la Hongrie, où il avait porté le titre de roi. Toutes sortes de comités de citoyens loyaux, d'anciens fonctionnaires et d'amis lui apportèrent leur aide. Le gouvernement autrichien semblait suggérer que la porte s'ouvrirait pour Charles s'il prenait son mal en patience. Mais Charles était impatient. Ses tentatives désespérées pour forcer cette porte, d'une maladresse frôlant le ridicule, tournèrent toutes au fiasco. Les propriétés de la famille furent confisquées. L'Autriche frappa l'ex-empereur d'interdiction de séjour et mit comme condition à l'entrée sur le territoire des autres Habsbourg mâles l'abandon de toute prétention au trône et l'acceptation du statut de simple citoyen. Néanmoins, dès 1935, la famille put récupérer ses biens. Et en 1938, quelque temps avant l'Anschluss, 1 600 communes autrichiennes nommèrent Otto, le fils de Charles, citoyen d'honneur.

Les gens n'avaient visiblement pas mauvaise opinion des Habsbourg. Les nazis, qui le savaient, résolurent donc de les éliminer, pour parer à toute éventualité. Ils condamnèrent Otto à mort par contumace et confisquèrent une nouvelle fois ses biens et ceux de sa famille. Plusieurs de ses partisans furent arrêtés et exécutés. Les Habsbourg restés en Autriche, parmi lesquels le père d'Albrecht Hohenberg, furent emprisonnés.

L'histoire est toujours écrite par les vainqueurs. Ils ne décident pas seulement de l'avenir, mais aussi de la version du passé consignée dans les livres d'histoire. Dans le cas des Habsbourg, le récit canonique présentait l'empire comme un régime ayant tyrannisé divers peuples qui finirent par se soulever et s'affranchir de son joug. Au début du XXe siècle, les temps étaient mûrs pour leur libération. L'industrialisation, l'urbanisation, l'enseignement et le droit de vote contribuaient à la prise de conscience et à l'émancipation des classes inférieures. L'Empire ottoman se disloqua à peu près à la même époque. Le Kaiser allemand dut s'exiler. Le tsar Nicolas fut déposé et assassiné avec toute sa famille.

Tel était l'esprit du temps, apprenions-nous à l'école : le temps de Woodrow Wilson et de ses quatorze points. Le temps du droit des peuples à disposer d'eux-mêmes, désormais libres de choisir leur souverain. Les gens voulaient ces bouleversements, lisait-on dans les livres d'histoire, car ils n'acceptaient plus la domination de despotes étrangers.

Si j'ai appris une chose sur les Habsbourg durant ma scolarité, c'est bien celle-là. Aussi la nostalgie dynastique perceptible à Vienne, la tendresse pour l'empire, le respect que beaucoup continuent de manifester aux descendants des Habsbourg et à leur entourage n'ont-ils pas, au départ, manqué de me surprendre.

II

Réfugiée sur mon canapé pendant un week-end glacial, je me plonge dans la lecture de *Der Alltag des Kaisers*, l'ouvrage de Martina Winkelhofer sur "le quotidien de l'empereur". J'y apprends comment vivaient François-Joseph et tous ses serviteurs directs – quelque deux mille au total – au palais de la Hofburg. La Hofburg était, et est toujours, un immense complexe au centre de la vieille ville.

Elle se compose d'une multitude de bâtiments accolés, communiquant entre eux par des galeries couvertes, des porches et des cours intérieures. C'est là, dans ce labyrinthe, que résidait la famille impériale, au milieu d'une foule de généraux, de femmes de ménage, de cuisiniers et de comptables. Au XVIIIe siècle, travailler pour l'empereur vous mettait socialement à l'abri. La concentration urbaine entraînait une pénurie de logements. Les loyers augmentaient. Les travailleurs non qualifiés trouvaient facilement du travail, mais la location d'un logement d'une seule pièce excédait souvent le montant de leur salaire mensuel. Il arrivait que deux familles se partagent une unique chambre d'à peine 25 mètres carrés.

Une embauche au palais résolvait le problème puisque le personnel y était logé. Il y était aussi nourri. Les mets préparés dans les cuisines pour la famille impériale ne différaient pas de ceux qu'on servait à l'ensemble de la cour. En tout cas, pas le plat principal ni le dessert. La vaisselle et les couverts variaient, certes, mais quand François-Joseph se régalait d'une escalope, son jardinier dégustait la même. Rien d'étonnant à ce que les gens se pressent pour entrer au service de l'empereur. Les célibataires titulaires d'un emploi à la Hofburg étaient des partis très convoités.

Une fois "dedans", on était à l'abri. La Hofburg ressemblait un peu à une famille. Les responsables ne licenciaient presque jamais personne. Prenez Franz Fuchs, l'impérial allumeur de réverbères : sujet paresseux, nonchalant et, qui plus est, régulièrement ivre. Parfois, il disparaissait. D'autres fois, il manipulait si dangereusement sa perche qu'il manquait de provoquer un incendie. Fuchs s'est vu infliger plusieurs avertissements, comme le montrent les rapports internes qui le concernent, toujours consultables dans les archives. Mais on ne le mit jamais à la porte. Non, on préféra le transférer aux cuisines comme tourneur de broches. Il travaillait toujours en contact avec le feu, mais il y avait toujours des cuisiniers et des marmitons à proximité pour le surveiller.

On peut penser que la façon dont l'empereur se comportait avec son personnel n'est pas sans rapport avec son style de gouvernement. Il aurait pu congédier Franz Fuchs. Ou pire.

"Le personnel de la cour travaillait en général lentement et sans enthousiasme ; la nonchalance le disputait à la négligence, écrit Winkelhofer. Les interdictions et les avertissements s'égrenaient comme les prières d'un chapelet. Les réprimandes et les sanctions s'accumulaient à l'infini. Mais les punitions étaient rarement exécutées et les manquements restaient sans conséquence."

Les appartements impériaux de la Hofburg sont sans doute un des lieux les plus visités de Vienne. Dans les cuisines, au rez-de-chaussée, sont exposés des services de table en or et en argent. La plupart d'entre eux sont encore complets. À l'étage, dans la salle à manger, le couvert est mis. L'empereur recevait presque tous les jours avant que l'âge ne le contraigne à mener une vie plus retirée. Le menu comportait traditionnellement treize plats, dont on servait de toutes petites portions. François-Joseph détestait ces dîners guindés et protocolaires.

Il mangeait à toute vitesse pour pouvoir retourner rapidement à son travail. La règle en vigueur à la cour était la suivante : dès que l'empereur avait fini un mets, les assiettes étaient débarrassées pour faire place au plat suivant. Les hôtes trop bavards voyaient repartir leur assiette intacte. Le dîner était parfois expédié en cinquante minutes.

Quel gaspillage ! pourrait-on penser. Mais non : les documents d'archives montrent que les restes des repas de la Hofburg n'étaient pas jetés. Rien n'était jeté. Tout ce que les convives avaient laissé était emballé et revendu à des particuliers ou à des restaurants. Les bals donnaient (et donnent d'ailleurs toujours) lieu à la confection d'immenses buffets dont on récupérait pareillement les reliefs. Les revenus tirés de ces ventes étaient versés sur un compte spécial, un fonds de solidarité permettant de venir en aide aux employés malades ou dans le besoin. À la cour impériale, rien ne se perdait. Même les vêtements usagés de l'empereur étaient revendus, quand bien même celui-ci ne s'en séparait qu'après les avoir usés jusqu'à la corde – un domestique se démena pour acquérir un pantalon en laine de l'empereur, qui se révéla par la suite troué aux mites. Les gains issus des ventes de vêtements bénéficiaient eux aussi au personnel.

Les Habsbourg raffolaient du faste à l'ancienne et attachaient une grande importance à l'étiquette. C'est ce que nous rapporte la tradition. Et c'est aussi ce qu'on voit en visitant la Hofburg, Schönbrunn et tous les autres anciens palais. Des épées en or. Une couronne sertie d'énormes pierres précieuses. L'empire reposait dès l'origine sur le pouvoir d'une "Maison" fondé sur le prestige de la famille. Au Moyen Âge, où il n'existait ni frontières fixes, ni bureaucratie d'État, la symbolique jouait un rôle particulièrement important. Mais l'empereur était aussi un patriarche traditionnel. Il pouvait compter sur la dévotion presque aveugle des gens qui travaillaient pour lui. En échange, ceux-ci bénéficiaient de sa protection financière et sociale.

François-Joseph prenait cette tâche très au sérieux. Il ne disait jamais non aux courtisans venus quémander de l'argent ou une faveur. Tout le monde le savait. L'empereur était le cauchemar de ses nombreux ministres des Finances successifs. Tous s'efforçaient de limiter ses dépenses, mais François-Joseph n'avait que faire des restrictions et continuait de distribuer ses largesses avec la même prodigalité. Écarter les solliciteurs était difficile : à la différence du roi de France, éloigné du tout-venant, François-Joseph recevait tous les jours des gens ordinaires. Tout en évoluant dans les hautes sphères, les empereurs habsbourgeois savaient très bien que leur légitimité reposait sur le peuple. Et que la condition de leur maintien au pouvoir était d'en conserver le respect, voire l'amour. Pour cela, ils devaient rester visibles, et accessibles.

Les ministres des Finances rognaient donc sur d'autres postes de dépenses. En particulier sur le mobilier. L'empereur possédait des palais et des châteaux dans toute l'Autriche-Hongrie. De temps à autre, il séjournait à Prague, à Budapest ou à Salzbourg. Une partie de la cour l'accompagnait. Ces déplacements s'apparentaient à de véritables migrations, préparées dans les moindres détails. Avant chacun de ses voyages, l'empereur d'Éthiopie Haïlé Sélassié envoyait en reconnaissance le chef de son dépôt de coussins. Celui-ci prenait les mesures de tous les sièges et tous les pupitres devant être utilisés par le souverain afin de pouvoir les garnir d'un rehausseur approprié. La petite taille de Haïlé Sélassié échappait ainsi aux regards du public. À la Hofburg aussi, il y avait un service chargé de la préparation des déplacements impériaux : ses employés recensaient des mois à l'avance les portemanteaux, lavabos, tabourets et lits à emporter. Les palais avaient des meubles, mais pas suffisamment. Par mesure d'économie, on ne complétait pas l'ameublement. Le mobilier était donc transporté d'un palais à l'autre en fonction des besoins. Les pièces nécessaires étaient prélevées à l'avance dans le dépôt et expédiées avant l'installation de la caravane royale. Tout était à sa place à l'arrivée de Sa Majesté. Ce dépôt existe toujours.

Il a été transformé en musée – un de mes préférés à Vienne. Généralement, il n'y a pas un chat. Le visiteur s'y promène entre les canapés et les empilements de chaises de salle à manger. Les coulisses de la monarchie s'y dévoilent bien plus authentiquement que dans tous les Sissi-shows aseptisés.

III

Un jour, je suis à Rome. J'ai pris rendez-vous sur Twitter avec Eduard Habsbourg, l'ambassadeur hongrois auprès du Saint-Siège. Un homme dynamique, un des rares membres de la famille actif sur les réseaux sociaux. Sur son fil d'actualité, il ne se contente pas de republier des messages d'évêques, de religieuses ou d'annoncer des conférences sur les chrétiens persécutés. Il se filme aussi en train de cuisiner un goulasch. Et avant d'aller voir *L'Ascension de Skywalker*, il a organisé un petit sondage parmi ses followers : "*L'Ascension de Skywalker* était *a)* fantastique *b)* bof *c)* un navet."

Je suis curieuse de savoir comment les Habsbourg voient le monde, eux dont la devise proclame depuis le XVe siècle AEIOU : *AUSTRIAE EST IMPERARE ORBI UNIVERSO* – Il appartient à l'Autriche de régner sur tout l'univers. Ont-ils tiré un trait sur ce passé ? Ou en subsiste-t-il quelque chose dans l'Europe actuelle, comme le pensait Otto ? Quel tic ont-ils personnellement conservé de cet héritage ?

Malheureusement, peu de temps avant l'heure prévue, Eduard Habsbourg m'envoie un message sur WhatsApp pour se décommander. Il a soumis ma requête à son employeur, le ministère des Affaires étrangères à Budapest. De nouvelles élections vont bientôt avoir lieu. Les diplomates ne sont pas censés s'exprimer sur l'Union européenne. Heureusement que je n'ai pas fait le déplacement à Rome exprès pour cet entretien.

Il m'appelle néanmoins alors que je me promène à la villa Borghèse. Je tente de le convaincre de changer son "non" en un "oui". J'explique que je n'ai nullement l'intention de lui soutirer une déclaration sur la politique migratoire d'Orbán, et moins encore sur ses démêlés avec Bruxelles à propos du respect de l'État de droit. Je m'intéresse seulement aux parallèles existant entre l'empire des Habsbourg et l'Union européenne, et à sa vision sur ce sujet. À lui de choisir le cadre politique dans lequel il souhaite placer ses réponses.

Mais il ne cède pas. L'Europe soulève visiblement trop de difficultés à Budapest. Nous discutons encore un peu tandis que les oiseaux piaillent sur les cimes des palmiers de la villa. Puis nous raccrochons.

J'espère que l'*ambasciatore* ne m'en voudra pas si je rapporte une de ses confidences. Dans les grandes lignes, il rejoint son lointain oncle Otto sur le fait que l'Union vise un objectif assez semblable à celui qui animait autrefois l'Empire habsbourgeois : veiller à ce que différents peuples ne s'entredéchirent pas. Quand je lui demande quelle est la plus grande différence entre les deux, il répond : "Que l'Union n'ait pas d'empereur."

IV

L'empire des Habsbourg était une zone de libre-échange et une union douanière, exactement comme l'Union européenne actuelle. Il possédait aussi une monnaie unique.

Peu avant le déclenchement de la Première Guerre mondiale, environ 13 % de la population européenne totale vivait dans l'empire des Habsbourg. Le marché intérieur représentait quasiment un dixième du produit intérieur brut européen. Il incluait l'ensemble des territoires actuels de l'Autriche, de la République tchèque, de la Slovaquie, de la Croatie et de la Hongrie, ainsi que des portions de l'Italie, de la Pologne, de la Roumanie, de l'Ukraine et de l'ancienne Yougoslavie. Les échanges s'intensifièrent surtout pendant la seconde moitié du XIXe siècle. L'économie connut une forte croissance vers les années 1860. Rien qu'entre 1867 et 1869, 36 nouvelles banques furent enregistrées dans la capitale de l'empire. En 1872, 1 005 nouvelles entreprises firent leur entrée à la Bourse de Vienne. Certaines personnalités amassèrent des fortunes pendant cette période. C'est durant ces décennies que fut édifié le Ring, le célèbre boulevard circulaire de la capitale le long duquel se dressent l'Opéra d'État, le Parlement et les imposantes demeures d'opulentes familles telles que les Ephrussi. L'État et le secteur privé investirent des sommes folles dans les chemins de fer. Par exemple, dans la Kaiser Franz Josephs-Bahn, la ligne privée reliant Vienne, via Prague, aux populaires stations thermales de l'Ouest et du Sud de la Bohême. Une liaison ferroviaire directe fut également ouverte avec Trieste, le grand port austro-hongrois de la mer Adriatique, aujourd'hui situé dans une bande de terre à l'extrémité orientale de l'Italie. L'investissement se révéla profitable : après le percement du canal de Suez en 1869, l'Austrian Lloyd mit en service des lignes directes par bateau à vapeur à destination de Colombo et de Hong Kong. Ces nouvelles voies de communication révolutionnèrent l'empire des Habsbourg. Tout d'un coup, on pouvait se déplacer rapidement et économiquement d'un coin à l'autre du territoire.

En 2007, deux chercheurs, Max-Stephan Schulze de la London School of Economics et Nikolaus Wolf de l'université de Warwick, ont étudié l'influence des frontières ethniques et linguistiques sur le développement du marché intérieur austro-hongrois[1]. Ils ont analysé le commerce des céréales dans vingt villes importantes, réparties dans tout l'empire. Les

1. L'article de Schulze et Wolf "On the Origins of Border Effects: Insights from the Habsburg Customs Union" figure sur le site du Centre for Economic Policy Research. (Cf. Bibliographie sélective.)

céréales sont des produits simples. Tout le monde en a besoin. Elles se transportent facilement et exigent peu de manipulations. Les obstacles qui entravent leur commerce n'ont donc que peu de rapport avec les écarts technologiques, géographiques et économiques entre régions. Hypothèse des deux chercheurs : dans un marché fonctionnant parfaitement, un kilo de céréale devrait coûter à peu près partout le même prix. Était-ce le cas ?

Schulze et Wolf ont découvert que plus le marché habsbourgeois s'unifiait sous l'effet de la rapidité et de la modicité du coût des transports, plus les frontières entre les différentes communautés ethniques et linguistiques gagnaient en netteté. Ces démarcations, apparues vers 1880, devinrent de plus en plus étanches tandis que l'intégration se renforçait considérablement au sein de chacune des régions ainsi délimitées. Quand l'empire des Habsbourg fut démembré en 1918, ces frontières s'avérèrent coïncider exactement avec les lignes de partage.

Les chercheurs ont observé deux effets. Premier effet : la consolidation du marché intérieur austro-hongrois et la levée des barrières se sont accompagnées d'une visibilité de plus en plus grande des frontières linguistiques. En fait, le phénomène était en partie relatif : les cloisonnements ethnolinguistiques, qui avaient toujours existé, apparaissaient en effet d'autant mieux qu'il ne subsistait plus que de rares autres obstacles. Second effet : pour leurs achats de céréales, les groupes locaux et régionaux avaient parfois tendance à privilégier les fournisseurs appartenant à leur propre famille ethnolinguistique, et à boycotter les vendeurs des autres groupes. Apparemment, ces discriminations sont devenues plus fréquentes durant les trente à quarante dernières années de l'empire des Habsbourg.

Qu'en penser ? L'empire était-il condamné à l'échec ? Un fonctionnement optimal est-il inaccessible pour un marché intérieur dans un vaste territoire aussi hétérogène d'un point de vue ethnique et linguistique ?

Nous ne connaissons pas la réponse à cette question. Mais dans l'Europe actuelle – 27 pays, 23 langues officielles –, les prix des mêmes produits varient d'un endroit à un autre. Pendant la crise de l'euro, quand les investisseurs ont déplacé leurs capitaux du Sud vers le Nord de l'Union, un euro avait moins de valeur en Italie qu'en Allemagne. On constate également que le marché intérieur se fragmente quand l'économie cale, quand survient une catastrophe (Covid !), ou quand deux pays se disputent : les hommes politiques exhortent alors leurs concitoyens à acheter des produits de chez eux, ou essayent de venir en aide financièrement aux firmes nationales. Un jour, il n'y a plus de frontières. Le lendemain, elles ressurgissent du néant. Cela se passait comme ça autrefois. Et cela continue.

V

"Au sein de l'Union, un fossé se creuse entre l'Est et l'Ouest. Et en dehors de l'Union, celui qui nous sépare de la Russie s'approfondit. Pour les combler tous les deux, il faut se tourner vers l'Europe centrale. Cela fait des siècles que cette région est confrontée à ce problème." Emil Brix, ancien ambassadeur d'Autriche à Londres et à Moscou, aujourd'hui directeur d'une des plus anciennes écoles de formation de diplomates du monde (l'Académie diplomatique de Vienne), est convaincu que l'avenir du continent – et partant, celui de l'Union européenne – se joue en Europe centrale. Autrement dit, dans la région où s'étendait l'empire des Habsbourg. Au milieu de l'Europe. Non seulement le centre géographique de l'Union se situe, depuis les derniers élargissements, quelque part entre Prague et Vienne, mais la problématique de l'Union se confond de plus en plus avec celle de l'Europe centrale. Brix a défendu cette thèse en 2018 dans un livre écrit en collaboration avec son compatriote Erhard Busek[1] : *Mitteleuropa revisited.*

Brix accueille sa visiteuse par un élégant baisemain, toujours parfaitement en usage dans ces contrées. L'Académie diplomatique (Diplomatische Akademie) occupe un immense et imposant bâtiment dans la Taubstummengasse, la “rue des Sourds-Muets”, dans le 4e arrondissement de Vienne. L'impératrice Marie-Thérèse a fondé l'institution en 1753 afin d'initier aux langues et mœurs orientales les ambassadeurs envoyés dans les Balkans, ou au-delà. Aujourd'hui encore, nombre de diplomates et d'hommes politiques d'Europe centrale et orientale sont formés ici – les Balkans suscitent à Vienne un intérêt aussi fort qu'au temps des Habsbourg. L'Académie organise également, sur des questions de politique internationale, des

1. Erhard Busek (1941-2022), un des leaders du parti chrétien conservateur ÖVP, ancien ministre et vice-chancelier, s'est particulièrement investi – y compris dans le cadre de l'Union européenne – dans la relation avec les pays du Sud-Est de l'Europe.

séminaires et des conférences privilégiant les thèmes liés à l'Europe centrale, aux Balkans et à l'Europe orientale. J'y assiste fréquemment. On y débat des mêmes sujets européens qu'à Bruxelles, Paris ou Berlin. Mais l'approche diffère. Les Tchèques, les Autrichiens et les Polonais ont vécu une autre histoire, fait d'autres expériences et subi d'autres traumatismes que leurs voisins de l'Ouest. Cela leur donne un autre regard sur le continent. Il y a toujours quelque chose à tirer de ces rencontres.

Ce qui me frappe : à l'Ouest, nous voulons regarder vers l'avenir, tandis qu'ici, en Europe centrale, ce sont plutôt les constantes de l'histoire qui servent de repères. Dans l'Union, les Européens de l'Ouest se focalisent sur l'innovation et sur la digitalisation. Les Européens du centre sont plus conservateurs. Ils tiennent à assurer leurs arrières. Leur dynamique est totalement différente de la nôtre.

L'Europe centrale est de retour après plusieurs décennies d'absence. Elle avait disparu pendant la guerre froide. À l'époque, il n'y avait plus que l'Est et l'Ouest, sans rien au milieu. La *pax americana* régnait d'un côté, la *pax sovietica* de l'autre. Le Mur matérialisait la frontière. Après sa chute en 1989, les pays d'Europe orientale se hâtèrent d'adhérer à l'Otan et à l'Union européenne – dans cet ordre, afin de s'assurer la meilleure protection possible contre la Russie. En cherchant à rejoindre l'Ouest, ils cessaient d'être *stricto sensu* des "Européens de l'Est". Lequel Est se décala donc de plus en plus vers l'orient, ce qui dégagea de l'espace pour le centre. Des décennies durant, cette Europe centrale n'eut pas à se manifester, parce qu'il y avait peu de problèmes entre l'Est et l'Ouest. Mais maintenant qu'une fracture s'est rouverte entre les deux parties du continent, le centre, comme par réflexe, fait de plus en plus distinctement entendre sa voix.

L'Europe centrale ne veut pas choisir entre l'Est et l'Ouest, explique Brix. Les pays tels que l'Autriche, la Pologne, la Hongrie et la République tchèque sont situés entre l'Allemagne et la Russie, autrement dit sur la ligne de faille entre l'Est et l'Ouest. Ils se sont toujours débattus avec la question de savoir s'ils penchaient plus d'un côté que de l'autre. En outre, ils devaient avoir le doigté nécessaire pour gouverner un patchwork de majorités et de minorités, de communautés linguistiques, d'identités religieuses et culturelles sans que celles-ci s'entredéchirent. L'existence de ces deux fractures, l'une externe et l'autre interne, représente une constante historique. Tous les pays de la région ont eu à la gérer. L'empire des Habsbourg, immense État multinational ayant Vienne pour capitale, a longtemps réussi à jeter des ponts par-dessus l'une et l'autre faille. Pendant des siècles, il a hébergé plus ou moins pacifiquement plusieurs nations sous un même toit.

L'empire amortissait les chocs dans la zone centrale, dit Brix. "Il prévenait les conflits. En un sens, l'Union essaie aujourd'hui de faire la même chose. Elle se trouve confrontée aux dilemmes dans lesquels se débattaient déjà les Habsbourg. Tous les anciens problèmes persistent. À l'intérieur de l'Union, il y a du tirage. Les pays deviennent plus revendicatifs, le nationalisme relève la tête. Les régions exigent une plus grande autonomie. Les désaccords culturels et religieux s'enveniment. Pour ne rien dire du conflit opposant la Commission à la Pologne et à la Hongrie sur la question des valeurs européennes. Les Européens de l'Ouest gagneraient à mieux s'informer sur l'histoire et les sociétés d'Europe centrale. Ils auraient beaucoup à apprendre de l'épisode habsbourgeois, car l'empire se heurtait aux mêmes difficultés."

Brix soutient que l'empire s'est désagrégé sous la pression des différences ethniques. De la politique des identités. Les Habsbourg veillaient constamment à préserver les équilibres internes, exactement comme l'Union. "Pendant la Première Guerre mondiale, ils ne parvenaient plus à faire tenir ensemble les pièces du puzzle. La guerre n'est pas, à mes yeux, la cause de leur échec, même si elle leur a donné le coup de grâce."

Les Habsbourg n'ont jamais réussi à trouver le bon équilibre interne. Ce n'était pourtant pas une mission impossible. Et ce n'était pas faute d'avoir essayé. Mais les Habsbourg, exactement comme l'Union actuelle, n'opéraient pas dans un vide stratégique. Le contexte géopolitique changeait constamment. Les pays voisins modifiaient sans cesse leur comportement et leur posture. Quand la Russie tsariste adoptait une certaine position, celle-ci risquait d'influencer les peuples slaves à l'intérieur de l'empire. L'empereur devait en tenir compte dans ses réactions. Tout ce que l'Allemagne faisait, ou ne faisait pas, se répercutait chez les germanophones autrichiens. Les événements extérieurs déstabilisaient la balance interne. Il n'en va pas autrement aujourd'hui. L'Italie et la Hongrie désapprouvent les sanctions à l'encontre de la Russie, à laquelle la Pologne et les pays baltes voudraient infliger une punition exemplaire. Pendant la crise des migrants – autre événement "extérieur" –, les pays de l'Union ont réagi très différemment.

"L'empereur, poursuit Brix, passait son temps à essayer de rétablir la stabilité en adaptant et en réformant les structures de l'État. Mais il lui fallait pour cela obtenir l'accord du plus grand nombre de groupes possible." Sous les Habsbourg, la politique extérieure était souvent intérieure, et inversement – exactement comme dans l'Union aujourd'hui.

En 1806, les Habsbourg perdirent le Saint Empire romain germanique, et avec lui des territoires où vivaient de nombreux germanophones. Cette perte modifia les rapports entre les différents groupes linguistiques au sein de l'Empire habsbourgeois. Mais simultanément, les germanophones voyaient s'accroître leur prépondérance au sein de l'État, dans la mesure où l'empereur Joseph II, à la fin du XVIIIe siècle, avait fait de l'allemand la langue de travail officielle de la bureaucratie habsbourgeoise. Les autres communautés linguistiques s'en inquiétaient. Elles demandaient des compensations. En 1867, l'instauration de la double monarchie au bénéfice de la Hongrie remit en cause l'ancien équilibre : les nouveaux droits et pouvoirs dont jouissaient soudain les Hongrois suscitaient la jalousie des différentes minorités de l'empire. Elles voulaient les mêmes. À chaque nouveau choc, les peuples réclamaient plus de droits linguistiques, de libertés religieuses, de territoires, ou de compétences administratives. L'empereur satisfaisait d'abord les revendications des grandes nations. Puis il accordait aussi quelques faveurs aux petites. Le débat politique tournait donc entièrement autour de la question des nationalités et des moyens permettant de faire pacifiquement et équitablement coexister celles-ci dans un grand empire multinational. Cela ne s'arrêtait jamais. Comme dans l'Union européenne.

"La question qui se pose est toujours la même : comment faire tenir ensemble les pièces du puzzle ? s'interroge Brix. Comment satisfaire plus ou moins tout le monde ? Quel degré d'autonomie politique, religieuse ou culturelle peut-on accorder à chacun des éléments sans que l'édifice s'effondre ? Sachant qu'il suffit d'un seul événement, tel que le Brexit, pour bouleverser de fond en comble l'ordre européen."

Avant le Brexit, il y avait trois grands pays dans l'Union : l'Allemagne, la France et le Royaume-Uni. Les Allemands sont légalistes, les Français, étatistes, et les Britanniques, libéraux. À Bruxelles, ces trois cultures n'arrêtaient pas de s'opposer. Maintenant, l'approche libérale a disparu. Son effacement renforce la puissance de l'Allemagne et de la France. Quand les deux pays veulent quelque chose – par exemple, le plan NextGenerationEU pour pallier les conséquences de la pandémie de Covid-19 –, les pays plus modestes peinent à s'opposer à leurs projets. Ils parviennent tout au plus à y apporter des nuances et des retouches. Les petits pays libéraux du Nord de l'Europe ont immédiatement créé un groupe pour contrecarrer l'influence accrue de l'axe franco-allemand. Les pays du Sud font également plus souvent bloc que par le passé, de même que ceux d'Europe centrale. L'Autriche tente parfois de se profiler comme le leader informel de ce club.

Le chancelier autrichien Sebastian Kurz[1] a dans son bureau un tableau représentant une carte politique de la vieille Europe accrochée à l'envers et recouverte par le dessin de scènes symboliques de la nouvelle Europe. Il est tout à fait conscient de la modification des rapports de force au sein du continent, et des pressions extérieures qui s'exercent sur lui. Kurz tente de plus en plus de se profiler comme le nouveau leader de la famille conservatrice européenne – rôle longtemps joué par Angela Merkel.

1. Le jeune leader chrétien conservateur Sebastian Kurz (1986) occupa les fonctions de chef du gouvernement autrichien de décembre 2017 à mai 2019, puis de janvier 2020 à octobre 2021.

Il s'appuie pour cela, bien plus que la chancelière allemande, sur l'Europe de l'Est.

Et il n'y a pas que le Brexit, poursuit Brix ; Trump et Poutine ont également une forte influence sur l'Union. On pourrait comparer leur influence à celle que le tsar et l'empereur d'Allemagne exerçaient en leur temps sur l'empereur d'Autriche. Mais la grande différence avec la situation actuelle est que l'Union manque de confiance en elle. Elle n'est pas prête à se considérer comme une puissance. “Comme l'a écrit Robert Musil, nous ressemblons à des cyclistes faisant du surplace : nous pédalons, les roues tournent dans le vide, et nous n'avançons pas d'un pouce.”

Certains disent que les discussions au sein de l'Union portent de plus en plus sur les valeurs. “Vous faites la même constatation ? demandé-je à Brix.

— Oh ! mais c'était déjà le cas autrefois", tempère-t-il.

Pour lui, la question essentielle, aujourd'hui comme hier, est en fin de compte la suivante : le libéralisme a-t-il un avenir ? Et si oui, jusqu'où peut-il aller ? "La réponse vient toujours en premier lieu d'Europe centrale. À la fin de son existence, l'empire des Habsbourg a été le théâtre d'une grande expérience libérale. Les années précédant 1914 coïncident avec une phase de mondialisation triomphante. Mais le système ne pouvait supporter un tel choc : les décisions venaient trop du sommet. L'empire était trop décadent. Les provinces ne suivaient pas. Il y a là une leçon pour l'UE. Ceux qui croient qu'une union politique pourrait fonctionner en Europe se bercent d'illusions. L'expérience des Habsbourg le montre : c'est impossible. Elle a été tentée, et tout ce qu'elle a donné, c'est : deux guerres mondiales."

N'exagère-t-il pas un peu ? Il ne le pense pas. "La leçon à tirer est la suivante : les dirigeants politiques nationaux doivent pouvoir suivre. Les grandes théories ne marchent pas. Impossible de les faire accepter par tout le monde. La seule chose qui marche dans un État multinational ou un système fédératif complexe tel que l'Union, c'est le *muddling through*, comme on dit en anglais. Se frayer un chemin dans la boue. Avancer par petites étapes. Manœuvrer prudemment. Les grandes étapes telles que l'euro ou Schengen ont considérablement entamé le capital de sympathie de l'Union dans de nombreux pays."

Mais ce sont les chefs de gouvernements nationaux eux-mêmes qui ont franchi ces étapes, non ?

“En effet. Mais ils n’ont pas réussi à rallier leurs compatriotes. En tout cas, pas assez.”

Certes, mais beaucoup d’entre eux n’ont même pas essayé de les rallier.

“C’est vrai. Mais on le savait d’avance.”

Pourquoi pensez-vous que l’Union ne sera jamais une société libérale ?

“Parce que ses membres ne sont pas tous prêts. Il ne faut pas oublier une chose : les idéaux de la Révolution française, liberté, égalité, fraternité, n’ont presque pas atteint cette région. Il n’y a dans toute l’Europe centrale qu’une seule statue de Napoléon : à Ljubljana. Napoléon avait promis la liberté aux Slovènes, mais il n’a pas tenu parole. Ce qui compte dans cette partie de l’Europe, ce sont les traditions. C’est en s’appuyant sur elles que l’on s’efforce, tant bien que mal, de cohabiter. Vous pourriez me dire que je vous tiens le discours d’un conservateur d’Europe centrale. Mais attention : dans certains coins de l’Europe de l’Ouest, la Révolution française voit également son prestige se faner. Les Européens de l’Ouest sont libres, et peut-être frères, mais l’« égalité » connaît des ratés ces dernières années.”

Vous ne semblez guère optimiste quant à l’avenir de l’Union. Finira-t-elle comme l’empire des Habsbourg ?

“Non. Je ne pense pas que l’Union éclatera. Le centre viennois de l’Empire imposait sa politique à la périphérie : ce déséquilibre lui a été fatal. Le corset était trop serré. L’Union a une structure un peu moins rigide. Bruxelles ne parvient pas à mener une vigoureuse politique centraliste acceptable par toutes les régions, villes, pays et groupes religieux. Pour l’Union, il est à mon avis essentiel de ne pas devenir *allemande*. La prépondérance allemande et le rejet qu'elle suscite n'ont jamais cessé de préoccuper l'Europe. Cela a toujours été un des problèmes de l'Europe centrale. Déjà au temps des Habsbourg. Beaucoup de ressortissants de l'empire estimaient que les germanophones jouissaient de plus de droits qu'eux. Ceux-ci occupaient, par exemple, une place dominante dans l'appareil d'État. Les locuteurs de langues slaves se sont toujours sentis des citoyens de seconde zone. Les citoyens d'Europe centrale ont vite le sentiment que le monde entier les humilie, les roule dans la farine. La victimisation fait partie de la culture des gens d'ici."

Les populations d'Europe centrale ont une sensibilité exacerbée, c'est cela ?

"Ici, les mythes victimaires ont la peau dure. Ils compliquent singulièrement la résolution des questions relatives aux minorités. L'empire des Habsbourg a beau avoir rendu l'âme il y a un siècle, les Hongrois ne sont jamais longs à se plaindre que « l'Autriche veut les dominer ». Inversement, les Autrichiens ont été élevés dans l'idée que les Hongrois avaient constamment obtenu ce qu'ils voulaient pendant la double monarchie. Ces réflexes ne disparaissent pas. La moindre critique adressée par l'Union à un ancien pays du bloc de l'Est fait grimper tout le monde aux rideaux : cela réveille le souvenir de la période communiste et des oukases honnis de Moscou. Comme si on pouvait comparer Bruxelles et Moscou. Ces réactions ont de quoi nous inquiéter, au sein de l'Union."

La Pologne et la Hongrie utilisent également cet argument.

"Oui, et leur attitude finit par créer des problèmes inextricables."

Et alors, comment fait-on ?

“La réaction de l’Union est intéressante à observer. Elle déplace les problèmes sur le terrain juridique, elle les judiciarise. Les Habsbourg procédaient exactement de la même façon. Dès que les droits d’un groupe linguistique étaient en jeu, ou qu’une question politiquement sensible se posait, ils faisaient appel au juge. Il y avait à Vienne trois hautes cours de justice susceptibles de traiter les affaires n’ayant pas trouvé de solution politique. Dans l’Union, la Commission a enclenché une procédure judiciaire quand des pays du groupe de Visegrad ont refusé d’accepter des quotas de réfugiés. Est-ce la bonne façon de résoudre le problème ? Je n’en sais rien. Mais cela permet de gagner du temps. C’est important.”

Vous avez été ambassadeur à Moscou. Quel rôle joue la Russie dans le retour de la Mitteleuropa ?

“La Russie est un pays voisin de l’Union. L’une et l’autre portent sur la politique étrangère un regard totalement différent. Moscou considère la politique étrangère, et plus particulièrement la politique européenne, dans une perspective historique. Sa chronologie débute avec les invasions mongoles, passe par le congrès de Vienne, l’invasion nazie, la menace américaine, par le biais de l’Otan, durant la guerre froide, et aboutit à l’ordre actuel. Autrement dit, c’est le passé qui détermine la politique européenne actuelle de la Russie. Bruxelles table sur des objectifs et des projets concrets pour apaiser le conflit avec son grand voisin. Sa démarche n’a pas grand-chose d’historique. Peut-être est-ce une bonne approche. Mais bon nombre de citoyens d’Europe centrale ne peuvent pas, ou ne veulent pas, choisir entre Bruxelles et Moscou. En cas de confrontation, nous serions pris en étau. Nous comprenons les Russes. Ici, nous raisonnons aussi un peu comme eux."

Le président Poutine a dansé au mariage d'une ministre autrichienne[1]. *L'Autriche n'a expulsé aucun diplomate après l'affaire Skripal. Juste après son accès à la chancellerie, Sebastian Kurz a amené la moitié du gouvernement à Moscou. Les rapports avec la Russie ne sont-ils pas trop chaleureux ?*

"Nous avons toujours entretenu une relation particulière avec la Russie. Chaque fois qu'un conflit menace avec le Kremlin, les Autrichiens privilégient les compromis diplomatiques. Nous craignons que les autres options ne conduisent à la guerre. L'Académie diplomatique de Vienne n'est pas sans raison une des plus anciennes du monde. Ce n'est pas non plus un hasard si les puissances européennes, parmi lesquelles la Russie, ont tenu à Vienne le congrès historique de 1814-1815, scellant la paix sur le continent. Nous n'apprécions pas les points de vue extrêmes. Quand d'autres que nous en ont, nous essayons de les concilier."

Votre pays est neutre depuis la Seconde Guerre mondiale.

"Oui. Et cette neutralité continue de nous aller comme un gant."

1. Le 18 août 2018, Vladimir Poutine était présent au mariage de Karin Kneissl, membre du parti d'extrême droite autrichien FPÖ et à l'époque ministre des Affaires étrangères dans le premier gouvernement Kurz. La photo de Poutine dansant avec la mariée a fait le tour du monde.

VI

Nous autres Européens affirmons parfois que nous nous sommes remis depuis peu à la géopolitique. Contraints et forcés. Comme Emil Brix l'a remarqué, les Américains et les Russes se chargeaient autrefois d'en faire pour nous. Maintenant que les Américains ne sont plus obsédés par les Russes, mais par les Chinois, nous nous retrouvons de plus en plus seuls.

Mais est-ce bien vrai ? N'est-ce pas plutôt qu'un formidable dilemme géopolitique se pose depuis longtemps en plein milieu de l'Europe ? Un dilemme dont nous ne prenons conscience que maintenant ? Jacques Le Rider, historien de la culture et spécialiste de l'Autriche impériale, a écrit : "Depuis la chute de l'empire des Habsbourg en 1918, l'Europe orientale constitue un vide économique et politique attendant d'être comblé, autrefois par l'Allemagne ou la Russie, et aujourd'hui par l'Allemagne ou l'Union européenne. Il s'agit d'une loi quasi naturelle. La nature a horreur du vide. Le résultat le plus probable est une domination allemande sous les auspices de l'Union européenne."

Belle analyse. Le géographe et pédagogue britannique James Fairgrieve a forgé au début du siècle dernier une expression encore plus parlante pour désigner ce vide au cœur de l'Europe : il y voit une *crush zone*, une zone de pression. Autrement dit un espace géopolitique central et convoité, théâtre d'un affrontement permanent entre les grandes puissances – une position dans laquelle ne peut survivre, à terme, qu'une entité dotée d'une très forte unité politique.

CHAPITRE 4

No other part of Europe faces as many enemies.
"Aucune autre partie de l'Europe n'est menacée par autant d'ennemis."

Comte Raimondo Montecuccoli
(général de l'armée impériale du Saint Empire romain germanique au service des Habsbourg),
cité par Michael Hochedlinger
dans *Austria's Wars of Emergence.*

I

Citer *Le Monde d'hier*, l'autobiographie de Stefan Zweig publiée en 1942, année où lui-même et sa femme se suicidèrent, est presque devenu une platitude. L'écrivain jouit d'un renouveau d'intérêt. Plus d'un essai geignard sur l'avenir (ou l'absence d'avenir) de l'Europe s'ouvre par quelques lignes éloquentes de sa main, relatives le plus souvent aux années 1930.

Comme à cette époque, les populistes de droite alimentent les peurs collectives, multiplient les attaques contre les institutions indépendantes et dénigrent l'élite. Ils prétendent parler au nom du “peuple”. Sur les réseaux sociaux, je reçois régulièrement des messages, généralement anonymes, m’accusant de “trahison” – deux mots déjà en usage pendant ces années-là.

Zweig, né en 1881 dans la Vienne des Habsbourg, a assisté à presque toutes les tragédies que le XXe siècle nous réservait. En le lisant, on est frappé par les similitudes existant entre la période actuelle et l’entre-deux-guerres, tant sur le plan social que politique. Les solutions elles-mêmes qu’il préconise comme “contrepoison” au défaitisme, à la méfiance et à l’hystérie de masse ont un air de déjà-vu : multiplier les échanges universitaires, publier un journal européen, ou créer une agence de “désintox” traquant et réfutant les mensonges publiés dans les médias. En découvrant ces propositions, on s’interroge : n’est-ce pas exactement ce que nous avons fait au cours des dernières décennies ?

Erasmus, par exemple : le programme d’échange étudiant est une des plus grandes réussites de l’Union européenne. D’autre part, les citoyens qui ne se contentent pas de l’interprétation nationale des discussions bruxelloises et tiennent à s’informer des points de vue de Rome ou de Stockholm peuvent consulter des publications en ligne telles qu’*Euractiv*, *Politico* ou *EUobserver*. Même l’euro a son propre “journal”, eurointelligence.com, qui propose quotidiennement des hyperliens vers des articles en espagnol, en allemand, et même en néerlandais. Le troisième instrument suggéré par Zweig (un *“fact-checker”* pour rectifier les erreurs des médias), existe lui aussi : StratComm, l’agence de désintox du Service européen pour l’action extérieure, a tellement de travail qu’il a fallu l’agrandir à plusieurs reprises.

Mais ce qui me frappe le plus chez Zweig, c'est la description qu'il donne du monde d'avant le grand basculement. Le temps d'avant la Première Guerre mondiale. Il l'appelle "l'âge d'or de la sécurité". Il écrit à la première page de ses Mémoires :

> Tout, dans notre monarchie autrichienne, presque millénaire, semblait fondé sur la durée, et l'État lui-même paraissait le suprême garant de cette pérennité. [...] Chacun savait combien il possédait ou combien il lui revenait, ce qui était permis ou défendu. Tout avait sa norme, sa mesure et son poids déterminés. Qui possédait une fortune pouvait calculer exactement ce qu'elle lui rapportait chaque année en intérêts ; le fonctionnaire, l'officier trouvait dans le calendrier l'année où il était assuré de bénéficier d'une promotion ou de partir en retraite. Chaque famille avait son budget bien établi, elle savait ce qu'elle aurait à dépenser pour le vivre et le couvert, pour les voyages estivaux et la représentation ; en outre, on prenait inévitablement la précaution de réserver une petite somme pour les imprévus, pour les frais de maladie et les soins du médecin. Qui possédait une maison la considérait comme le foyer assuré de ses enfants et petits-enfants, une ferme ou un commerce se transmettaient de génération en génération ; alors que le nourrisson était encore au berceau, on déposait déjà dans la tirelire ou à la caisse d'épargne une première obole en vue de son voyage à travers l'existence, une petite réserve pour l'avenir. Tout, dans ce vaste empire, demeurait stable et inébranlable, à sa place – et à la plus élevée, l'empereur, un vieillard ; mais s'il venait à mourir, on

> savait (ou on pensait) qu'un autre lui succéderait et que rien ne changerait dans cet ordre bien calculé. Personne ne croyait à des guerres, à des révolutions, et à des bouleversements. Tout événement extrême, toute violence paraissait presque impossible dans une ère de raison[1].

Je me reconnais dans cette description. Parce que j'ai grandi dans un monde semblable au sien. Un monde où chacun se sentait en sécurité. Où il était possible de planifier son existence. Où chacun pensait que ses enfants vivraient aussi bien, voire mieux, que soi-même. Un système global raccordait le passé au futur le plus lointain. Le présent n'était qu'un passage.

Cette confiance insouciante est un état d'esprit dangereux. De telles conceptions fragilisent ceux qui y croient. Zweig dépeint un XIXe siècle persuadé de parcourir l'unique chemin menant directement au meilleur monde possible. L'opinion considérait avec mépris un passé regorgeant de guerres, de famines et de révolutions. En ce temps-là, l'humanité n'avait pas encore atteint l'âge adulte, elle n'était pas encore assez "éclairée". Les gens croyaient plus au progrès qu'à la Bible.

Mais un beau jour, le mot "sécurité" disparaît soudain du vocabulaire. Comme s'il s'était agi d'une hallucination. Nous sourions de l'optimisme naïf d'une génération baignant dans l'idéalisme, qui pensait que le progrès technique entraînerait

1. *Le Monde d'hier*, Livre de poche, p. 15-16, traduction de Serge Niémetz (édition originale : Belfond, 1993).

inévitablement, et au même rythme, l'élévation morale de l'humanité.

Que dit Zweig ? Que la paix et la sécurité nous ont anesthésiés. Non seulement nous ne reconnaissons plus le fascisme, mais nous ne nous connaissons plus *nous-mêmes* – nous ne comprenons plus l'homme et les forces qui l'animent.

Sans doute est-ce exactement cela, le parallèle avec notre temps. Après la Seconde Guerre mondiale, l'Europe est sortie de l'Histoire. Le continent était en ruine. Les Américains se sont chargés de notre géopolitique. Sous leur parapluie, à l'abri des tempêtes, nous avons pansé nos blessures. Nous avons bâti nos États providence et tâché de nous améliorer. Après la chute du Mur, nous avons pensé que le reste du monde allait devenir comme nous. La civilisation et le progrès formaient un processus linéaire auxquels les autres allaient désormais accéder à leur tour.

Ce qui nous arrive aujourd'hui ressemble à ce qui s'est passé en 1914 : nous découvrons que nous nous sommes trompés. Que nous avons été naïfs. Que nous ne nous connaissons plus bien nous-mêmes.

II

Mais pourquoi la vie sous les Habsbourg était-elle relativement sûre et prévisible ? Pour le comprendre, il faut revenir au XVIIIe siècle. À Marie-Thérèse, la grande réformatrice. C'est elle qui a jeté les fondements du dernier siècle et demi de l'empire.

Marie-Thérèse est née en 1717 ; elle est montée sur le trône en 1740. Son père, Charles VI, est mort inopinément sans descendance masculine. Pour ne choquer personne, elle n'a jamais été officiellement couronnée impératrice – puisqu'elle n'était, après tout, qu'une femme. Elle a néanmoins porté les titres de reine de Bohême et de Hongrie. L'usage voulait que le Habsbourg régnant devînt aussi empereur du Saint Empire romain germanique, une confédération disparate, mais prestigieuse, de divers évêchés, principautés et cités-États. On trouva un arrangement : le titre d'empereur germanique passa à son époux, François III de Lorraine, qui devint ainsi l'empereur François Ier. L'opération sauvegardait l'honneur masculin du mari tout en sécurisant le statut de régente de l'empire des Habsbourg de la femme – tout restait dans la famille. Marie-Thérèse et François eurent seize enfants en dix-neuf ans. Plusieurs d'entre eux moururent. Une des survivantes était Maria Antonia, mariée plus tard au roi de France sous le nom de Marie-Antoinette, et guillotinée pendant la Révolution.

Marie-Thérèse héritait d'un empire assez solide au cœur de l'Europe. Au terme d'interminables guerres, il était devenu un des piliers de l'ordre politique du continent. On parlait parfois de "nécessité autrichienne" pour désigner une étroite alliance de la couronne, de l'aristocratie et de l'Église catholique. La disparition soudaine de l'empire des Habsbourg aurait provoqué l'apparition d'un dangereux vide géopolitique en Europe. À ses frontières, des rivaux tels que le sultan et le tsar avaient donc intérêt à ce que cet empire ne fût pas trop fort, mais néanmoins plus ou moins stable. Sinon, ils couraient le risque d'être aspirés dans ce vide.

L'impératrice ne s'est pas privée de faire usage de cette "nécessité". Elle détestait la guerre, quand bien même elle ne dédaigna pas de s'engager dans divers conflits. Elle préférait conclure des marchés avec les pays environnants. Grands et petits. Une de ses méthodes préférées consistait à marier ses filles et ses nièces. Les noces de Marie-Antoinette furent une de ses manœuvres les plus stratégiques : les Habsbourg écartaient ainsi les risques de guerre avec la France, leur ennemi de toujours. Plusieurs territoires – espagnols et italiens, par exemple – furent ainsi rattachés aux possessions habsbourgeoises sans tirer un seul coup de feu. La devise de Marie-Thérèse ne proclamait-elle pas : "*Bella gerant alii, tu, felix Austria, nube* – Que les autres fassent la guerre, toi, heureuse Autriche, marie-toi" ?

Marie-Thérèse n'était pas un esprit des Lumières. Certainement pas : c'était une catholique conservatrice, attachée aux traditions. Les idéaux de liberté, d'égalité et de fraternité lui étaient complètement étrangers. Maintenir l'ordre et renforcer la cohésion interne : tels étaient ses objectifs. L'organisation de l'empire avait un caractère moyenâgeux. La prodigalité baroque de ses prédécesseurs avait vidé les caisses. Et d'incessantes guerres avaient mis à l'épreuve la loyauté de ses sujets. Les guerres, en avait-elle conclu, pouvaient mettre en danger un empire multinational : chaque accrochage avec des forces extérieures mine, *de l'intérieur*, l'autorité de l'État. Certains peuples ont en effet, au-delà des frontières, des affinités avec des populations auxquelles les lient des intérêts semblables, d'anciennes alliances, une religion ou une langue commune. Les germanophones, les Slaves et les Italiens ne réagissaient jamais de la même façon aux chocs externes.

Une leçon que nous autres, membres de l'Union européenne, réapprenons au XXIe siècle.

L'impératrice partait de ce principe : les sujets resteront loyaux si le souverain leur offre une bonne vie. "Nous sommes au monde pour faire le bien de nos semblables, écrit-elle à sa fille Marie-Antoinette. Ta tâche fait peser sur toi une énorme responsabilité. Nous ne sommes pas ici pour nous-mêmes, encore moins pour seulement nous amuser."

À Versailles, comme on le sait, ces conseils n'ont pas été pris très au sérieux. Marie-Thérèse a tenté de faire de l'empire des Habsbourg un État providence avant la lettre. Elle a fait venir des experts de toute l'Europe pour aider à transformer l'empire en une bureaucratie moderne et rationnelle. En Autriche et ailleurs, nombreux sont ceux qui, aujourd'hui encore, lui en sont reconnaissants. Marie-Thérèse fut la première à instaurer la scolarité obligatoire ; elle ouvrit des centres de formation professionnelle et des universités ; elle créa un système fiscal et un cadastre. Toutes les rues de l'empire reçurent un nom ; toutes les maisons, un numéro. Elle fonda les Archives secrètes de la maison impériale (Geheimes Hausarchiv) où tous les documents importants de l'empire devaient désormais être conservés – cette institution existe encore de nos jours. Des normes claires et des contrôles financiers encadrèrent une administration entièrement réorganisée et rationalisée. Des procédures strictes gouvernèrent le traitement des demandes d'engagement et les droits au congé des militaires. Des tribunaux indépendants et des bibliothèques virent le jour ; la population fut recensée et toutes sortes de lois furent adoptées dans les domaines les plus divers.

L'impératrice ne fit en revanche guère progresser la tolérance religieuse. Dans certaines provinces, elle ordonna la déportation en Transylvanie – dans l'actuelle Roumanie – des protestants qui refusaient de se convertir au catholicisme. Les Juifs devaient porter la barbe. Ceux qui se rasaient tout de même devaient payer une amende. Les riches Juifs de Galicie orientale, dont certains n'avaient pas de nom de famille, reçurent des noms de pierres précieuses. Les pauvres se virent quant à eux attribuer des noms de couleur – rouge, par exemple, dans le cas des ancêtres de l'écrivain Joseph Roth.

Le fils de Marie-Thérèse, Joseph II, faisait preuve sur ces questions de beaucoup plus de souplesse. Il se montra un réformateur plus radical que sa mère. Il réussit à la convaincre d'abolir la torture et, quant à lui, réalisa la séparation de l'Église et de l'État. Après la mort de l'impératrice, il mena à leur terme plusieurs réformes qu'elle avait partiellement ou totalement échoué à mettre en œuvre.

Quand la Révolution éclata en France à la fin du XVIIIe siècle, l'empire des Habsbourg affichait une santé insolente. Il était plus florissant qu'il ne l'avait jamais été, et qu'il ne le serait sans doute jamais. Comme l'écrit l'historien Robin Okey, il consistait en "un curieux mélange d'autoritarisme et de bonne volonté".

Une centaine d'années plus tard, à la fin du XIXe siècle, la bureaucratie habsbourgeoise avait acquis une telle force qu'elle était devenue la colonne vertébrale de l'empire. La politique avait autrefois la haute main sur l'administration. Mais le pouvoir politique avait de plus en plus de mal à gouverner un empire dont les différents peuples et groupes linguistiques devenaient de plus en plus puissants et revendicatifs. C'étaient désormais les fonctionnaires qui maintenaient la machine sur les rails.

III

Comme on peut s'y attendre, les Autrichiens ont redoublé d'efforts en 2017 pour célébrer le 300e anniversaire de la naissance de Marie-Thérèse. Ils ont organisé jusqu'à quatre expositions en son honneur. Trois d'entre elles étaient surtout destinées à séduire les touristes : portraits de l'impératrice au milieu de sa progéniture, décors rococo-Marie-Thérèse, présentations didactiques de ses alliances et du prestige de sa politique étrangère, plans et maquettes du palais de Schönbrunn, qu'elle fit construire. Les carrosses de l'impératrice étaient présentés dans les écuries du palais, attelés à des chevaux factices et voiturant des mannequins en costume – l'habituel folklore (pour ne pas parler de guignol) impérial dans lequel les Autrichiens sont passés maîtres.

La quatrième exposition fut sans doute la moins visitée, car il fallait quitter la ville pour la découvrir. Pourtant, c'était la plus intéressante. Ses mots-clefs étaient : "modernisation et réformes".

Le château de Niederweiden est situé dans un paysage plat et venteux à une demi-heure de Vienne, près de la frontière slovaque. Il n'a pas grand-chose d'autrichien. Il ressemble plutôt à un grand manoir normand. Marie-Thérèse et son époux utilisaient parfois Niederweiden comme pavillon de chasse.

Il n'y a pratiquement personne dans le château quand j'y pénètre. Le rez-de-chaussée abrite un salon de thé donnant sur un jardin planté de haies taillées au cordeau. Il y flotte une odeur de strudel aux pommes.

À l'étage, je parcours des salles récemment restaurées où sont présentés une foule de documents témoignant des débuts de la bureaucratie habsbourgeoise. Ceux qui concernent l'enseignement occupent à eux seuls plusieurs pièces. Les statuts du Theresianum, le lycée de langue allemande le plus prestigieux de Vienne – nos voisins y scolarisent leurs enfants. Les premiers abécédaires et livres de calcul en usage dans les écoles primaires. Les instructions destinées aux enseignants. Une lettre manuscrite de l'impératrice portant nomination du premier directeur de la toute nouvelle académie militaire. Les statuts de la première école des beaux-arts. Les portraits des Néerlandais appelés à Vienne par l'impératrice pour rénover le système éducatif – Gerard van Swieten, qui réorganisa la faculté de médecine et Nikolaus von Jacquin, qui développa le jardin botanique. Des discours, des actes officiels. Des écrits en veux-tu en voilà, encore et encore…

Nous avons grandi avec de telles institutions. Leur existence nous semble aller de soi. Mais sur le parquet craquant du château de Niederweiden, je longe à chacun de mes pas une étape de leur naissance. Les volets sont fermés pour éviter que les documents ne se fanent à la lumière du jour.

Une autre salle dévoile tous les détails d'une discussion sur la torture datant de la fin du XVIIIe siècle. Dans un premier temps, Marie-Thérèse en avait autorisé la pratique, tout en l'encadrant. Ce qui voulait dire : en en codifiant l'exercice. Et en nommant des inspecteurs. L'arbitraire cédait la place à la documentation. Pour la première fois. Nous connaissons pour cette raison les sévices infligés trois jours durant à un criminel dénommé Franz Sachs. Il subit d'abord les grésillons : on lui écrasa les doigts entre deux barres métalliques. Puis les brodequins : le bourreau lui broya les os en serrant une corde. Et enfin l'estrapade : Franz fut suspendu au plafond par les poignets, les mains liées derrière le dos. Le déroulement des supplices est noté avec une grande précision. La lecture de ce compte rendu convainquit le fils de Marie-Thérèse et le médecin exécutant, Ferdinand Leber, de demander instamment à l'impératrice l'interdiction totale de la torture. Une partie de cette discussion figure dans l'exposition. Admirez la conscience professionnelle des archivistes impériaux ! Marie-Thérèse finit par céder. Le 2 janvier 1776, elle publia un décret impérial stipulant qu'"à l'instar de plusieurs autres pays, la torture est totalement interdite".

Le ton de la présentation reflète un léger étonnement. Et une admiration non dissimulée pour l'impératrice : comment cette femme a-t-elle pu, par sa seule énergie, mettre en route tous ces progrès ? Quelle intelligence visionnaire ! Quel leadership moderne ! Chaque salle apporte de nouvelles preuves de son génie – fusion des systèmes fiscaux locaux en un système unique, introduction du papier-monnaie et fondation de la première banque centrale, création d'un règlement et d'une inspection vétérinaires.

Sur le chemin du retour, une pensée me traverse l'esprit : le contraste entre la façon dont les Autrichiens considèrent la bureaucratie habsbourgeoise et la bureaucratie européenne ne saurait être plus grand. Ils encensent la première, ils vouent la seconde aux gémonies.

IV

Après ma visite au château de Niederweiden, je continue de m'interroger sur les deux bureaucraties. Je vérifie quelques chiffres.

L'État autrichien salarie un peu plus de 348 000 fonctionnaires. L'information figure sur Eurostat, le bureau européen pour la statistique qui centralise les données fournies par les différents bureaux nationaux.

L'Empire habsbourgeois employait 100 000 fonctionnaires en 1870, et 400 000 en 1910, non compris les militaires.

La Commission européenne a 26 000 personnels à son service, souvent surnommés "eurocrates" (terme autrefois dépréciatif, mais entré aujourd'hui dans le langage courant). En comptant les agents en détachement temporaire, le chiffre monte à 30 000. En incluant le Parlement et le Conseil européens, le total s'élève à 43 000 personnes.

À elle seule, l'administration fiscale néerlandaise emploie plus de fonctionnaires que la Commission européenne : 35 000.

Au vu de ces chiffres, on se demande vraiment pourquoi les Néerlandais, les Autrichiens, et beaucoup d'autres, voient dans l'administration européenne une sorte de pieuvre prête à les étouffer.

V

Plus tard dans la semaine, je déjeune avec un haut fonctionnaire à Vienne. Nous nous sommes donné rendez-vous chez Griensteidl, un café traditionnel situé sur la Michaelerplatz, au cœur de la vieille ville. Griensteidl fait face à la Hofburg, l'ancien palais impérial. On raconte que l'empereur François-Joseph dormait dans une des chambres dont on aperçoit la fenêtre en haut du château. Un matin de 1911 ou 1912, il ouvrit les rideaux, puis les referma sur-le-champ. Une première version de l'anecdote voudrait qu'il ait demandé à changer de chambre ; selon une seconde version, il aurait simplement donné l'ordre de garder lesdits rideaux perpétuellement tirés. De toute façon, il ne supportait pas la vue de cette "hideuse" construction. Pile en face de sa fenêtre, juste à côté du café Griensteidl, déjà ouvert à l'époque, s'élevait en effet un bâtiment de l'architecte Adolf Loos, qui avait puisé son inspiration dans le modernisme américain.

Son projet, un magasin conçu pour deux couturiers célèbres, se caractérisait par ses lignes strictes et épurées, sans les balconnets tarabiscotés ni les autres fioritures visibles partout ailleurs. Aucune volute en stuc autour des fenêtres. L'empereur ne désignait jamais le bâtiment autrement que comme la "maison sans sourcils". L'immeuble allait plus tard abriter une succursale de la banque Raiffeisen. Il est aujourd'hui occupé par un magasin de souvenirs.

Quoi qu'il en soit, je suis attablée au café Griensteidl face à mon fonctionnaire. Nous dégustons une *Seniorenportion* du plat du jour – géniale invention connue aussi, paraît-il, en Italie sous le nom de *mezza porzione* : une demi-portion, à moitié prix. Nous discutons des migrations et de la bureaucratie bruxelloise.

Dans l'Union européenne, l'Autriche s'est enrichie. D'après la Wirtschaftskammer, la puissante organisation patronale du pays, les revenus annuels de l'Autrichien moyen seraient inférieurs de 7000 euros sans l'Union. L'appartenance à l'Europe engendrerait en outre chaque année un surplus de 18 500 emplois. Je me demande comment on peut calculer ce genre de choses – ces estimations me paraissent souvent tirées par les cheveux. Mais dans le cas de l'Autriche, je suis prête à y croire. Le pays occupe une position tellement centrale en Europe que la valeur ajoutée de l'adhésion se voit à chaque coin de rue. Ici comme dans les pays environnants. À peine le Mur était-il tombé en 1989, que tous les Nowak, Nagy, Horváth et Jankowics, installés en Autriche depuis qu'y règnent les Habsbourg, se sont répandus dans toute l'Europe orientale pour faire des affaires. Bientôt suivis par les Braun, les Hofer et les Pichler. Comme si la région était demeurée "leur" empire. Comme si rien n'avait changé.

Et en un certain sens, certaines choses n'avaient pas changé. Certains parlaient encore la langue du pays. D'autres y conservaient de lointains parents. Pour la plupart d'entre eux, la chute du Mur s'est révélée une aubaine. Les Autrichiens ont acheté la moitié de l'Europe orientale pour une bouchée de pain. Ils ont également joué le rôle de conseillers auprès des Européens de l'Ouest et des Américains venus explorer ces nouveaux marchés. Inversement, ils ne demandent pas mieux que de servir de guides aux Européens de l'Est s'aventurant à l'Ouest. Depuis 1989, l'afflux de main-d'œuvre bon marché venue de l'Est et du Sud fait le bonheur de nombreuses entreprises en Autriche, où il n'y a pas de salaire minimum. Schengen et l'euro facilitent les échanges transfrontaliers. Dans les rues de Ljubljana ou de Bratislava, les banques et les magasins arborent souvent une enseigne autrichienne. Les pompes à essence sont toutes de la marque OMV, la multinationale pétrolière et gazière autrichienne. La chaîne de supermarchés autrichienne Billa dégage aujourd'hui l'essentiel de ses profits en Europe de l'Est et ferme ses magasins en Italie, où elle enregistre des pertes. Une des entreprises ayant le plus souffert de l'occupation de la Crimée par la Russie fut une banque autrichienne, qui y possédait plus de vingt filiales.

Le fonctionnaire avec qui je suis en train de déjeuner déclare sans sourciller : "Si l'Italie continue à nous envoyer toujours plus de migrants par le col du Brenner, nous serons contraints de fermer le Brenner."

Ce serait la fin de Schengen, remarqué-je.

Il avale une gorgée de vin et confirme : "C'est également mon avis."

Je suggère que, vu l'importance de l'enjeu, l'Autriche pourrait aussi décider de ne pas fermer le Brenner.

Il ne bronche pas. En guise de réponse, il se met à me vanter le talent avec lequel Zweig avait montré que ses contemporains pressentaient la remise en cause de l'ordre établi. Après l'assassinat de François-Ferdinand, Zweig le sait : la guerre va arriver. Tout le monde le sait. Pourtant, pendant l'été 1914, il part tranquillement en vacances à Ostende. Quand les armes se mettent à parler, il fait trempette dans la mer du Nord en compagnie d'intellectuels venus de toute l'Europe.

"Nous ressemblons un peu à Zweig, philosophe le fonctionnaire. Nous savons ce qui peut se produire. Mais nous préférons penser que cela n'arrivera pas."

Le gouvernement autrichien est-il vraiment prêt à jouer le tout pour le tout afin de permettre au chancelier conservateur Sebastian Kurz d'affûter son image de hardi pourfendeur de la migration en vue des prochaines élections ? La plupart des réfugiés et des migrants n'empruntent-ils pas d'autres itinéraires ? Qui passe par le Brenner, presque personne, n'est-ce pas ?

"Mouais, esquive le fonctionnaire. Espérons que la situation ne dégénérera pas."

Mais il est mal luné. En sirotant son *kleiner Brauner* – café au lait viennois –, il déblatère contre la bureaucratie bruxelloise. Pléthorique et ruineuse, ronchonne-t-il. Sur cette question, l'Autriche a le même point de vue que les pays du Nord, parmi lesquels les Pays-Bas, qui souhaitent mettre un terme à ce gaspillage. Moins de bureaucratie, affirme-t-il, et tout irait mieux. Chaque fois qu'il s'adresse à Bruxelles, par exemple parce que l'Autriche veut démarrer un projet en Europe de l'Est, on le balade de service en service. Personne n'est capable de prendre une décision rapide ; les comités renvoient la balle aux groupes de travail. Les fonctionnaires qui y siègent sont de brillants personnages, tous ont passé des concours dont le taux de réussite n'excède pas 2 %. Mais, brillants ou pas, personne n'est responsable de rien. Tout dure des siècles. "En fait, l'Union est une sorte de Cacanie.

— La Cacanie de Musil ?" demandé-je. Ce déjeuner est de loin le plus littéraire que j'aie jamais connu.

Il cite Musil de tête. "Oui, malgré tout ce qui parle en sens contraire, la Cacanie était peut-être, après tout, un pays pour génies ; et sans doute fut-ce aussi sa ruine[1]."

Je rebondis : "À propos de bureaucratie, je viens juste de visiter l'exposition sur Marie-Thérèse, au château de Niederweiden.

— Une exposition sublime !" commente-t-il sans la moindre ironie.

VI

Dans une salle du café Griensteidl, on peut apercevoir une vieille photo jaunie montrant un groupe d'hommes assis autour d'une table ronde. L'un d'eux lit un livre à haute voix, les autres l'écoutent attentivement. Le cliché a été pris sur le vif. Mais en le regardant, on ressent presque physiquement la concentration des auditeurs qui affûtent leurs arguments et préparent mentalement leurs réponses pour la discussion qui va suivre.

George Steiner écrit dans son essai *Une certaine idée de l'Europe*[2] que "les cafés font l'Europe". Le jardin de Goethe jouxte presque Buchenwald. Jeanne d'Arc a été brûlée tout près de la maison de Corneille. L'Europe est un continent pétri de contradictions. Il en a toujours été ainsi. Un continent où coexistent de multiples peuples, langues et religions. Chacun y voit midi à sa porte, et parfois c'est plutôt minuit que midi. Au cours de l'histoire, les choses

1. Robert Musil, *L'Homme sans qualités*, traduction de Philippe Jaccottet, Le Seuil, coll. "Points", p. 64.
2. George Steiner, *Une certaine idée de l'Europe*, traduction de Christine Lebœuf, Actes Sud, coll. "Un endroit où aller", 2005.

ont souvent mal tourné. Mais, aussi souvent, bien tourné. Les gens s'écoutaient. Débattaient. Partageaient leur repas. Ragotaient, philosophaient, négociaient, se réconciliaient. Voilà ce qui fait du café un lieu si typique de ce continent.

Il y a des cafés dans toute l'Europe. "Dessinez la carte des cafés en Europe, et vous obtiendrez l'un des jalons essentiels de la notion d'Europe", affirme Steiner, dont la famille, originaire de la Vienne des Habsbourg, parvint à fuir juste à temps – en passant par Paris – la barbarie nazie. C'est vrai. Dans l'Amérique de Steiner, il n'y a pas de café. À Moscou non plus. Même les Britanniques, écrit-il, n'ont pas cette culture – avec ses échiquiers à disposition du public et ses tables de lecture garnies de journaux attachés à un support en bois où en bambou. En Europe, on trouve ce type de cafés. À Prague, à Braga, à Zurich. Nulle part, il n'y en a autant qu'à Vienne.

Zweig voyait dans les cafés "un club démocratique". Cela reste une bonne définition. La vie sociale viennoise se joue encore en grande partie dans des cafés tels que Diglas, Landtmann ou Tirolerhof. Les serveurs grincheux en frac, les journaux étrangers, les verres d'eau gratuits et le menu du jour à moins de 10 euros sont encore là, comme si le temps s'était arrêté depuis un siècle. Les hommes politiques, les écrivains, et d'autres célébrités y tiennent leur cour. Les fonctionnaires des ministères et du cabinet présidentiel voisins y peaufinent leurs notes et se racontent les derniers ragots. Les diplomates y organisent, dans des recoins feutrés, des petits-déjeuners de travail avec viennoiseries. Et en hiver, quand démarre la saison, ces cafés se remplissent soudain de clients – jeunes et moins jeunes – en costume et robe de bal.

Ces traditions subsistent. Mais la ville perd quelque peu son âme. Les touristes forment une longue file d'attente devant le Café Central. Le videur posté à l'entrée ne permet plus d'entrer à l'improviste. Les fonctionnaires travaillant dans les bureaux de l'autre côté de la rue se rabattent sur d'autres établissements.

Plus aucune de mes connaissances n'y accepte de rendez-vous. Quelque temps après mon déjeuner avec le fonctionnaire, un autre membre éminent du "club démocratique" a tiré sa révérence : Griensteidl. Un lundi, la cheffe qui y travaille depuis vingt-sept ans, Mme Hasslauer, s'est entendu annoncer que l'établissement mettait la clef sous la porte le jeudi suivant. Le bâtiment, le monumental palais

Herberstein (orné de balcons galbés et de “sourcils” au-dessus des fenêtres), est détenu par un magnat de l’immobilier et du commerce du bois. Celui-ci a augmenté le loyer de l’établissement dans des proportions ne permettant plus de l’exploiter de façon rentable.

On observe des phénomènes semblables dans tout le centre historique de la ville. Les ganteries et les commerces de stylos à plume plient boutique ; les vieilles enseignes sont remplacées par des boutiques phares Miu Miu ou Jimmy Choo. Le quartier change à vue d’œil ces dernières années.

L'honnêteté oblige à dire que de nombreux Viennois détestaient Griensteidl. Devant ses portes, des touristes montent dans des calèches kitsch et des bonshommes déguisés en Mozart insistent pour vous refiler des places de concert. En décembre, c'est là que se trouvent les crèches les plus chères et les plus tape-à-l'œil de la ville. Griensteidl était aussi, très franchement, un café où le spritz était trop dilué et la *Sachertorte*, trop sèche – mais surtout, ce qui est bien pire, où les serveurs donnaient l'impression de se moquer de tout. Il paraît qu'ils étaient mal payés. On y voyait rarement les clients faire la queue pour une table, contrairement au café Kolb ou au Café Central.

Mais Vienne ne serait pas Vienne sans ses cafés. Depuis 1683, quand les Turcs vaincus partirent en laissant derrière eux des ballots de café, le nectar noir fait partie de la culture de la ville. C'est du moins ce que prétend la tradition.

Griensteidl a ouvert ses portes en 1847. Pendant les grandes manifestations ouvrières de 1869, les révolutionnaires en firent leur point de ralliement. Par la suite, l'établissement devint un lieu de rencontre essentiellement littéraire. Des écrivains tels que Hugo von Hofmannsthal, Karl Kraus et Arthur Schnitzler, dont les critiques au vitriol minèrent les fondements de l'empire des Habsbourg, y avaient leurs habitudes. Ils auraient pu figurer sur le cliché du club de lecture. Griensteidl acquit à cette période un surnom qu'il ne perdit jamais : "*Café Grössenwahn* – café Folie des Grandeurs". Il a fermé en 1897, puis a rouvert en 1990 – comme si rien ne s'était passé entre-temps.

Sauf qu'il s'est tout d'un coup passé quelque chose. Le vénérable Griensteidl a rouvert ses portes. Les murs sont couverts d'immenses photos de gorilles et autres bêtes à poils. La nourriture est devenue biologique. La sono diffuse de la musique lounge. Les lecteurs de journaux et les fonctionnaires ont cédé la place à des jeunes gens équipés de tablettes. Le nouvel exploitant communique sur Facebook et cherche – ça ne s'invente pas – "du potentiel pour une période faste". Cet établissement, baptisé café Klimt, sera lui aussi éphémère et remplacé – jusqu'à nouvel ordre ? – par un supermarché.

CHAPITRE 5

A Great Power becomes a necessity only when it is in decline; the truly great do not need to justify their existence.
"Une grande puissance ne devient une nécessité que lorsqu'elle décline ; les puissances vraiment grandes n'ont pas besoin de justifier leur existence."

A. P. J. TAYLOR,
The Habsburg Monarchy 1809-1918 (1990).

I

Par un jour de juillet caniculaire, j'entre chez Fischer's, une sorte de café viennois traditionnel, situé non pas à Vienne mais à Londres, dans le quartier de Marylebone. L'idée de se rencontrer dans cet endroit vient de Richard Bassett, un spécialiste de l'histoire des Habsbourg.

Bassett, citoyen britannique, est l'auteur d'un ouvrage volumineux sur l'armée habsbourgeoise. Il a vécu de longues années en Europe centrale. Tout jeune encore, il est parti en 1979 pour Trieste, puis est devenu corniste à l'opéra de Ljubljana, la capitale de la Slovénie, quand le pays faisait encore partie de la Yougoslavie. La Slovénie avait autrefois appartenu à l'empire des Habsbourg. Plus tard, Bassett a habité et travaillé comme correspondant du *Times* à Vienne, à Varsovie et à Prague, d'où il a rendu compte de la chute du Mur. Ses rencontres lui ont permis d'approcher plusieurs membres de la famille des Habsbourg.

Ainsi a-t-il pris le thé en 1982 avec la dernière impératrice, Zita, lorsque celle-ci, âgée de quatre-vingt-dix ans, fut autorisée à pénétrer de nouveau sur le territoire autrichien. Son époux, l'empereur Charles, avait régné de 1916 à 1918. Après son décès en 1922, la vieille dame n'a jamais cessé de s'habiller en noir. Bassett lui rendit visite avec un collègue du quotidien régional autrichien *Kleine Zeitung*, qu'il avait toujours pris pour un "socialiste progressiste". Mais voilà que son compagnon maniait avec aisance les formules en usage sous la double monarchie. Les titres d'"Altesse impériale" et de "Majesté impériale et royale" lui venaient naturellement aux lèvres, comme s'il avait passé toute sa vie non pas dans la salle de rédaction d'un journal résolument républicain, mais dans les cercles de la cour. Le dernier livre de Bassett, *Last Days in Old Europe* (2019), regorge d'anecdotes de ce genre.

Fischer's est aujourd'hui absolument désert. La climatisation est en panne le seul jour de l'année où elle aurait pu servir à quelque chose. Accablé par la chaleur, le personnel, en bas noirs et tablier blanc "viennois", fait le pied de grue contre les piliers. Bassett est déjà arrivé. Il porte un costume en lin beige et s'essuie le front avec un mouchoir d'un blanc immaculé. Strudel, *Spätzle* et *Käsekrainerwurst* – saucisse au fromage – figurent au menu. Mais tout ce que nous voulons, c'est de l'eau. De l'eau fraîche, en quantité, avec des bulles.

Je demande à Bassett si l'Union européenne ressemble à l'empire des Habsbourg.

"Mais non, répond-il sans la moindre hésitation. En voilà une idée ! L'Union européenne ne ressemble en rien à l'empire des Habsbourg. Vous êtes en train de vous tromper de livre. L'empire des Habsbourg ressemble beaucoup plus au Royaume-Uni. Vous devriez axer vos recherches là-dessus."

Ah bon…

"Pour commencer, nous autres Britanniques, nous avons la même reine depuis 1952. C'est-à-dire depuis presque soixante-dix ans. Elle règne depuis plus longtemps que l'empereur François-Joseph, le précédent champion de longévité, qui a occupé son trône de 1848 à 1916. De nombreux Britanniques n'ont pas connu d'autre monarque, comme autrefois les Autrichiens. Avec le temps, les gens identifient l'État à une personne. Cette personne leur donne une identité. Les sujets de l'empire des Habsbourg s'identifiaient avec un homme, avec une vision du monde vieille de soixante-dix ans. Il nous arrive la même chose."

En fait, c'est même encore pire, poursuit Bassett tandis que des gouttelettes de sueur perlent régulièrement sur son visage. Comme l'empereur François-Joseph, Élisabeth est montée sur le trône en maintenant toutes les règles et tous les protocoles de son prédécesseur. Elle était très jeune lorsque son père est décédé. À vrai dire, l'événement la prenait au dépourvu. “Elle a conservé les protocoles paternels parce qu’ils lui fournissaient des repères. François-Joseph, qui avait dix-huit ans au moment de son couronnement, a fait exactement pareil.”

Mais cela ne veut tout de même pas dire que la monarchie est pourrie de l’intérieur ? Si, me répond-il. “Car cela signifie que tout repose sur le statu quo. Que tout reste comme avant. La reine était dans l’incapacité d’arrêter Farage et la vague nationaliste qui submerge notre pays – pas seulement parce qu’elle n’avait pas assez de pouvoir, mais parce qu’elle n’avait rien à opposer à ses arguments. Rien.”

Lorsque ses généraux avaient réussi à lui faire déclarer la guerre à la Serbie en 1914, François-Joseph leur avait dit : “Ne me faites pas présider au démembrement de mon pays.” Cela rappelle la crainte, chez certaines personnes, de voir le Royaume-Uni se désagréger. L’Écosse demanderait à sortir. Suivie par l’Irlande du Nord, et peut-être même par le pays de Galles. Bassett poursuit : “S’il y a une question que je me pose, c’est celle de savoir si la reine a dit la même chose à Boris Johnson quand il est devenu le Premier ministre du Brexit : *« Don’t let me preside over the dismantlement of the country. »*”

Autre ressemblance : l’empire des Habsbourg, comme le Royaume-Uni contemporain, avait connu une longue période de paix. Pendant des décennies, le cours des choses n’avait guère changé. Les guerres sont des événements disruptifs. Elles bouleversent l’ordre social. Elles bousculent les habitudes et les structures. Ce choc donne de l’énergie. Engendre des réformes. Sans guerre, beaucoup de gens n'imaginent même pas qu'on puisse faire des réformes. Pas vraiment. "Hier, je suis allé à mon club, explique Bassett, J'y passe plusieurs fois par semaine. Un club d'hommes. Les femmes n'y sont toujours pas admises. C'est ce que je voulais dire : la société habsbourgeoise était comme ça, à la fin. Exactement comme ça."

A. J. P. Taylor, le grand historien dont l'ouvrage sur le dernier siècle de la double monarchie fait autorité, écrit que les hommes de l'entourage de François-Joseph ne savaient pas vraiment pourquoi ils voulaient la guerre – si ce n'est pour venger l'assassinat du prince héritier François-Ferdinand. Ils n'avaient ni stratégie, ni objectifs clairs. Un mélange confus d'idées, plus folles les unes que les autres, en tenait lieu : se contenter d'une légère correction, occuper la Serbie, la diviser en deux et donner l'autre moitié à la Bulgarie, etc. La guerre, écrit Taylor, était un but en soi. Les proches de l'empereur se réjouissaient de la guerre, comme ils s'étaient réjouis quelques années auparavant de l'annexion de la Bosnie. "Ils pensaient que la guerre engendrerait des réformes parce que le propre des guerres est de provoquer l'action."

Taylor voit dans la guerre un facteur d'accélération des évolutions déjà en cours. Elle rend une dictature plus dictatoriale, une démocratie plus démocratique, et "un État vermoulu encore plus vermoulu". Il cite Ottokar Theobald Maria, comte Czernin von und zu Chudenitz, le dernier ministre des Affaires étrangères de la double monarchie, qui déclara après la fin de la guerre : "Nous étions condamnés. Nous pouvions choisir la manière dont nous allions mourir, et nous avons choisi la pire de toutes."

“Notre guerre, c’est le Brexit”, constate Bassett.

Selon lui, de nombreux Britanniques se sont saisis du Brexit comme d’un levier pour atteindre un autre objectif que la sortie de l’Union. Pour mettre en branle un train de changements.

Cela me fait un peu penser à la campagne pro-Grexit à laquelle on a assisté en Allemagne, aux Pays-Bas et en Finlande pendant la crise de l’euro, remarqué-je. Avec une grande différence : dans le cas du Brexit, la décision de sortir ou pas de l’Union concernait les Britanniques eux-mêmes alors que les Allemands, les Néerlandais et les Finnois, qui cherchaient à expulser la Grèce de la zone euro, voulaient enclencher une révolution dont les conséquences seraient supportées par d’autres.

Bassett ricane. “Vous voyez bien, ironise-t-il, que les Européens ne sont pas prêts pour une vraie révolution. Les Britanniques, si.”

Ainsi s’explique que le Brexit soit devenu un but en soi, comme autrefois la Première Guerre mondiale pour les Habsbourg. Un but, sans aucune stratégie. Vienne, poursuit-il, était le siège d’une vie intellectuelle florissante dans les années d’avant-guerre. Un vivier de musiciens, de philosophes et de scientifiques. Officiellement, il existait une censure, mais en pratique, les autorités toléraient les plus acerbes attaques contre le gouvernement et la classe dominante. Tous ces livres fantastiques et corrosifs des Roth, Zweig et Schnitzler, que nous lisons encore de nos jours, ont été inspirés par cette période. “Et ici, à Londres ? Ici, il n’y a quasiment rien. Actuellement, Londres est un désert culturel. L’élite est composée d’influenceurs anti-intellectuels et de nouveaux riches : banquiers, riches entrepreneurs et oligarques russes.”

Bassett écoute tous les matins le grand journal et les reportages de la station de radio autrichienne AI. À la différence de l'information sensationnaliste et racoleuse de nombreuses radios publiques européennes, les émissions autrichiennes ont conservé un style traditionnel et sérieux. "Là-bas, ils savent encore ce que c'est que la culture. Et qu'il faut en prendre soin."

Il voit une autre similitude avec la société habsbourgeoise : l'inégalité sociale. Il me conseille de lire le livre *Who Owns Britain*, écrit par un homme qui a passé plus de vingt ans à chercher qui étaient les propriétaires de son pays. En France ou aux Pays-Bas, il est facile de le savoir : il s'agit d'une information publique. Pas au Royaume-Uni, où le cadastre n'est pas en accès libre. Il faut payer pour chaque hectare consulté. Selon les calculs de Kevin Cahill, l'auteur du livre, cartographier la totalité du pays coûte plusieurs millions de livres. D'autre part, il s'est aperçu que les registres ne mentionnent aucun propriétaire pour un cinquième de la superficie du pays. Les aristocrates qui vendent des terres ne sont, en effet, pas tenus de déclarer la transaction. Au Royaume-Uni, il n'y a jamais eu de réforme agraire comme en Irlande. Cahill est parvenu à montrer qu'en 1981, 36 000 personnes, soit moins de 1 % de la population, possédaient la moitié du pays, et cela depuis des générations. Il s'agit surtout d'aristocrates détenteurs de vastes domaines. Les institutions étatiques telles que le ministère de la Défense ou l'administration des Forêts domaniales possèdent 17 % des terres, et les simples propriétaires de maison, 5 %. Cahill a recensé les plus gros propriétaires district par district. Page après page : une longue liste de lords, comtes et barons.

Le livre décrit la situation d'il y a vingt ans, mais rien n'a changé depuis. Le World Economic Forum a récemment publié un classement mondial des pays selon un index de mobilité sociale. Dix-sept pays européens figurent parmi les vingt premiers. Le Danemark, la Norvège et la Finlande se classent en tête, tandis que les Pays-Bas occupent la sixième place. Le Royaume-Uni termine à la vingt et unième place, derrière la République tchèque et Singapour. "Le Royaume-Uni est un État non cohésif, estime Bassett. Pire que la double monarchie. L'État habsbourgeois était plus moderne et plus transparent. À la fin du XVIIe siècle, il disposait déjà d'un cadastre."

Après cette constatation peu réjouissante, nous demandons l'addition. Nous avons bu quatre grandes bouteilles d'eau pétillante. Mais le serveur refuse notre argent. Il s'excuse pour la chaleur et nous exhorte à venir sans tarder déguster un *Tafelspitz*, quand il fera plus frais.

II

Le livre de Bassett retrace sa première année en Mitteleuropa, à la fin des années 1970, dans le vieux port italien de Trieste. Il écrit ses premiers articles et fait cours quelques heures par semaine à l'université d'Udine. Il loge chez une certaine comtesse Blanka de Korwin, dans un ancien *palazzo* meublé dans le style néoclassique dont la vieille aristocratie impériale raffolait. Tout ce qui s'y trouve date d'avant 1910, lui semble-t-il, sauf le capricieux poêle à gaz dans le coin du salon. "Ici, on a un mal fou à trouver du per-son-nel" : tels sont les premiers mots que lui adresse la comtesse. Entrée en matière tout à fait autrichienne, selon Bassett. Le père de Blanka, officier de la marine habsbourgeoise, était l'attaché naval à Istanbul. Son grand-père avait été lieutenant dans l'armée impériale, puis commandant militaire de la ville de Zagreb. Blanka avait été l'épouse d'un prince italien, puis s'était mise en couple avec le ministre albanais des Finances du roi Zog, avant de partager la vie de sir Nevile Henderson, l'ambassadeur britannique auprès de l'Allemagne nazie. Maintenant, elle est âgée, et seule. Bassett s'occupe un peu de cette vieille dame. Tout comme les relations de son imposant carnet d'adresses, elle vit en grande partie dans le passé. "Ma vie sociale était essentiellement peuplée de gens qui avaient l'âge d'être mes grands-parents", écrit-il.

Cette Trieste-là existe toujours. Nous allions régulièrement y passer quelques jours. En partant de Vienne, on y est en à peine quatre heures de route. Au temps des Habsbourg, un train direct reliait les deux villes. Aujourd'hui, il faut changer plusieurs fois de train et le voyage dure une éternité.

Trieste était le plus grand port de l'empire et la base de sa marine de guerre. Une marine d'opérette, au dire de certains. L'Autriche était en effet une puissance continentale, pas une puissance maritime. Et quelle était la valeur ajoutée d'une flotte basée à l'extrémité d'une longue échancrure – la mer Adriatique – loin du cœur de la Méditerranée ? Sans compter que l'empereur était en permanence à court d'argent. Gêné par les éternels veto hongrois, il avait déjà bien du mal à investir dans l'armée de terre, dont il avait un plus grand besoin. Pourtant, malgré tous ces obstacles, la marine habsbourgeoise était la huitième du monde autour de 1900.

Trieste était vraisemblablement plus importante comme port de commerce que comme port militaire. Au tournant du siècle dernier, la ville comptait environ deux mille navires à vapeur pour le transport de marchandises et de passagers. Cette prospérité cessa avec la fin de l'empire des Habsbourg. Trieste, attribuée à l'Italie, devint une cité portuaire de second rang. Elle n'a jamais vraiment remonté la pente. Pendant la guerre froide, la ville, située juste à la frontière de la Slovénie, se mua en un centre de contrebande de et vers la Yougoslavie. En un certain sens, elle demeurait ainsi un lieu de rencontre entre ressortissants de différentes nationalités. Mais la chute du Mur lui ôta aussi cette fonction. La contrebande cessa. L'Est et l'Ouest pouvaient maintenant se rencontrer partout. La Slovénie devint membre de l'Otan, de l'Union européenne et de l'espace Schengen. Économiquement, Trieste subit un rude choc.

Maintenant, quand on se promène dans ses rues, on est surtout frappé par les signes de son déclin. Maisons barricadées, usines désertes, chaussées défoncées. Dans le même temps, tout indique que la ville a été un carrefour d'influences et de cultures pendant une des précédentes mondialisations. Et qu'il y avait de l'argent. Il suffit de regarder l'imposant siège de la Lloyd – autrefois la plus importante compagnie maritime de l'empire – en bordure de mer. Le bâtiment abrite aujourd'hui les bureaux du conseil de région du Frioul-Vénétie julienne. L'architecture est autant italienne que "mitteleuropéenne". On trouve partout des cafés viennois. Le plus célèbre d'entre eux, le Caffè degli Specchi ou "café des Miroirs" – un attrape-touristes pratiquant des prix grotesques –, sert un délicieux strudel aux pommes. Les bars du vieux port, décorés d'ancres, de photos anciennes et de cloches de navire ont visiblement connu des temps meilleurs.

Et puis, il y a le vieux château de Miramare, un peu en dehors de la ville, où ont habité quelques années le frère cadet de François-Joseph, Maximilien, et son épouse Charlotte de Belgique. Maximilien devint quelque temps plus tard, en 1864, empereur du Mexique. Mal lui en prit : trois ans après son accession au trône, il fut capturé et fusillé par des insurgés républicains. Sa veuve sombra dans la folie. Miramare est aujourd'hui un musée. Mais, contrairement aux résidences habsbourgeoises d'Autriche, le palais est assez mal entretenu, poussiéreux et triste.

Malgré tout ce qui rappelle la présence des Habsbourg à Trieste, ceux-ci l'ont presque totalement oubliée. Apparemment, en tout cas. Un jour, à Vienne, je reçois une invitation pour une conférence de la femme de Karl Habsbourg, le petit-fils du dernier empereur Charles. Officiellement, elle s'appelle Francesca Anne Dolores baronne Thyssen-Bornemisza de Kászon et Impérfalva. Elle reçoit la presse dans une vaste salle d'un palais habsbourgeois – pouvait-il en être autrement ? –, assise sur une pile de coussins surmontée par une sorte de filet auquel pendent une multitude de lampes. On dirait une tente de Bédouin. Le palais sert de salle d'exposition. Francesca, qui appartient à la dynastie Thyssen – la légendaire famille d'industriels allemands –, ne manque pas d'argent. Son époux Karl, dont elle vit séparée depuis près de vingt ans, reconnaît qu'il doit à sa générosité de disposer d'une maison à Salzbourg.

Francesca dirige depuis longtemps une fondation, la Thyssen-Bornemisza Art Contemporary, qui collectionne les œuvres d'art et subventionne les artistes. Assise en tailleur sous les lampes encordées, elle dévoile son nouveau projet. Plus rien d'autre ne semble compter. L'eau, la vie maritime et les océans en sont les thèmes. Une des performances prévues consistera à "ensevelir" des œuvres d'art dans un point de l'océan Pacifique tenu secret. Peut-être, explique Francesca, ne seront-elles jamais retrouvées. Ou alors, seulement dans deux cents ans. Cette incertitude semble la fasciner. Nous sommes ensuite invités à regarder une brève vidéo montrant Francesca en train de naviguer, également dans le Pacifique. Puis elle déclare : "Je recherche un espace dans un port où je pourrais exposer le reste du projet."

J'ai tendance à m'endormir dans la tente de Bédouin. Mais je suis sûre d'avoir bien entendu. Je me redresse et j'interviens : "Trieste. Il n'y a pas de meilleure location que Trieste pour votre projet."

Je suis assise sur un coussin dans le fond de la salle. Les collaborateurs de Francesca et mes collègues journalistes se retournent. Je réalise que personne d'autre qu'elle n'a dit un mot depuis au moins une heure. J'interromps une sorte de transe.

Quelque peu déstabilisée, elle se défend : "Pourquoi Trieste ? Cette ville est si sombre. Personne n'y met jamais les pieds.

— À cause de ses nombreux liens avec les Habsbourg, expliqué-je. Et puis, l'endroit regorge d'usines désaffectées et de palais défraîchis. Votre projet correspond exactement à ce dont la morne Trieste aurait besoin : qu'une Habsbourg lui redonne vie."

Mais Francesca n'a, semble-t-il, pas écouté un mot de ce que j'ai dit, et continue de discourir sur ses projets océaniques.

Aujourd'hui, ce sont les Chinois qui rappellent Trieste à la vie. Comme les Habsbourg au XIXe siècle, ils ont compris le potentiel économique et géostratégique de la ville. Un matin, j'entends le maire de Trieste à la radio. Beaucoup lui reprochent de "vendre" la ville aux Chinois. Mais l'homme se réjouit de voir enfin des capitaux s'investir dans sa ville. Et de la voir renaître une nouvelle fois de ses cendres. Les Chinois ont entamé la construction d'un terminal à conteneurs, exactement comme à Athènes. Et, comme dans la capitale grecque, ils ne s'en tiendront sans doute pas à un seul terminal.

III

Encore quelques mots sur Trieste. Déclin ou pas, la ville est restée multiculturelle. La plupart de ses habitants ont des ancêtres qui sont venus de tous les coins de l'empire et n'en sont jamais repartis. Beaucoup parlent plusieurs langues – italien, allemand, slovène, français, anglais – et refusent d'adopter une identité unique. Comme la ville elle-même, ils n'arrivent pas à décider qui ils sont vraiment. Ils ne le peuvent pas, et ne le veulent pas non plus. Ils préfèrent l'ambiguïté à une clarté univoque. Peut-être est-ce la raison pour laquelle cette ville engendre autant de grande littérature – encore aujourd'hui.

James Joyce a habité pendant plusieurs années à Trieste. Il y a écrit *Gens de Dublin*. Un de mes poètes préférés, aujourd'hui presque oublié, Umberto Saba, y tenait une librairie jusqu'en 1938, d'où il s'est enfui en catastrophe pour se réfugier à Paris parce que, juif, il ne se sentait plus en sécurité en Italie. Italo Svevo et Claudio Magris viennent de Trieste. Boris Pahor y est également né. Après avoir survécu à plusieurs camps de concentration nazis, il s'était établi en Slovénie. Mais le pays lui a paru étouffant. Il a fini par rejoindre Trieste où, écrit-il, il se sentait beaucoup plus libre. L'écrivaine britannique récemment disparue Jan Morris y a vécu un certain temps. Elle a écrit un superbe livre sur la cité portuaire : *Trieste ou le Sens de nulle part*.

Mais un des livres les plus tristes que j'aie lus sur cette ville est *Comme des chevaux qui dorment debout* de Paolo Rumiz. L'auteur habite Trieste et écrit pour *La Repubblica*. Le livre, publié en 2014 en italien et en 2018 en traduction française, traite surtout de son grand-père, qui a combattu pendant la Première Guerre mondiale. Trieste appartenait encore à l'empire des Habsbourg. Comme de nombreux autres habitants de la ville, le grand-père fut envoyé se battre sur le front de l'Est. Il y mourut, partageant le sort de milliers de Triestins et d'Italiens de l'empire mobilisés dans l'armée des Habsbourg. Mais ni le grand-père de Rumiz ni ses compatriotes n'ont de tombe à Trieste. Rien ne rappelle leur souvenir. L'Italie les considère comme des traîtres parce qu'ils se sont battus du côté de l'empire, et pas du côté italien. À Trieste, il n'y a de tombes que pour les soldats ayant combattu dans l'armée italienne. Donc, contre les Habsbourg.

Dans ce livre, Rumiz nous entraîne sur les traces de son grand-père. En Pologne. Dans l'ancienne province de Galicie, aujourd'hui située en Ukraine. Ces terres abritent des fosses communes anonymes où reposent des soldats qui, comme son grand-père, se sont soudain retrouvés porteurs de la mauvaise identité. Une citation : "Les vainqueurs des guerres modernes ont la mémoire courte, pour ne pas dire ossifiée. Faite d'arcs de triomphe, d'ossuaires glacés, de levers du drapeau, de trompettes, tambours et commémorations. Les vaincus, souvent obligés par l'histoire de commémorer leurs morts dans un silence craintif ou de remâcher un sentiment de culpabilité, conservent au contraire un souvenir intime et tenace[1]."

Dans les territoires ayant appartenu à l'empire des Habsbourg, nombreux sont ceux qui pourraient raconter une histoire semblable. Pour des raisons liées à leur travail ou à un mariage, leurs ancêtres étaient venus s'installer dans un recoin de l'empire. Rien de plus normal, comme il est aujourd'hui devenu normal pour un Slovène d'aller vivre et travailler en Allemagne, ou pour un Français de s'installer à Bruxelles. Certains déménageaient quelque temps plus tard vers une autre région de l'Autriche-Hongrie, d'autres restaient. Tout d'un coup, l'empire se disloque, et ils ne sont plus chez eux. Ils se retrouvent du mauvais côté d'une frontière naguère inexistante. C'est ce qui est arrivé à des centaines de milliers de gens en 1918. Et c'est ce que de nombreux citoyens britanniques vivent en ce moment. Et inversement, de nombreux Européens au Royaume-Uni.

1. Paolo Rumiz, *Comme des chevaux qui dorment debout*, traduction de Béatrice Vierne, Arthaud, 2018, p. 9.

En Europe centrale, la disparition de l'empire s'est accompagnée de purifications ethniques et de massacres. Partout ont surgi des frontières physiques, politiques et mentales. Et avec elles sont apparues des "minorités".

Au XXIe siècle, nous nous faisons croire à nous-mêmes que nous nous débrouillons mieux. Que nous sommes civilisés et éclairés. Nous pensons avoir tiré les leçons du passé. Pourvu que ce soit vrai. À présent que de nombreux politiciens plaident pour la restauration des frontières nationales et la dissolution de l'Union européenne, c'est la première fois que l'occasion se présente, après une longue période de tranquillité, de prouver notre progrès moral.

IV

Durant des siècles, l'empire des Habsbourg est resté un territoire sans frontières, non seulement intérieures, mais aussi extérieures. Il n'y avait pas de postes pour les délimiter, et encore moins de gardes pour les surveiller. Pourtant, au début du XVIIe siècle, les Habsbourg se mirent soudain à ériger des points de passage obligatoires à leurs frontières extérieures. D'abord dans les Balkans. Pour cela, ils créèrent un système centralisé de surveillance – une sorte de Frontex *avant la lettre*. Mais le système ne pouvait fonctionner qu'avec l'assentiment de l'autre côté, c'est-à-dire de l'Empire ottoman. Les Habsbourg conclurent donc, comme l'Union lors de la crise migratoire de 2015, toutes sortes d'accords avec les Turcs.

Un jour, j'ai rendez-vous dans mon café favori – café Diglas, "depuis 1875" – avec les historiens

Josef Ehmer et Jovan Pešalj. Ils étudient la mise en place et la gestion des postes frontières par les Habsbourg il y a trois cents ans. Ils ne s'attendaient pas à mettre en lumière autant de similitudes entre leur objet de recherche et les actuels flux migratoires sur la route des Balkans, où l'Autriche joue de nouveau un rôle central.

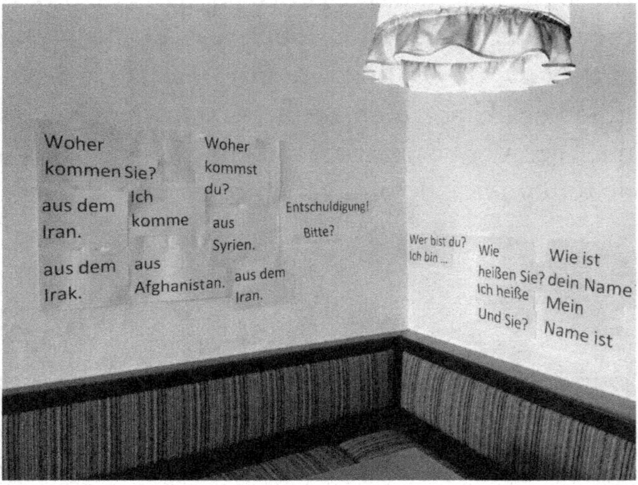

Plus ils fouillent les archives, et plus les documents qu'ils exhument prouvent l'existence de constantes historiques : ce qui s'est passé hier se répète aujourd'hui.

Ehmer est professeur émérite à l'université de Vienne. "Dans l'histoire, on observe un mouvement de balancier, explique-t-il. Au XVIIIe siècle, toute l'Europe se couvre de frontières. Au XIXe siècle, celles-ci sont démantelées. Une nouvelle mondialisation s'amorce. Au début du XXe siècle, pendant la Première Guerre mondiale, les frontières réapparaissent. Nous sommes apparemment à ce point du cycle. Nous voulons faire obstacle à la globalisation. Nous recommençons à élever des frontières."

L'Autrichien Ehmer et le Serbe Pešalj étudient toutes sortes de documents : correspondances des postes frontières, bons d'achat de matériel, comptes rendus de négociations avec les Turcs. L'empire des Habsbourg avait une armée et une politique étrangère centralisées. Il y avait des procédures pour tout, tout était documenté. Les archives habsbourgeoises sont immenses. La plupart des documents ont été conservés, jusqu'aux lettres envoyées à leur famille par certains douaniers isolés. La variété des sources dont disposent Ehmer et Pešalj leur permet de se faire une idée assez juste de la politique frontalière des Habsbourg.

Jusqu'au début du XVIIIe siècle, il n'existait en Europe presque aucun contrôle aux frontières. Des soldats devaient décourager d'éventuelles manœuvres ennemies, un point c'est tout. Dans les Balkans, les personnes, les animaux et les marchandises circulaient avec une relative liberté entre l'empire des Habsbourg et l'Empire ottoman. Les seuls individus qui barraient les routes ou réclamaient de l'argent aux voyageurs étaient les propriétaires fonciers locaux ou, parfois, des malfaiteurs. La frontière entre les deux empires, contestée par les deux parties, changeait régulièrement de tracé – la Turquie a tenté par deux fois, en vain, de conquérir Vienne. En 1699, le traité de Karlowitz a mis fin aux velléités d'expansion ottomanes. Les deux puissances avaient chacune leurs raisons pour s'entendre sur une frontière stable et bien gérée – exactement ce que tente d'obtenir l'Union aujourd'hui.

Une de ces raisons était que toutes sortes de maladies contagieuses, dont la peste, faisaient rage en Europe. Les Habsbourg cherchaient une manière de protéger leurs sujets et leurs troupeaux. Aussi l'empereur, qui ne s'était jusqu'alors jamais préoccupé de la gestion civile de ses frontières, conclut-il un accord avec le sultan. Pour la première fois, ils s'entendirent sur un tracé de frontière clairement défini afin de mieux contrôler les flux migratoires et commerciaux. Les Habsbourg ont bâti les premiers postes sanitaires frontaliers d'Europe. Le bâtiment de Dubrovnik pointé par notre guide était l'un d'entre eux : un symbole de la puissance "civilisatrice" des Habsbourg toujours révérée, nous disait-elle, par ses parents. Les Turcs construisirent aussi rapidement de leur côté un certain nombre de postes sanitaires. Des tours de guet éloignées de quelques centaines de mètres les unes des autres et occupées par des militaires commandés depuis Vienne et Istanbul furent édifiées pour surveiller les passages. Les soldats restaient deux mois en poste (beaucoup s'ennuyaient à mourir et passaient leur temps à se raconter des histoires) avant de rentrer quelque temps chez eux en permission. Les deux empires commencèrent également à cette période à distribuer des passeports aux voyageurs. Cela non plus n'était jamais arrivé auparavant.

"Les frontières n'avaient pas de fonction dissuasive comme aujourd'hui, explique Ehmer. Les étrangers étaient en principe les bienvenus chez les Habsbourg. Mais ils les gardaient trois semaines en quarantaine dans leurs postes frontières. En 1777, il existait dix-huit postes sanitaires dans les Balkans. Les vêtements des voyageurs y étaient lavés et stérilisés ; les marchandises, contrôlées ; et les animaux, désinfectés. Autour de ces établissements se développa une véritable industrie pour ravitailler les voyageurs en tabac, vivres et boissons."

Pendant cette période, des contrôles frontaliers furent instaurés dans des ports tels que Marseille ou Venise. Le phénomène affectait toute l'Europe, exactement comme aujourd'hui. Ces mesures eurent, comme de nos jours, des effets politiques : elles entraînèrent un renforcement de la centralisation. "La gestion des frontières, autrefois assurée au jour le jour par les autorités provinciales, fut transférée à Vienne, explique Pešalj. Les mêmes évolutions s'observent actuellement : les pays européens délèguent leurs compétences à Bruxelles."

Pour contrôler les hommes et les marchandises traversant les frontières, les Habsbourg collaboraient étroitement avec les Turcs de la même façon que l'Union européenne passe aujourd'hui des accords avec des pays tiers tels que l'Ukraine ou la Géorgie. Les deux empires traquaient les "bandits", c'est-à-dire essentiellement les contrebandiers. Ceux-ci étaient naturellement originaires des régions frontalières. Le terrain et les procédures n'avaient pas de secret pour eux. Ils connaissaient les fonctionnaires et leurs points faibles. Les Habsbourg avaient même adopté plusieurs mesures visant à s'assurer de la loyauté des habitants des régions frontalières. Le droit de s'établir aux confins de l'empire était accordé aux catholiques, mais pas aux protestants, aux musulmans ni aux juifs, considérés comme moins dignes de confiance. Les non-catholiques pouvaient franchir la frontière (afin de séjourner temporairement dans l'empire), mais ils devaient s'en éloigner après la fin de leur quarantaine. Vienne s'efforçait en outre de gagner le soutien des frontaliers en développant les services publics tels que les écoles, les bureaux de poste et les hôpitaux. Ces mesures incitatives entraînèrent une augmentation du nombre des fonctionnaires, des contrôleurs et des inspecteurs. Les chercheurs viennois se félicitent aujourd'hui de pouvoir exploiter la correspondance et les rapports qu'ils ont laissés à la postérité.

La grande différence avec la période actuelle concerne la politique d'immigration, affirment Ehmer et Pešalj. L'Europe moderne dresse des frontières pour repousser les immigrants. Nous faisons tout pour les décourager et les inciter à rester dans leur pays d'origine. S'il ne fait aucun doute que les Habsbourg considéraient les immigrants comme "inférieurs", cela ne les empêchait pas de leur ouvrir les bras. À leurs yeux, ils représentaient une précieuse force de travail dont toute l'économie profitait. Ils les formaient et leur prêtaient même de l'argent pour se loger. D'autre part, pendant les guerres russo-turques de 1768-1774, des milliers de réfugiés furent accueillis dans des camps de tentes. Les Habsbourg s'inquiétaient surtout des phénomènes d'émigration, craignant, comme l'Union soviétique deux siècles plus tard, la fuite des cerveaux.

À la fin du XVIIIe siècle, les contrôles aux frontières de l'Autriche-Hongrie furent assouplis. La peste ayant été éradiquée, les mesures de quarantaine devenaient inutiles. Les idéaux des Lumières se répandaient depuis la France. Joseph II, l'empereur alors au pouvoir, n'avait rien d'un libéral en matière politique, mais il se montrait favorable au libre-échange et aux idées économiques progressistes. Les contrôles douaniers en vigueur pendant tout le XVIIIe siècle dans les Balkans furent progressivement supprimés. La Russie fut la seule puissance à ne pas y renoncer. Partout ailleurs, les politiques d'ouverture et de globalisation furent remises à l'honneur après un siècle marqué par les blocages et le repli sur soi.

Ce fut le début de la "précédente mondialisation", affirme Ehmer.

Cette vague allait durer cent ans, avant de se briser sur la Première Guerre mondiale – le conflit qui porterait un coup fatal à l'empire des Habsbourg.

CHAPITRE 6

L'Europe ressemble exactement au monde des Habsbourg avant 1914. Tout fonctionne relativement bien. Mais nous ne le voyons pas.

KAREL SCHWARZENBERG,
ancien ministre tchèque des Affaires étrangères.

I

Nous sommes à l'automne 2016 quand je rencontre pour la première fois Karl Habsbourg – le fils d'Otto Habsbourg et petit-fils de Charles, le dernier empereur. Si l'empire existait encore, c'est Karl qui, vraisemblablement, régnerait à présent.

Fin octobre, Karl, né en 1961 et actuel chef de la maison, donne une conférence dans la Stallburg – la partie de la Hofburg abritant les écuries impériales et ses étalons lipizzans. Les étages dominant les écuries, impeccablement entretenus, sont occupés par des bureaux. Charles prononce sa conférence dans l'un d'entre eux. D'après l'annonce, elle doit porter sur le Brexit et sur l'Europe, et se

…spices de l'Austro-British Society. …entendu parler de ce club, mais j'y …même.

…a une soirée des plus bizarres.

…ive tôt. La salle n'est pas très grande et je …s à disposer d'une place près de l'estrade. La …èce se remplit. Majoritairement de vieillards, la plupart d'entre eux vêtus de tweed et s'appuyant sur une canne. Je reconnais plusieurs diplomates à la retraite, habitués des conférences viennoises. Il y a sûrement cent cinquante auditeurs dans la salle.

Karl est annoncé sous le nom de "*von* Habsburg" – *de* Habsbourg. Il porte une veste bleue à boutons dorés. Il commence son exposé par quelques remarques sur le Brexit et l'affaiblissement de l'Europe qui en résulte – une Europe sans politique étrangère dans un environnement où se multiplient les guerres et les conflits. Ces considérations l'occupent quelques minutes, puis il se lance tout d'un coup dans un discours sur les ressemblances et les différences entre l'Union européenne et l'empire des Habsbourg. Tant mieux, me dis-je : ce n'est pas ce qui était annoncé, mais cela correspond pile à mon sujet. Quelques semaines auparavant, j'ai rédigé un long article, en anglais, pour le *think tank* Carnegie Europe. D'après le nombre de clics comptabilisés par une personne de ce cercle de réflexion, ma contribution, mise en ligne, a été lue par un grand nombre d'internautes dans le monde entier.

Karl Habsbourg explique que la période présente le fait penser aux dernières années de l'empire des Habsbourg. Les Britanniques ont voté pour le Brexit et Donald Trump s'approche de la présidence. Des élections vont bientôt avoir lieu en Autriche, aux Pays-Bas et en France. Les nationalistes semblent avoir partout le vent en poupe. Comme il y a une centaine d'années. Une question se pose donc, poursuit l'orateur : "Quelles leçons l'Europe peut-elle tirer de l'histoire des Habsbourg ?" Drôle de coïncidence, m'étonné-je : mon article s'intitule "Habsburg Lessons for an Embattled EU" (Leçons habsbourgeoises pour une Union européenne assiégée).

En réponse à la question, Karl Habsbourg commence par rappeler un épisode de *La Marche de Radetzky*, le célèbre roman de Joseph Roth sur le déclin de l'empire des Habsbourg. Le cynique comte Chojnicki discute de politique avec un officier dans une garnison de Galicie. L'agitation règne dans tout l'empire. Les Slaves des Balkans menacent de se rebeller contre Vienne. Les Tchèques et les germanophones s'écharpent au sujet de lois linguistiques. Les puissances environnantes telles que la France, la Russie, l'Allemagne et l'Empire ottoman s'arment à toute allure. Conscient du danger, François-Joseph souhaite augmenter le budget des armées. Si la guerre éclate, les Habsbourg seront réduits en charpie. Mais il n'obtient aucun crédit de défense supplémentaire. La Hongrie, seconde composante de la double monarchie qui détient un droit de veto sur les finances, lui refuse son accord.

"Cet empire sombrera fatalement, conclut Chojnicki dans le livre de Roth. Dès que notre Empereur fermera les yeux, nous nous disloquerons en cent morceaux. […] Toutes les nations organiseront leurs sales petits États[1] […].”

La citation est celle-là même que j’ai mise en exergue de mon article publié par la Carnegie. Karl Habsbourg cite exactement le passage que j’ai retenu dans ce volumineux roman. Dans mon papier, j’ai pratiqué quelques coupes dans la prédiction de Chojnicki. Karl supprime les mêmes phrases.

Comme les deux personnages du roman, les Européens ont aujourd’hui l’impression de sentir leur monde trembler sur ses bases. Mais qu’en est-il vraiment ? s’interroge Habsbourg. Pour le savoir, il convient d’abord d’examiner les similitudes et les différences entre l’Union européenne et l’empire des Habsbourg.

Il commence par faire la liste des similitudes. Une aversion commune pour la guerre et les conflits. Plusieurs peuples et plusieurs langues partageant le même toit. La protection des petits pays contre la domination des grands dans la structure collective. Le principe de non-discrimination visant à garantir que tous soient égaux devant la loi et que personne ne se sente minoritaire. Le bricolage perpétuel des structures dirigeantes, aussi complexes autrefois dans la monarchie des Habsbourg que maintenant dans l’Union : l’une et l’autre doivent s’adapter en permanence à un environnement instable, aux nouveaux défis extérieurs et aux desiderata des diverses nations réunies sous le même toit. Toutes deux sont caractérisées par l’unicité de leur marché intérieur, qui génère croissance et prospérité,

1. *La Marche de Radetzky*, traduction de Blanche Gidon revue par Alain Huriot, Le Seuil, coll. “Points”, p. 150.

et empêche, au bout du compte, le retour de la guerre. Tout cela nécessite un mécanisme régulateur, en d'autres termes des accords auxquels tous les acteurs du marché doivent se tenir. Pour contrôler ces accords, il faut des fonctionnaires. Aussi l'Union repose-t-elle, comme l'empire, sur une bureaucratie – à la différence près que celle des Habsbourg était pléthorique (Karl Habsbourg cite l'exemple du contrôleur des poids et mesures, un personnage d'un autre roman de Roth) alors que l'administration européenne emploie moins de personnel que la ville de Paris.

Toutes les similitudes, tous les exemples cités par Karl Habsburg proviennent de mon article. Moi aussi, j'ai comparé la bureaucratie européenne à celle de Paris. Moi aussi, j'ai fait allusion au contrôleur de Roth.

L'orateur examine ensuite les différences. L'empire était un État, ce que n'est pas l'Union européenne. Le vieil empereur avait une politique étrangère, alors que l'Union n'en a pas. Karl mentionne aussi la proximité des Habsbourg avec leurs sujets : beaucoup travaillaient pour eux et en recevaient un salaire – instituteurs, agents de police, cantonniers. Ce lien n'existe pas dans l'Union, où ces catégories de fonctionnaires sont directement employées par les États membres. Cette situation explique en partie que "Bruxelles" soit perçu comme un pouvoir lointain par de nombreux Européens. Les gens en ont une représentation assez floue.

Karl Habsbourg s'en prend ensuite au *Wall Street Journal* et au *Washington Post*, qui se plaisent à suggérer que le système va exploser d'un moment à l'autre dès qu'un problème surgit en Europe. Chaque crise est qualifiée d'"existentielle", chaque sommet européen est présenté comme une "réunion de la dernière chance". Karl Habsbourg fait un parallèle entre les cyniques intellectuels de la double monarchie d'avant 1914 (parmi lesquels Joseph Roth et Karl Kraus, l'impétueux rédacteur de la revue *Die Fackel*) et les actuels prophètes de malheur, qui aperçoivent partout des signes annonciateurs de la fin prochaine de l'Union européenne. Ce soir, je retrouve même le fonctionnaire européen anonyme qui m'avait assuré, lors d'un déjeuner à Bruxelles durant l'été 2016, que toutes ces convulsions politiques lui rappelaient un "jeu de chaises musicales : les États membres dansent encore, mais tous attendent l'arrêt de la musique" – cette phrase de mon article s'est elle aussi frayé un chemin dans la conférence du sieur Habsbourg.

Pas une fois, il ne fait référence à mon texte. Il parle comme s'il exposait ses propres réflexions. Pas vraiment élégant.

La présentation terminée, les auditeurs peuvent interroger le conférencier. Je me lève, dis mon nom et pose une question. Pour qu'il sache que je suis là.

À la fin de la conférence, je vais le trouver. En me voyant m'approcher, il me dit avec un large sourire : "Quel plaisir de vous rencontrer ! Votre article est fantastique. Je l'ai lu avec un immense plaisir.

— C'est bien mon impression", répliqué-je.

Il ne s'excuse pas. Au contraire, il en rajoute : "J'ai aussi utilisé votre texte hier, pour une autre conférence."

J'explique que je vais sans doute écrire un livre sur l'Union européenne et les Habsbourg. Pourrait-il m'apporter son aide ? Après cette soirée, il ne peut pas refuser. Il appelle son assistant, un homme en veste de loden traditionnelle à boutons de corne, et lui demande de me fixer un rendez-vous.

II

Une amie autrichienne me demande comment j'ai trouvé la conférence. Je lui raconte l'histoire. "Oh ! ça ne m'étonne pas, réagit-elle. C'est le petit-fils de l'empereur. Ces gens ne s'excusent jamais."

Deux jours plus tard, je reçois un mail d'un inconnu. Un citoyen britannique. Il a assisté à la conférence. Le sujet l'a intéressé et il a cherché à en savoir plus. Une fois rentré chez lui, il a fait une recherche sur Google et est tombé sur mon texte pour Carnegie. Les ressemblances avec l'exposé de Karl Habsbourg l'ont frappé. Travaillons-nous en commun, lui et moi ? me demande-t-il. Et la journaliste néerlandaise qui a posé une question à la fin de la communication, était-ce moi ?

Oui, confirmé-je, c'était moi. "J'ai constaté, comme vous, qu'il avait très attentivement étudié mon article."

Sa réponse : "Je dois vous avouer que je me suis demandé si vous n'étiez pas une journaliste sans scrupules, ayant publié sous son propre nom des propos qu'elle aurait entendu prononcer par Karl Habsbourg à une autre occasion. Toutes mes excuses !"

----- Forwarded message -----
From: [redacted]
To: [redacted]
Sent: [redacted] 23 October 2016, 21:43:36 CEST
Subject: Re: Habsburg Lessons for an Embattled EU

Thank you Mrs de Gruyter,

I did find the talk very interesting. I must admit that I had wondered if you might be a "wicked" journalist who had heard Mr Habsburg's speech somewhere else, and then published the article under your name. I apologise!!!

It does indeed seem that Mr Habsburg had studied your article very, very carefully. What a pity he didn't give your work a mention last Thursday. Even though he did not praise it then, let me praise it now.

With best regards

[redacted]

III

Karl Habsburg me reçoit en audience quelques semaines plus tard. Habitant Salzbourg, il n'est pas souvent présent à Vienne. Depuis 2017, il préside The Blue Shield, une organisation internationale œuvrant pour la protection des biens culturels contre les catastrophes naturelles et les conflits armés. Il revient juste du Moyen-Orient.

Il me reçoit dans les bureaux de l'Union paneuropéenne, dont il est membre actif. Son père Otto en a été président pendant trente ans. Sa sœur Walburga, qui réside en Suède, en est une des vice-présidentes. Le mouvement a été fondé en 1923 par le comte Richard von Coudenhove-Kalergi, fils d'un diplomate austro-hongrois, et très impliqué dans le mouvement européen pour la paix durant l'entre-deux-guerres. L'organisation a compté dans ses rangs des personnages aussi célèbres qu'Albert Einstein, Léon Blum, Konrad Adenauer et Georges Pompidou. Churchill lui-même en a fait mention dans son célèbre discours de Zurich de 1946. L'Union paneuropéenne était chrétienne, attachée à la tradition et farouchement anticommuniste. Peu de temps après la Seconde Guerre mondiale, les progressistes firent scission et fondèrent le Mouvement européen. Pendant la guerre froide, l'Union paneuropéenne, nettement plus conservatrice, s'efforça surtout de promouvoir la réunification de l'Est et de l'Ouest de l'Europe. Sous la direction d'Otto, elle organisa le fameux pique-nique paneuropéen de 1989 à la frontière austro-hongroise. L'ouverture provisoire du rideau de fer permit pour la première fois le libre passage à l'Ouest de citoyens de l'Est.

Depuis cet événement, l'Union paneuropéenne ne fait plus guère parler d'elle. Les bureaux viennois de l'organisation sont situés dans un immeuble vieillot d'un quartier sans prestige, dans un appartement où tout est marron, ou semble marron : les murs, les plafonds, les meubles, les rideaux encrassés par le tabac. On croirait une piaule d'étudiant. Le local contient des drapeaux, quelques plantes rabougries et des cendriers portant le logo de l'Union. Karl Habsbourg, en pull et jean, se montre tout aussi jovial que lors de notre première rencontre. Nous sommes assis sur un énorme canapé en cuir, marron lui aussi.

Ce doit être étrange d'être un Habsbourg. Pendant des centaines d'années, tous ses ancêtres ont fait de la politique. Ils n'avaient pas le choix, c'était dans l'ordre des choses. Contrairement à eux, Karl Habsbourg a choisi de faire de la politique – et il a échoué. Comme son père Otto, Karl a siégé au Parlement européen – son père pour la CSU allemande, et lui pour le parti conservateur autrichien ÖVP. Mais une affaire liée au financement du parti a vite tourné au scandale. L'ÖVP l'a rayé de ses listes électorales. Karl a tenté de créer son propre parti, mais la tentative s'est soldée par un échec. Otto a été parlementaire européen pendant vingt ans ; à Bruxelles et à Strasbourg, il faisait pour ainsi dire partie des meubles. Tout le monde le connaissait. Karl n'y a siégé que quelques années. Personne ne se souvient de lui. Aussi ai-je été très surprise de lire, il n'y a pas si longtemps, que Radim Špaček, président du Parti monarchique de la couronne de Bohême – fondé en 1991 – avait demandé au Premier ministre tchèque de le proposer comme nouveau président de la Commission européenne. Karl Habsbourg a servi comme officier dans l'armée. Il a présenté un jeu télévisé sur la chaîne publique autrichienne. Il est actionnaire principal de RadioCorp, qui possède deux stations de radio néerlandaises : 100 % NL et Slam ! Apparemment, il ne lui déplaît pas de passer la plupart de son temps en déplacement à l'étranger pour son travail actuel. En Autriche, on ne le laisse jamais tranquille. Il vit dans une vitrine dont il ne peut pas sortir.

Ses ancêtres avaient des titres. Lui n'a pas le droit d'en faire usage, du moins en Autriche. Il s'en fiche, assure-t-il. Je veux bien le croire : ici tout le monde sait qui il est.

En prévision de notre rendez-vous, j'ai lu plusieurs de ses anciennes interviews dans des journaux autrichiens, suisses et allemands. Toutes commencent par la même question : Comment faut-il vous appeler, Votre Altesse, ou simplement Karl ? Les germanophones sont obsédés par les titres. Personne n'y échappe.

Une autre question revient régulièrement, toujours posée sur le ton un peu narquois qu'affectionnent les journalistes : la Première Guerre mondiale ne lui inspire-t-elle aucun sentiment de culpabilité ? C'est tout de même son arrière-grand-oncle, l'empereur François-Joseph, qui a déclaré la guerre à la Serbie après l'assassinat de l'archiduc François-Ferdinand à Sarajevo en 1914. François-Joseph voulait une campagne militaire limitée. Après quelques taloches, il conclurait la paix. Mais les choses ne se sont pas passées comme prévu ; toutes les grandes puissances se sont mêlées du conflit, et le continent s'est embrasé. Si l'empereur n'avait pas signé la déclaration de guerre, la catastrophe aurait pu être évitée. L'Europe se serait épargné des millions de morts et toutes sortes de malheurs.

Karl Habsbourg est tellement habitué à ces questions qu'il donne toujours les mêmes réponses. Dans tous les journaux. Pas de problème, vous pouvez m'appeler comme vous voulez. Et non, je ne me sens pas coupable, car la guerre était, pour ainsi dire, dans l'air. Lisez *Les Somnambules* de Christopher Clark. N'importe quel événement aurait pu la déclencher, il se trouve que ce fut l'assassinat de François-Ferdinand. *Et cætera.*

Karl remplit également son rôle de chef de maison en grande partie en dehors de l'Autriche. Nombre de

Habsbourg ont fui le pays après 1918. Aujourd'hui, les membres de la maison – entre cinq et six cents personnes, évalue-t-il – vivent dispersés sur tous les continents. Même si de nombreux descendants habitent en Autriche. Sa tâche consiste à maintenir les liens familiaux. Il doit approuver les projets de mariage, assister aux enterrements, apaiser les querelles et organiser des réunions de famille. À l'occasion du centième anniversaire du déclenchement de la Première Guerre mondiale, quand on lui a posé pour la énième fois la question de la culpabilité des Habsbourg, il a couché sur le papier les règles à suivre pour le reste de la lignée. Afin que tous ses membres puissent donner les mêmes réponses.

Aujourd'hui, dans cet appartement brunâtre, il s'anime surtout quand il me parle de sa famille. De son fils aîné, Ferdinand Zvonimir, pilote de formule 1, très actif sur Twitter, et futur chef de la maison. De sa fille, Eleonore, mannequin. Et de sa grand-mère, l'impératrice Zita, décédée en 1989. Après le ratage des dérisoires tentatives fomentées par son époux – l'empereur Charles – pour récupérer son trône depuis son exil suisse, celle-ci n'a pu pénétrer de nouveau sur le territoire autrichien qu'en 1982. Elle a été enterrée dans la crypte des Capucins – donc dans les lieux mêmes où (détail macabre) son petit-fils Karl, celui qui me fait face aujourd'hui, a demandé en mariage Francesca Thyssen. Mais comment enterrer une impératrice dans une république qui a, de surcroît, aboli sans distinction toute sa noblesse ?

Il n'y avait pas de protocole. Pas de programme. Pas de personnel connaissant encore les règles d'un tel cérémonial. Alors, nous avons improvisé, raconte Karl. Le moment le plus émouvant fut, à ses yeux, celui de l'arrivée du cortège funèbre devant la crypte impériale. Un héraut a frappé à la porte pour demander l'entrée de "Zita, Sa Majesté l'impératrice et reine". Comme si rien n'avait changé.

Karl Habsbourg ne me sera pas d'un grand secours pour mon livre sur l'Union européenne et l'empire des Habsbourg. Je l'avais compris depuis le soir de la conférence. Il fait de son mieux. La seule chose qu'il trouve à dire est que "l'empire avait un souverain, une armée et une bureaucratie. L'Union européenne a seulement une bureaucratie". Merci du renseignement.

Quand je repasse la porte, Karl Habsbourg ne s'est toujours pas excusé. Mais mon irritation a disparu. Cet homme est prisonnier d'un rôle pour lequel il n'est absolument pas fait. Je ne l'envie pas.

IV

Dans l'armée des Habsbourg, toutes les nationalités et tous les groupes linguistiques étaient en principe égaux. Pour ne désavantager personne, on n'y parlait donc pas une langue unique. Tout le monde avait le droit de suivre les entraînements dans son propre idiome. Les Tchèques en tchèque, les Croates en croate, etc.

Mais ces aménagements linguistiques risquaient de maintenir la division en groupes nationaux et de casser l'unité de l'armée.

Que firent donc les Habsbourg ? Ils conclurent des compromis. Ils donnèrent des cours de langue aux officiers et aux soldats qui le désiraient. Ainsi pouvaient-ils constituer des bataillons mixtes en étant sûrs que les ordres des uns seraient compris par les autres. Pourtant, la direction de l'armée ne voyait pas cette solution d'un bon œil. Les règles sont les règles et ces accommodements permettaient de les transgresser. Or, dans un pays hétérogène, tout entier fait de bric et de broc, il importait, justement, d'appliquer la réglementation à la lettre. L'administration habsbourgeoise ne cessait de se débattre avec ses contradictions et avec son désir de perfection.

Elle aspirait à la perfection et parvenait presque à l'atteindre – mais jamais à 100 %. Alors, elle s'acharnait sur ce petit pourcentage d'imperfection.

Tamara Scheer, historienne spécialiste de l'Autriche-Hongrie, effectue depuis des années des recherches sur l'armée des Habsbourg dans tous les recoins de l'ancien empire. Elle a écrit plusieurs ouvrages sur ce sujet. Elle dépouille les rapports des officiers et des soldats, et lit les lettres qu'ils adressaient à leurs proches. Les entorses aux règlements linguistiques font l'objet de récriminations continuelles dans les documents officiels. Mais dans les lettres, pas un soldat qui n'écrive combien il se réjouit d'apprendre une autre langue. Les militaires s'ennuyaient souvent à mourir. Ces cours les occupaient utilement. Ils s'y faisaient de nouveaux amis et augmentaient ainsi leurs chances de trouver plus tard un bon travail.

L'obsession de la perfection est un phénomène très reconnaissable – il s'observe aussi dans l'Union européenne. Tout y est tellement hétérogène, l'Union compte tellement de pays, de langues, de cultures et de particularités qu'il faut disposer de règles applicables à tout le monde. Tout le système repose là-dessus. Mais une trop grande rigueur dans leur mise en œuvre peut parfois mettre en péril la diversité sur laquelle repose l'édifice. Il faut agir avec le doigté nécessaire pour que tout le monde se sente à l'aise dans l'organisation. Cela vaut aussi bien pour les règles budgétaires des pays de la zone euro que pour les mesures de soutien étatique dans le marché unique – dans certains cas, il est nécessaire d'aménager des "passerelles" pour certains pays.

Tamara Scheer se définit elle-même comme une "dingue des Habsbourg". Je bois un jour un café avec elle dans une brasserie d'Oslo, où je viens d'emménager après mes années viennoises. Scheer est une femme très vivante, habillée avec originalité, scrutant sans cesse ce qui se passe autour d'elle. Elle participe à un projet de recherche de l'université d'Oslo et doit donner une conférence à l'ambassade d'Autriche sur un livre qu'elle vient de publier et qui traite des mots typiquement habsbourgeois sortis de l'usage après 1918. L'ouvrage se vend bien. Maintenant que des théories du complot se sont remises à circuler en Europe, elle poste des vidéos sur Twitter pour montrer que les sujets des Habsbourg n'étaient pas moins crédules que nos contemporains ("le prince héritier Rodolphe ne s'est pas suicidé", "François-Ferdinand attiré dans une embuscade à Sarajevo par ses propres collaborateurs", etc.).

Scheer voit partout des ressemblances entre le passé et l'époque actuelle. Elle perçoit une nostalgie des Habsbourg. Même en Europe de l'Est où (sauf en Roumanie) la population s'est toujours montrée critique. Nous vivons une période troublée. Les gens doutent de tout. Ils désirent la stabilité et cherchent des hommes politiques qui leur inspirent confiance. Ils aspirent à retrouver la bienveillance d'une époque où beaucoup de choses allaient de travers, mais où personne n'aurait songé à en accuser le vieil empereur. Écrivons-lui une lettre, disaient les victimes des dysfonctionnements. Scheer a lu des centaines de missives de ce genre. Elle en a trouvé dans les archives de toutes les villes de l'ancien empire. Mais on peut aussi en trouver chez les brocanteurs – enfouies sous des chandeliers, des chopes, des images et des médailles de cette époque.

Cette bienveillance est précisément ce qui manque aujourd'hui à l'Europe. "Nous appliquons nos règles avec trop de rigidité, explique-t-elle. Nous devons accepter l'imperfection et laisser à tous une plus grande marge d'erreur. Conclure des compromis, faire parfois semblant de ne pas voir. À quoi sert l'Union, finalement ? À ce que, au lieu de nous battre, nous nous décalions tous un peu pour faire une place à d'autres."

V

De quoi l'empire est-il mort ? Si nous voulons savoir si l'Union finira de la même façon que l'empire, il nous faut commencer par répondre à cette question.

L'interprétation qui a longtemps prévalu était que les différentes nations de l'empire ne voulaient plus vivre sous le joug des Habsbourg. Que les temps avaient changé. La population était de plus en plus éduquée. Elle s'émancipait. Elle voulait participer, décider, voter. Les monarchies absolues ne pouvaient pas survivre dans un tel environnement, argumente-t-on d'habitude. La cause de la disparation à peu près concomitante des Empires habsbourgeois, ottoman, russe et allemand réside dans ces évolutions. Telle est l'explication, par la pure logique historique, figurant dans les manuels scolaires. On met d'autre part en avant le rôle du président Wilson et de sa nouvelle doctrine, les "quatorze points" qui devaient jeter les bases de la nouvelle paix mondiale. D'après ce programme, tous les peuples devaient se voir reconnaître le droit à l'autodétermination. Ce principe fut intégré dans le droit international.

Depuis un siècle, tout le monde ou presque a décrypté l'histoire à travers ce prisme. L'empire était un anachronisme. Une construction qui, après plusieurs siècles d'existence, avait fait son temps. Point à la ligne.

Mais ces dernières années, cette interprétation fait l'objet de critiques de plus en plus nombreuses. Les historiens découvrent par exemple que les nationalistes n'avaient pratiquement aucune audience dans de nombreuses régions de l'empire avant que la guerre n'éclate en 1914. Certes, les peuples voulaient obtenir plus de droits. Tous veillaient jalousement à ce que les autres ne soient pas mieux traités qu'eux. Ils aimaient leur musique traditionnelle et chérissaient leur culture. Mais, dans le même temps, ils n'aspiraient pas vraiment à l'indépendance. Même la Hongrie, où certains parlent encore du règne des Habsbourg comme d'une occupation étrangère, ne souhaitait pas sortir de la double monarchie. Les Hongrois avaient plus de pouvoirs que quiconque. Ils pouvaient quasiment tout bloquer. Dans leur moitié de territoire, après 1867, ils avaient les mains totalement libres. Ils en profitèrent pour la magyariser au pas de charge. Bien qu'ils y fussent en minorité, le hongrois fut proclamé langue officielle. Les Hongrois concentraient de plus en plus de pouvoir entre leurs mains. L'empereur François-Joseph, qui avait au contraire favorisé le plurilinguisme dans l'autre moitié – "sa" moitié – de l'empire, enrageait mais ne pouvait rien faire. En ce sens, les Hongrois avaient conclu un marché très avantageux en acceptant le compromis de 1867.

Le peu de succès des idées indépendantistes auprès des populations a également une autre cause. En fait, l'empire des Habsbourg n'était pas aussi rigide et autoritaire qu'on l'a souvent décrit. François-Joseph, l'avant-dernier empereur, avait beau ne pas être un démocrate convaincu, il n'en a pas moins effectué toutes sortes de réformes. Il a institué un parlement comprenant des représentants de tous les peuples. Ce parlement s'est vu doté de compétences de plus en plus étendues. Le droit de vote a été peu à peu élargi au fil des années. L'empereur affinait aussi constamment les arrangements conclus avec les différentes nations au sein de l'empire. Personne n'était jamais tout à fait satisfait. Tout fonctionnait sur la base de négociations et de compromis. Mais chacun pouvait ainsi se dire qu'il obtiendrait encore mieux à l'avenir.

L'empereur aurait pu avancer plus vite. Beaucoup plus vite. Il aurait pu procéder autrement. Mais l'idée qu'il n'accédait jamais aux demandes de réforme adressées par le peuple ne tient pas la route. Comparé aux autres autocrates de son époque – le tsar, l'empereur d'Allemagne, le sultan –, il se révélait même un homme plutôt modéré. Ainsi peut se résumer la conclusion à laquelle est parvenu un petit groupe de scientifiques et d'intellectuels au terme d'un colloque qui s'est tenu à l'Institut für die Wissenschaften vom Menschen (IWM, "Institut des sciences de l'homme") à Vienne. Un des participants était l'ancien diplomate britannique Robert Cooper, qui fut autrefois à Bruxelles le bras droit de Javier Solana, le premier haut représentant de l'Union pour la politique étrangère. J'ai quelquefois l'occasion de discuter avec Cooper dans le cadre de conférences sur l'Europe. Un jour, j'échange avec lui sur l'histoire des Habsbourg. "L'idée que l'empire a été renversé par les peuples qu'il opprimait est tout simplement fausse", soutient-il.

Selon Cooper, l'ancien empire ressemblait beaucoup, à cet égard, à l'actuelle Union. Et de citer les tentatives des États membres pour réduire leur contribution, leurs efforts pour infléchir une législation pour favoriser au maximum leurs agriculteurs ou leurs usines, et leurs manœuvres pour obtenir toujours le maximum d'avantages pour eux-mêmes.

Régimes de protection des minorités, répartition des subventions ou politique fiscale sont causes de tiraillements sans fin – la Hofburg était un panier de crabes politique comparable à l'actuel bâtiment du Conseil à Bruxelles. Les emportements et les revendications des Hongrois de l'empire lui rappellent les obstructions soulevées par les Britanniques durant des dizaines d'années. Mais aussi le comportement actuel des Hongrois au sein de l'Union : toujours à se victimiser, toujours à essayer de détourner les règles à leur profit, toujours à accuser Bruxelles de tous les maux comme ils accusaient autrefois Vienne.

VI

Dans un ouvrage novateur, *The Habsburg Empire: A New History* (2016), l'historien Pieter Judson écrit que la seule véritable raison de la chute de l'empire se résume à un mot : la guerre. Jusqu'en 1914, la plupart de ses habitants étaient plutôt satisfaits de leur sort. La mondialisation progressait, l'économie tournait à plein régime. Les gens exigeaient de l'État des services de plus en plus nombreux et en obtenaient souvent. L'administration employait de plus en plus de fonctionnaires. Elle les payait rubis sur l'ongle et prenait soin d'eux. Rares étaient ceux, écrit Judson, qui avaient intérêt à mettre à bas ce système : ils avaient tout à y perdre.

Mais tout changea avec le déclenchement de la guerre. Pour deux raisons. La première est que toutes les ressources matérielles et financières disponibles furent affectées au front, et ce pendant quatre ans. La guerre tourna au désastre. Beaucoup de gens perdirent des parents ou des amis. L'État dut supprimer toutes sortes de prestations de services pour financer le conflit. De nombreux travailleurs se retrouvèrent sans emploi. Ou bien ils étaient payés en retard, ou pas du tout. Les difficultés modifièrent la perception de l'État. La population cessa tout d'un coup d'y voir un protecteur. Avant la guerre, l'empire bénéficiait d'une assez bonne image, mais celle-ci se dégrada pendant le conflit. Les gens accumulèrent les frustrations et se mirent à chercher des alternatives. La guerre les poussa dans les bras des nationalistes.

La seconde raison est que la guerre engendra une sorte de "coup d'État" au sein de l'empire. Les opérations militaires devinrent tout d'un coup prioritaires. Le pouvoir passa des mains de l'empereur François-Joseph à un état-major de généraux conservateurs. Ceux-ci n'avaient jamais caché qu'ils le considéraient comme une chiffe molle. Ils ne voyaient pas l'utilité des réformes démocratiques. Autoriser les syndicats et permettre aux ouvriers de manifester leur paraissait ridicule. Ils parvinrent à convaincre l'empereur que ces concessions étaient inopportunes en temps de guerre. Tout le monde devait serrer les rangs. Ils renvoyèrent le parlement et limitèrent les droits civiques tout juste accordés par François-Joseph. Ce revirement provoqua la colère d'une grande partie de l'opinion. Les citoyens se sentirent floués et perdirent de plus en plus confiance dans la capacité de l'État à les protéger. Les nationalistes eurent beau jeu d'exploiter leurs frustrations.

À tous ces motifs d'insatisfaction s'ajoutait la faim, dont la population eut à souffrir pendant la guerre, surtout dans les grandes villes. Les premières pénuries apparurent dès 1915. Seul le marché noir permettait de se procurer de tout, à des prix astronomiques, cela va sans dire. Pour y remédier, l'État institua un système de tickets de rationnement. Mais le système fonctionnait mal. Tant que François-Joseph vécut – jusqu'en novembre 1916 – rares furent ceux qui lui tinrent rigueur de leurs difficultés. Ils préféraient accuser les généraux et leurs aides de camp de favoriser leurs amis lors des distributions alimentaires – un favoritisme ethnique, le plus souvent. C'est ainsi que dans une ville aussi parfaitement multiculturelle que Vienne tout le monde se mit à regarder les Hongrois d'un mauvais œil. La Hongrie, bien que moins peuplée que l'autre moitié de l'empire, fournissait la plus grande partie de la production agricole. À Vienne, beaucoup accusaient les Hongrois de restreindre intentionnellement les approvisionnements pour faire monter les prix et augmenter leurs bénéfices. Il se disait aussi qu'ils se distribuaient entre eux des tickets de rationnement supplémentaires.

Les Hongrois accusèrent à leur tour les Tchèques. Puis les Tchèques, les Croates. Dans une ville où, en 1914, les hommes avaient fait la queue, quelles que soient leur langue et leur origine, pour se porter volontaires pour le front, les citoyens affamés ne tardèrent pas à se retourner les uns contre les autres. Dans *Vienna and the Fall of the Habsburg Empire*, un ouvrage consacré aux conséquences politiques et sociales de la famine qui frappa Vienne pendant la guerre, l'historienne américaine Maureen Healy écrit : "Dans le domaine alimentaire, la double monarchie a fait la guerre contre elle-même."

Pendant qu'au front, les Italiens, les Slovaques, les Tchèques, les Autrichiens et les autres défendaient leur empire commun avec l'énergie du désespoir, à l'arrière, celui-ci se désagrégeait à toute allure. Certains chercheurs estiment même que les problèmes internes, presque totalement ignorés des militaires du front, ont été la cause principale de la chute finale de l'empire.

Le vieil empereur mourut en 1916. Monté sur le trône en 1848, il avait régné pendant presque soixante-dix ans. Beaucoup de ses sujets le respectaient. Il travaillait dur et s'efforçait d'écouter tout le monde. Il avait commis de nombreuses erreurs, mais beaucoup voyaient en lui *"ein Mensch"*, un être humain digne de ce nom. Tout le monde savait que le chauffage du palais de Schönbrunn était lui aussi rationné : par solidarité avec son peuple, l'empereur, engoncé dans son manteau et enveloppé de couvertures, grelottait derrière son bureau. Le décès de François-Joseph survenait au moment précis où une grande partie de la population, contrainte à faire des sacrifices à cause de la guerre, se mettait à douter sérieusement de l'État. Sans l'empereur, les gens avaient encore moins de raisons de soutenir l'empire. François-Joseph était un symbole crucial de la continuité habsbourgeoise. L'homme parlait toutes les langues de son empire et faisait de son mieux pour satisfaire tout le monde. Toutes les nationalités, tous les groupes linguistiques voyaient en lui leur protecteur. Beaucoup de ses sujets n'avaient jamais connu d'autre empereur.

Peu de gens connaissaient son petit-neveu Charles, le nouvel empereur. Manquant d'expérience, il échoua dans sa tentative de mettre fin à la guerre. Son allié, l'empereur allemand Guillaume II, personnage bien plus dominant, voulait poursuivre les hostilités (Guillaume II était tellement obsessionnel et émotif que certains ont pu le comparer à Donald Trump). Charles n'eut donc, lui aussi, d'autre choix que de rester dans la bataille, jusqu'en 1918.

Il est impossible de fixer une date précise marquant la fin de l'empire des Habsbourg. La guerre l'a anéanti petit à petit en affaiblissant l'État. Il a cessé d'être un État de droit et de subvenir aux besoins de ses ressortissants. Les citoyens se retournèrent les uns contre les autres, groupe ethnique contre groupe ethnique, communauté linguistique contre communauté linguistique. "La guerre avait érodé le sentiment de solidarité réciproque entre les citoyens et l'État, et miné lentement la raison d'être de l'empire", écrit Pieter Judson.

Le même processus a eu lieu dans toutes les régions de l'empire. L'édifice craquait de partout. Il partait en petits morceaux. On aurait dit un crash au ralenti. Il y eut une longue période d'incertitude pendant laquelle personne ne pouvait dire par quoi l'empire serait remplacé, ni par où passeraient les nouvelles frontières. Pas même les nationalistes.

VII

Longtemps a prévalu l'idée que les nations et minorités s'étaient libérées de la "prison des peuples" en 1918. En réalité, l'État multinational habsbourgeois a accouché d'une multitude de petits États eux-mêmes complètement hétérogènes. Comme le lieu de résidence n'avait jamais eu aucune importance, les gens s'étaient établis où bon leur semblait dans l'empire – de sorte que toutes les entités qui le constituaient avaient fini par devenir elles-mêmes des mini-États multinationaux. Fin 1918, lorsque l'empire s'est effondré, il y avait partout des gens qui, du jour au lendemain, ont cessé d'être considérés comme citoyens dans des lieux où ils habitaient depuis parfois des dizaines d'années. Ou seulement comme des citoyens de seconde zone, privés de certains droits. Situation comparable à celle de nombreux Britanniques, en Europe, et de nombreux Européens au Royaume-Uni, après le Brexit.

Et c'est ainsi que commença, après 1918, le conflit que les Habsbourg étaient parvenus à éviter pendant des siècles : le conflit interne où chacun cherche à tirer au mieux son épingle du jeu.

CHAPITRE 7

In countries which used to hail the fall of Austria as progress, its administration is now being written about in approving terms. Perhaps it could only work in a period when there were men who had gone to university not in order to make as much money as possible later, but in order to dedicate themselves to the country they loved and to which they felt an obligation, no matter which language group they belonged to.
"Dans les pays qui saluaient la chute de l'Autriche comme un progrès, on écrit maintenant sur son administration en termes approbateurs. Peut-être le pays ne pouvait-il fonctionner qu'à une époque où il y avait des hommes qui étaient allés à l'université non pas pour gagner le plus d'argent possible plus tard, mais pour se consacrer à la patrie qu'ils aimaient et envers laquelle ils se sentaient obligés, quel que soit le groupe linguistique auquel ils appartenaient."

ALFONS CLARY-ALDRINGEN,
A European Past: Memoirs by Prince Clary (1978).

I

L'Europe centrale est pleine de gens incapables, encore aujourd'hui, de désigner précisément le pays d'origine de leur famille. Dans une région où les frontières ont si souvent bougé en un siècle, on pouvait changer quatre fois de pays sans quitter son village.

Parmi les personnes que je rencontre à Vienne, beaucoup ont une histoire familiale mouvementée. Mais la discrétion est de mise. Bien souvent, c'est une remarque anodine qui me met la puce à l'oreille. Mais au début de mon séjour, comme je ne possède pas tous les codes nécessaires pour détecter et décoder ces messages implicites, nul doute que la plupart m'échappent encore.

Un jour, j'écris un article sur le renouveau du dirndl, le costume traditionnel féminin. J'aperçois souvent dans la rue des femmes portant ces amples jupes longues couvertes par un tablier. Je me demande pourquoi les Autrichiens raffolent de ces tenues alors que leurs équivalents néerlandais ne sont plus portés que pour amuser les touristes en visite à Urk ou à Volendam. Des connaissances me mettent alors en contact avec Ariane Tueni, une Autrichienne possédant un vaste assortiment de costumes du Burgenland, une province limitrophe de la Hongrie. Elle a autrefois travaillé pour les Nations unies – l'Autriche se définissant comme "neutre" (voire comme "pont entre l'Est et l'Ouest"), Vienne est, après New York et Genève, la troisième ville siège de l'ONU. Depuis son départ à la retraite, Tueni travaille à mi-temps comme guide touristique dans la capitale. Elle m'explique que le goût de Hitler pour les dirndls et les culottes de peau a longtemps frappé d'interdit ces vêtements dans l'Autriche et l'Allemagne d'après-guerre. Les dirndls évoquent la vie à la ferme, les paysannes aux joues rouges comme des pommes et l'hymne national chanté en chœur. La connotation nazie a oblitéré et sali pendant des décennies cette image de fraîche simplicité. Le fait que les femmes recommencent à se marier en dirndl, qu'elles en portent pour les fêtes, et que même H&M se soit mis à en vendre lors de la saison des bals viennois montre que le regard porté sur la guerre est plus distancié. Et peut-être aussi que l'extrême droite est de retour. Le même phénomène s'observe en Bavière.

Tueni ne collectionne et n'archive que les dirndls classiques du Burgenland couvrant le corps du cou aux chevilles – pas les costumes courts, frivoles, aux motifs bariolés et extravagants qui sont maintenant à la mode. Dans les années 1980, elle était une des rares Autrichiennes à oser se montrer dans la rue en dirndl. Elle en portait aussi à son travail. Aux Nations unies, personne n'y prêtait la moindre attention. Ses collègues indiennes et africaines venaient elles aussi régulièrement au bureau en costume traditionnel. Et puis, se souvient-elle, "la folie du dirndl a commencé. Les serveuses de restaurants et les marchandes de boutiques de souvenirs se sont mises à en porter. Des modèles vulgaires et sexys, aux couleurs criardes. Rien à voir avec mes propres costumes, sobres et ornés de motifs traditionnels. Pourtant, il arrivait que des passants me prennent pour une vendeuse de souvenirs et me demandent : « À quelle heure ouvre le magasin ? » Ou qu'ils croient avoir affaire à une serveuse et me commandent une bière". Depuis lors, Tueni parcourt de nouveau les rues en pantalon et pull-over.

Tout est politique, en fait, même les dirndls.

Un jour de juillet, je discute de la guerre et de ses séquelles avec Tueni dans son petit appartement du 8e arrondissement. Il fait une chaleur étouffante. Et voilà que, soudain, elle se met à me raconter qu'étant encore enfant, elle était passée de Hongrie en Autriche avec sa mère, elles avaient mis des semaines. À pied. Elles fuyaient l'armée russe qui progressait d'est en ouest.

Tout d'un coup, une lucarne s'ouvre. Je suis intriguée. La fuite doit voir eu lieu en 1956, pendant le soulèvement de la Hongrie. Je pose prudemment quelques questions, mais Tueni n'a visiblement pas envie d'en dire plus. Absolument aucune envie, c'est clair. La lucarne se referme immédiatement.

Une autre fois, je bavarde avec une de mes connaissances autrichiennes alors que le président russe est en visite à Vienne. Dans quasiment toute l'Europe, Vladimir Poutine n'est plus le bienvenu. Sauf ici. Il vient skier incognito en Autriche. À Vienne, il loge parfois à l'Hotel Imperial, sur le Ring. Tout nouveau gouvernement autrichien rend une de ses premières visites de travail à Moscou. Après l'affaire Skripal, l'ancien espion russe empoisonné par ses ex-collègues en Angleterre, l'Union européenne a expulsé plusieurs diplomates russes ; l'Autriche n'en a renvoyé aucun. En Russie, les plus grandes banques étrangères sont autrichiennes. D'où vient cette inclination des Autrichiens pour la Russie ?

Une nouvelle fenêtre s'ouvre. Mon interlocuteur m'explique que les Alliés ont partagé l'Autriche en quatre zones d'occupation après la Seconde Guerre mondiale. L'une d'elles était administrée par les Russes. Ceux-ci sont restés dix ans. Ils ne sont partis qu'en septembre 1955. L'événement est plus singulier qu'il n'en a l'air, car les Russes n'ont jamais quitté les autres pays de la région. En Hongrie, ils sont restés ; en Tchécoslovaquie, ils sont restés ; en Pologne, et ainsi de suite. Il n'y a qu'en Autriche et en Finlande qu'ils se soient retirés. À une condition : que ces deux pays restent neutres. L'Allemagne et l'Italie faisaient partie de l'Otan. La Suisse était neutre. En restant neutre elle aussi, l'Autriche empêcherait l'Otan de se déployer en ligne droite du nord au sud de l'Europe afin d'établir un front solide et régulier contre l'Union soviétique. Telle est la promesse que les Autrichiens ont faite, informellement, à Moscou. Et qu'ils ont respectée scrupuleusement. Depuis les années 1950, personne en Autriche n'ignore le dicton : "Il ne faut jamais marcher sur la queue de l'ours russe."

Les Autrichiens ont toujours craint le retour de l'Armée rouge s'ils renonçaient à leur neutralité. Le pays n'est devenu membre de l'Union européenne qu'en 1995, après la chute définitive du rideau de fer. Il n'est toujours pas membre de l'Otan. Peu d'Autrichiens le souhaitent. Aucun pays européen n'est aussi anti-américain que l'Autriche.

Les Russes nous sortent par les yeux, m'assure mon interlocuteur après avoir terminé ses explications. Il est significatif que le mémorial de l'Armée rouge à Vienne ait été surnommé le "Monument du violeur russe" par la population. "Mais nous évitons toujours de marcher sur la queue de l'ours."

Je lui demande, incrédule : "Vous craignez vraiment un retour des Russes ? – Bien sûr que oui, répond-il. La Russie n'a-t-elle pas annexé la Crimée et une partie de l'Ukraine ? Et elle menace les pays baltes et la Norvège en faisant voler ses avions de chasse et en organisant des exercices militaires le long de leurs frontières."

Cela me fait soudain penser au prof d'équitation de ma fille, qui n'arrêtait pas de nous demander si les Russes allaient revenir. Quand nous lui disions que non, il n'avait jamais l'air tout à fait convaincu. Et il revenait à la charge. Chaque fois que les Russes jouaient un de leurs sales tours, il nous lançait un regard qui disait : vous voyez bien que j'avais raison !

II

Tous ces traumatismes encore présents en Europe centrale et orientale – déplacements de populations, déracinement, peur de l'occupation – n'ont pas été causés par les Habsbourg. Mais l'origine de ces drames remonte à leur empire, où les populations étaient très mélangées. Entre les différents groupes linguistiques, il existait certes des frontières, mais celles-ci n'avaient pas grande importance pour la plupart des gens. Lorsque des frontières nationales furent tracées d'un jour à l'autre à la chute de l'empire, bien des gens se retrouvèrent du mauvais côté de l'une d'elles. Au début, les gens ne s'en rendaient bien souvent même pas compte. Beaucoup pensaient que, quelles que soient leur origine ou leur langue maternelle, ils pourraient devenir de bons citoyens des nouveaux États-nations. Ils faisaient de leur mieux pour s'intégrer. Plus tard, dans les années 1930 et 1940, ils s'en sont cruellement mordu les doigts. Les plus chanceux furent expulsés et eurent la vie sauve, mais beaucoup d'autres, moins heureux, finirent massacrés.

Le politologue bulgare Ivan Krastev, membre permanent de l'institut de recherche viennois IWM, a fait observer que la plupart des pays ex-communistes d'Europe centrale et orientale sont ethniquement beaucoup plus "purs" que les pays d'Europe de l'Ouest. L'idée que l'État doit se confondre avec la nation y est tout à fait normale après soixante-dix, quatre-vingts ans d'épuration. Cette conception explique en partie qu'il soit si difficile de convaincre ces pays d'accueillir des réfugiés.

Une de mes amies viennoises me raconte qu'il existe un schisme dans sa famille. La première moitié veut tenter de récupérer ses anciennes maisons en Bohême, autrement dit en République tchèque. L'autre moitié ne veut plus jamais de sa vie avoir affaire à ce pays, et préfère tirer un trait sur leurs anciennes propriétés. Cette famille germanophone a habité pendant des siècles dans les mêmes lieux, dans les mêmes maisons. Un matin de 1918, ses membres se sont réveillés, non plus dans l'empire des Habsbourg, mais en Tchécoslovaquie. La Tchécoslovaquie était une région prospère, le cœur industriel de l'empire. Les lois linguistiques avaient toujours constitué une pomme de discorde entre les tchécophones et les germanophones. Aux yeux des Tchèques, les locuteurs de l'allemand tiraient avantage de la domination de leur langue dans l'empire. Au temps des Habsbourg, tous les habitants de Bohême et de Moravie (ce qui correspond à la République tchèque actuelle) parlaient allemand, mais à l'inverse tout le monde ne parlait pas tchèque. Après l'effondrement de l'empire, les germanophones furent autorisés à rester. Mais leur pays avait clairement changé de maîtres : le pouvoir était passé aux mains de la population de langue maternelle tchèque. La législation applicable aux germanophones devint de plus en plus restrictive. Leurs impôts augmentèrent considérablement. Prague se mit à délaisser les régions où ils habitaient. Après 1945, les communistes confisquèrent tous leurs biens. De nombreux germanophones se réfugièrent en Allemagne ou en Autriche. Après la chute du Mur, certains ont récupéré une partie de leurs biens. Mais pas tout, loin de là, et parfois même presque rien. La principauté du Liechtenstein a ainsi déposé une plainte contre la République tchèque auprès de la Cour européenne des droits de l'homme. La famille des princes de Liechtenstein, qui détenait d'importants domaines en Bohême-Moravie au temps des Habsbourg, n'avait pas réussi à récupérer grand-chose malgré des décennies d'action diplomatique – les Tchèques les ayant enregistrés comme "Allemands" au motif que leur première langue était l'allemand. Mais les Liechtensteinois arguent qu'ils ne sont en aucun cas allemands, pas plus aujourd'hui qu'hier.

Un livre particulièrement éclairant sur la situation prévalant pendant cette période est *A European Past*, les Mémoires du prince Alfons Clary. Il s'agit de l'ouvrage bien élevé d'un homme bien élevé. Toutes les remarques désobligeantes semblent avoir été prononcées pendant que le prince était sorti dans le couloir. Les Clary étaient une famille cosmopolite, mais en Bohême, ils étaient considérés comme germanophones. La lignée avait quitté le Frioul vers 1600, était passée par le Tyrol, et avait pris pied en Bohême, d'où elle n'était plus jamais partie. Les Clary étaient une famille on ne peut plus habsbourgeoise. Beaucoup travaillaient au service de l'empereur, comme militaires, hommes politiques ou hauts fonctionnaires. Après 1918, le prince Alfons, âgé de trente et un ans, officier rescapé d'une armée défaite, revint s'occuper des possessions familiales. Il allait par la suite accumuler les déconvenues.

Les choix faits par cette famille après la Première Guerre mondiale montrent l'étendue de la naïveté dont les Habsbourgeois pouvaient faire montre en matière de loyauté politique ou d'appartenance identitaire. Tout le monde, y compris Alfons, partait du principe que la vie reprendrait son cours habituel après 1918. On pensait que les petits États issus du démembrement de l'immense empire poursuivraient sur la même voie. Que les frontières resteraient ouvertes. Que les mêmes principes éthiques et les mêmes positions pragmatiques resteraient en vigueur. Que tous les habitants continueraient à jouir des mêmes droits. Tel était l'ordre ancien. C'est sur ces bases que la Tchécoslovaquie avait acquis cette belle prospérité. Les émotions prenaient temporairement le dessus, mais la raison allait bientôt triompher.

Un livre fascinant, surtout aujourd'hui. Nous vivons de nouveau une époque de grandes turbulences géopolitiques. Et beaucoup pensent, comme autrefois, que la raison finira par triompher.

À l'époque, ce pronostic paraissait raisonnable. Mais c'est le contraire qui s'est produit. À la suite de la réforme agraire décidée par la nouvelle république, les Clary, grands propriétaires fonciers, perdirent de vastes possessions : 12 000 hectares de terres agricoles et presque le double de forêts. Le prince pouvait garder le domaine non confisqué de Teplice à condition de payer d'avance une taxe de 20 % de sa valeur totale. Teplice était en mauvais état. Mais il paya quand même. Pour réunir la somme exigée, il vendit la demeure familiale viennoise de la Herrengasse. Autrefois, il courait toujours par monts et par vaux, filant de Vienne à Prague ou, pendant la guerre, combattant quelque part sur le front russe. À Teplice, il devint agriculteur à temps plein, brasseur, ainsi qu'une foule d'autres choses. Il ouvrit une laiterie, une boulangerie, une scierie, une mine de charbon et une sorte d'établissement thermal.

Il écrit : "J'étais autrichien, et je le restai, malgré la disparition de mon ancien pays aux visages si divers. Mais c'est seulement alors que je devins aussi citoyen de Bohême – le terme d'« Allemand des Sudètes » commença à se répandre à cette époque. Aux yeux de mes compatriotes, je n'étais plus ce demi-étranger, cette personne internationale. Je travaillais avec eux, et eux avec moi – nous apprenions enfin à nous connaître."

Mais si les tchécophones se considéraient comme une minorité opprimée par les germanophones au temps des Habsbourg, les rôles étaient maintenant inversés. La nouvelle république était dirigée par les tchécophones et elle servait leurs intérêts. Les germanophones s'y trouvaient de plus en plus marginalisés. On leur imposait des taxes et des interdictions. Un jour, Clary, usant des quelques contacts qu'il possédait encore auprès du nouveau pouvoir politique, réussit à obtenir un rendez-vous avec le président Masaryk. Une fois dans le château présidentiel, qui domine la ville de sa haute silhouette, il remarqua que le mobilier était resté celui déjà en usage au temps de l'impératrice Marie-Thérèse. Un grand portrait de l'empereur Léopold II trônait audessus du fauteuil du président.

Masaryk n'avait pas ménagé sa peine pour saper les fondements de l'empire, et lui porter le coup final le moment venu. Clary n'avait toujours pas fait son deuil de l'ordre ancien. À eux deux, ils formaient un beau duo. Le président s'enquit des plaintes des germanophones en Bohême, il écouta le prince pendant deux heures, puis il lui répondit que ses compatriotes allaient devoir s'adapter et se montrer de loyaux citoyens de la nouvelle république. Fin de l'entretien. "Cette conversation n'eut strictement aucun résultat", conclut Clary.

À la fin des années 1930, il refit une tentative pour demander aux nouveaux gouvernants de mieux traiter les germanophones et de leur accorder un rôle dans la gestion du pays. Il rencontra cette fois le ministre des Affaires étrangères Edvard Beneš, qui avait autrefois écrit un livre intitulé *Détruisez l'Autriche-Hongrie !* L'entretien eut lieu à un moment où les germanophones faisaient face à d'immenses difficultés. Le marché mondial du charbon s'était effondré. La quasi-totalité des mines de houille se situaient en Bohême. Dans la région, de nombreux enfants souffraient tellement de la faim qu'ils ne pouvaient pas aller à l'école. Le gouvernement aidait les parties du pays où on parlait tchèque, argumenta Clary. Pourquoi ne faisait-il rien pour les germanophones ? Le ministre Beneš ne se laissa pas émouvoir. Finalement, ce furent les Clary, aidés d'autres germanophones suffisamment fortunés, qui organisèrent une sorte de sécurité sociale pour les plus démunis. Mais le gouvernement considéra leur action comme une motion de défiance envers l'État.

En 1945, les Clary prirent la fuite devant les communistes. Sans rien emporter. Avec beaucoup de chance, et l'aide de quelques-uns de leurs employés tchèques, ils réussirent à gagner l'Allemagne, où ils furent hébergés par des parents. Finalement, ils s'installèrent dans la seule maison dont ils restaient propriétaires. À Venise. Ils n'avaient plus un sou. Les gens leur "prêtaient" du bois de chauffage pour l'hiver.

III

Je profite d'une journée où j'ai des affaires à régler à Paris pour aller voir Jacques Rupnik. Ce Tchèque d'origine est né à Prague en 1950. Ses parents ont fui le pays pendant son enfance. Rupnik a ainsi pu étudier à Paris et à Harvard. Actuellement, il enseigne, entre autres, à Sciences Po. Je l'attends à la réception de cette célèbre institution. Il descend l'escalier, vêtu d'un costume en velours côtelé, et m'invite : "Allons prendre un café quelque part."

Ce que montrent les histoires comme celles de Clary, m'explique-t-il dans un café de la rue Jacob, c'est que les pays d'Europe centrale et orientale ont besoin d'un toit. D'une structure supranationale capable de neutraliser les tensions et les rivalités entre eux. Suffisamment forte pour éviter qu'ils ne se disputent, comme ils n'ont cessé de le faire entre 1918 et 1938 (la seule période où ils n'aient pas fait partie d'une entité politique plus importante). "Les Habsbourg leur offraient une telle superstructure. Actuellement, l'Union européenne la leur fournit. L'Union constitue dans cette optique l'équivalent fonctionnel de l'empire."

"Habsbourg" demeure un sujet sensible pour beaucoup de Tchèques, affirme-t-il. La victimisation a la peau dure – nous étions une minorité opprimée : une rengaine ressassée dans toute la région. Pourtant, remarque Rupnik, sans les Autrichiens, rien n'aurait fait contrepoids à la puissante Allemagne – et les Tchèques s'en seraient beaucoup moins bien tirés que sous les Habsbourg. Dans l'empire, leur problème ne venait pas tant du monarque viennois, que des Hongrois. La Hongrie détenait un droit de veto dans de nombreux domaines. Chaque fois qu'elle le pouvait, elle s'opposait aux revendications tchèques visant à obtenir une plus grande autonomie ou de nouveaux droits. La Hongrie jouissait elle-même d'une grande autonomie et de nombreux droits. Mais l'attribution de nouvelles facilités linguistiques aux Tchèques pouvait, craignait-on à Budapest, donner des idées aux Roumains et aux autres peuples de la partie hongroise. Aussi la Hongrie bloquait-elle la plupart du temps les demandes tchèques de cette nature.

Malgré tout, affirme Rupnik, "avant la Première Guerre, aucun Tchèque ou presque n'envisageait sérieusement de faire sécession ou de proclamer l'indépendance. Les Tchèques ne voulaient pas quitter l'empire. Au contraire : ils voulaient plus de droits".

Rupnik relève de nombreuses ressemblances entre l'empire des Habsbourg et l'Union européenne. Ce que les Hongrois étaient à l'empire, les Britanniques l'ont été à l'Union au cours des dernières décennies. Faire obstacle à tout et brandir son droit de veto. Ne penser qu'à soi. Se poser en observateur extérieur critique, alors qu'on est en réalité un décideur influent au sein de l'institution. Depuis le traité de Maastricht, en 1992, les Britanniques se sont engagés dans une autre voie que le reste de l'Union. Quand celle-ci a décidé de renforcer son intégration politique, les Britanniques se sont tenus à l'écart. Ils ont exigé, et obtenu, coup sur coup des clauses dérogatoires et des mesures d'exception. Pour eux, pas d'euro, pas de Schengen, pas de coopération judiciaire, pas d'union bancaire, rien… Dans l'empire des Habsbourg, les Hongrois pratiquaient une politique tout à fait comparable. Et dans un cas comme dans l'autre, cette tactique était très payante.

Les Britanniques ont fini par quitter le navire. Mais aucun autre pays ne souhaite sortir de l'Union. Ni la Hongrie, ni la Pologne, qui ont ces dernières années sapé leur État de droit démocratique, et violé sciemment diverses règles européennes. Viktor Orbán et Jarosław Kaczyński se plaignent des ingérences de Bruxelles, de ses diktats et de ses leçons de morale juridiques. Ils jouent les fortes têtes – mais ils veillent à ne jamais risquer l'exclusion. Parce que leurs pays vivent de l'Union : ils sont les deux plus gros bénéficiaires de subventions européennes. Orbán et Kaczyński savent très bien que nombre de leurs concitoyens sont satisfaits de leur appartenance à l'Union. "L'eurocommissaire Timmermans n'était guère apprécié par les gouvernements au pouvoir à Varsovie et à Budapest, explique Rupnik. Mais ne vous y trompez pas : beaucoup de Polonais et de Hongrois ordinaires avaient placé leurs espoirs en lui. Timmermans était à leurs yeux le seul à pouvoir mettre un frein au démantèlement de l'État de droit dans leur pays. Il n'y est pas parvenu parce que les États membres, qui décident en dernier ressort, n'ont pas osé sanctionner la Pologne et la Hongrie. Mais il a fait ce qu'il a pu, et beaucoup de gens le savent."

Ces considérations l'amènent à tracer un autre parallèle historique à propos de l'État de droit. "L'empire des Habsbourg et l'Union sont tous les deux des systèmes totalement obsédés par les règlements et les procédures. Un marché unique ne peut fonctionner qu'à une condition : qu'il y ait des règles respectées par tous. C'est la seule façon de mettre tout le monde sur un pied d'égalité et de ne défavoriser personne."

Mais dans les deux "empires", légalité et légitimité ne font pas forcément bon ménage. Cette obsession traverse toute la littérature austro-hongroise. Lisez *L'Homme sans qualités* de Musil. Lisez Kafka. Leur œuvre dénonce l'absurdité de lois et de règles qui continuent à vivre leur vie propre après avoir perdu toute légitimité. Rares sont les romans contemporains dans cette veine, à l'exception notable de *La Capitale* de Robert Menasse, fable cynique dont les personnages antipathiques ne peuvent susciter aucune identification chez le lecteur. "Ça viendra", commente sarcastiquement Rupnik.

Rupnik pense que l'Union tiendra encore le coup un certain temps. Et que nous continuerons à bricoler des règles. Il prend l'exemple de l'euro. "Bien sûr qu'il faut des règles pour le faire fonctionner. Des règles européennes. Mais la politique est demeurée entièrement nationale. Il n'y a pas non plus de budget de la zone euro. Tous les États membres veillent sur leur souveraineté et tiennent à gérer eux-mêmes leurs finances. Les parlements nationaux ne veulent pas déléguer cette compétence. Finalement, nous tournons en rond. Au niveau européen, ça ne fonctionne pas bien, mais au niveau national non plus."

En fait, nous sommes condamnés à imiter les Habsbourg. Ne rien faire pendant un certain temps. Attendre qu'une grave crise éclate. Frôler la catastrophe en pensant : si nous ne faisons rien, tout va s'écrouler. Et alors, le couteau sous la gorge, lentement édifier des institutions communes. Juste ce qu'il faut pour ramener le calme.

On l'a vu avec la crise du Covid, qui nous a frappés si fort que Berlin a dû renoncer au dogme de l'orthodoxie budgétaire et avaler la couleuvre de la mutualisation des dettes. L'Allemagne a non seulement proposé de *donner* de l'argent aux pays les plus touchés par le virus. Mais elle a aussi accepté que cet argent soit emprunté sur les marchés financiers par la Commission européenne. Jusqu'alors, un tel mécanisme était tabou pour les Allemands.

Puis tout le monde s'est réinstallé dans l'attentisme. Jusqu'à la survenue d'une nouvelle crise.

Repeat.

Ainsi en allait-il autrefois, constate Rupnik, et ainsi en va-t-il de nos jours. Les pays européens ne veulent pas renoncer à leurs prérogatives. Mais ils veulent en même temps une couverture protectrice au-dessus de leur tête. Alors, quand la maison prend l'eau, ils se décident à grimper sur la toiture pour la réparer.

Je lui rapporte que, lors d'un récent séjour à Prague, j'ai aperçu partout des bustes de l'empereur. Sur les façades, dans les musées, et même sur des poêles. "Je suis persuadé, déclare Rupnik, que les Habsbourg avaient encore beaucoup d'avenir. Si la guerre n'avait pas éclaté, l'empire ne se serait pas effondré en 1918."

IV

“Europe, réveille-toi ! L’empire des Habsbourg a lui aussi été renversé par des mouvements séparatistes !”

Nous sommes le 2 octobre 2017. La veille, la Catalogne a tenu coûte que coûte un référendum que l’Espagne s’est efforcée d’empêcher. Je suis à Budapest, dans un vieil hôtel entièrement rénové, et j’ai dans mon assiette une escalope panée, une *Wiener Schnitzel.* Nous nous étions donné rendez-vous ici, au bord du Danube, pour discuter tranquillement des Habsbourg et de l'Europe en partageant un bon repas. Mais j'ai en face de moi un homme que ce référendum met dans tous ses états, Georg Habsbourg.

"Ce qui se passe en Catalogne est terrible ! s'indigne-t-il. Beaucoup de gens en Europe vont prendre fait et cause pour ces citoyens sans armes, expulsés *manu militari* des bureaux de vote. Mais il ne faut pas perdre de vue la situation générale. Nous assistons à des événements d'une portée bien plus vaste : les mouvements nationalistes refont leur apparition en Europe. Brexit, Catalogne – exactement les mêmes événements qu'il y a cent ans. Exactement ! À partir de 1918, tout a commencé à se fissurer jusqu'à ce qu'il ne reste plus de l'Europe en 1945 qu'un tas de ruines fumantes."

Georg Habsbourg, né en 1964, est le frère cadet de Karl, le chef de la famille, qui m'a si malicieusement fauché mon article. Leur père, Otto de Habsbourg, était le dernier prince héritier. Des amis communs m'ont assuré que Georg possède de bien meilleures antennes politiques que Karl. Peut-être pourrais-je avoir avec lui un échange un peu plus profond. Georg est conseiller du gouvernement hongrois (avec le titre d'ambassadeur itinérant), et ex-président de la Croix-Rouge hongroise. Fin 2020, Viktor Orbán le nommera ambassadeur à Paris. Je lui ai envoyé un mail, auquel il a répondu immédiatement : venez donc, je vous invite à déjeuner. À une condition : que l'entretien ne porte pas sur la politique hongroise actuelle.

Instruite par le contact que j'avais eu à Rome avec son cousin, j'avais déjà remarqué qu'il s'agissait d'un sujet délicat.

Ici, il connaît tous les serveurs. Il commande deux verres de vin et m'assure que l'escalope est absolument géniale. Nous mangerons donc des escalopes. En même temps, il enchaîne les coups de téléphone à sa femme et à ses enfants *("Mein Schatz !")* pour organiser leur transport à la sortie de l'école.

Mais pour le reste, il ne se laisse pas distraire. Les Catalans l'inquiètent. Un vrai moulin à paroles.

Sur les causes exactes de la chute de l'empire, les désaccords persistent, reconnaît-il. "Mais une chose est sûre : l'implosion a été amorcée dans divers coins de l'empire par des groupuscules nationalistes. Chacun leur tour. On aurait dit une réaction en chaîne. Le processus a commencé avec l'assassinat du prince héritier François-Ferdinand par les Serbes à Sarajevo. L'événement a déclenché la Première Guerre mondiale. Beaucoup de gens pensaient : nous allons gagner, puis tout rentrera dans l'ordre. Mais ce n'est pas ce qui s'est passé. Les nationalistes d'autres régions de l'empire ont profité de l'occasion pour déclencher à leur tour la lutte pour l'indépendance. La guerre s'est propagée dans une grande partie de l'Europe, semant la misère et la désolation. Cette catastrophe a formé le terreau d'où sont sortis le national-socialisme et le communisme. Les gens feraient bien de ne pas oublier cette leçon de l'histoire. Regardez la Catalogne : nous vivons une époque où tout cela pourrait revenir."

L'empire se serait-il aussi écroulé sans la guerre ? Non, sans doute pas, estime-t-il. L'action des nationalistes a consisté à frapper au moment où l'État était le plus faible. Les gens souffraient de la faim, perdaient leur travail, et ceux qu'ils aimaient, et tout l'argent disponible était envoyé au front. L'indépendance leur est, pour ainsi dire, tombée rôtie dans le bec.

Un tableau qui peut sembler apocalyptique, admet Georg Habsbourg, mais il croit sincèrement que l'Union européenne est en danger. Il se lance dans un nouveau parallèle historique : il y a cent ans, personne ne prenait au sérieux les gens qui prédisaient que la révolte serbe allait dégénérer. À peine la Première ministre britannique Theresa May avait-elle déposé la demande officielle de sortie de l'Union qu'une querelle a éclaté sur le futur statut de Gibraltar. L'Espagne aurait un droit de veto sur tout règlement avec Londres. "Et il s'est tout de suite trouvé un homme politique britannique pour déclarer que Londres devait dépêcher des troupes à Gibraltar pour résoudre militairement l'affaire. Alerte ! Il existe des centaines de groupes de réflexion où le problème pouvait être abordé. Pourquoi personne n'a-t-il critiqué cette déclaration ? Pourquoi aucun Britannique n'a-t-il dit : arrêtons cette folie, cela va mal se terminer ? N'avons-nous donc rien appris de l'histoire ? Cela me fait dire : nous fonçons vers l'abîme à tombeau ouvert !"

La *Schnitzel* est servie. Elle est exactement comme elle doit être : ultra-fine et géante. Elle dépasse des bords de mon immense assiette. Notre table est petite. Il ne reste presque plus de place pour mon bloc-notes.

"Les Catalans ont tout, constate Georg Habsbourg. Leur propre langue, leurs tribunaux, leurs écoles et leurs médias. Les seules choses qui manquent à la Catalogne sont une armée, une politique étrangère, des passeports et des ambassades. Un tel degré d'autonomie a de quoi faire des jaloux. Prenez les Hongrois de Transylvanie. Ils n'ont rien."

La naïveté des Catalans, il n'y croit pas. Le mouvement indépendantiste n'a pas pris son essor par hasard pendant la crise économique. Les Catalans ont longtemps vécu au-dessus de leurs moyens. Leur économie ne tenait pas debout. "Et que fait-on quand on est plongé dans une crise qu'on a soi-même provoquée, et dont on ne sait pas comment sortir ? On détourne l'attention sur autre chose, vers laquelle convergent tous les regards. On tente de dissimuler le vrai problème. Mais attention, on peut perdre le contrôle de ce genre d'opération. Trop peu de gens ont dit : cette politique ne va faire qu'aggraver nos problèmes économiques. Ou bien : bientôt, on va se retrouver exclu de l'Union. N'importe quel imbécile peut vous dire qu'on ne réintègre pas l'Union européenne sur un claquement de doigts."

Georg Habsbourg a participé en qualité d'ambassadeur aux négociations d'adhésion de la Hongrie à l'Union européenne. Qu'est-ce qu'on ne vous fait pas faire pour en arriver là ! soupire-t-il. Les gens ne s'imaginent pas. "Des années de travail ! Sans compter qu'une fois les pourparlers terminés, il faut encore que chacun des États membres donne son accord à l'adhésion. Et je peux vous le garantir : beaucoup d'États refuseraient l'entrée de la Catalogne. Presque tous ont chez eux une petite Catalogne."

L'Union est longtemps restée muette sur le cas catalan. Une bêtise, d'après lui. Bruxelles aurait dû réagir immédiatement et faire clairement savoir qu'on pouvait parler de tout, mais qu'en Espagne la loi est la loi, et qu'elle doit être respectée. Le juge a déclaré le référendum illégal.

Les Habsbourg, soupire Georg, avaient à leur actif la *Reichsidee*, la notion d'empire, d'un ordre supranational. La double monarchie était un État de droit supranational doté de règles visant précisément à garder la maîtrise de ce genre de problèmes régionaux. Ces règles valaient pour tous. L'Union repose elle aussi sur un tel système. Il a été représentant spécial auprès du Parlement européen après l'adhésion de la Hongrie en 2004. Il connaît bien Bruxelles et la mécanique européenne. "Cela constitue le fondement de tout ce que nous avons bâti en soixante-dix ans. Bruxelles aurait dû se montrer beaucoup plus ferme."

Que peuvent faire les Catalans maintenant ? demandé-je.

"Ils sont acculés. Je ne vois pour eux qu'une seule issue : qu'ils travaillent à renforcer la régionalisation au sein de l'Union. Les pays sont bien représentés à Bruxelles grâce au Conseil. Les citoyens également, par le Parlement. Mais les régions n'ont guère d'influence. Si les Catalans sont malins, ils développeront des structures régionales au sein du Parlement européen. Cela permettrait aux députés de voter aussi sur des bases régionales, et pas seulement en fonction de leur famille politique ou de leur pays. Je pense que cette option pourrait séduire de nombreuses régions. Les intérêts ont souvent un caractère transfrontalier. Jamais on ne brisera le pouvoir des États-nations en Europe. Mais les régions pourraient constituer un contrepoids et s'affirmer comme de nouveaux acteurs dans la structure actuelle."

Les livres de Stefan Zweig, Joseph Roth et de nombre de leurs contemporains témoignent d'un "esprit du temps" marqué, il y a une centaine d'années, par le pessimisme et le cynisme. Assiste-t-on aujourd'hui au retour de cette sensibilité ?

"Oui, au sens où beaucoup de gens ne perçoivent pas les signes avant-coureurs. Pas plus aujourd'hui qu'à l'époque. Mon grand-père Charles, le dernier empereur, avait su les voir. Il voulait arrêter la guerre le plus vite possible. Mais l'Allemagne, notre alliée, voulait à toute force continuer à se battre. Mon grand-père s'est retrouvé seul. Et il a vu s'effondrer tout l'édifice.

Ma génération est tellement gâtée, philosophe Georg Habsbourg en dégustant un gâteau hongrois et une tasse de thé rouge au miel. Nous avons tout. Pas de violence, pas de guerre. Nous voyageons sans passeport dans toute l'Europe. La plupart des Européens ont vécu soixante-dix ans de paix et de prospérité. Il y a eu des ratés, bien sûr. Nous sortons juste de plusieurs années de crise. Mais faut-il pour cela remettre en question tout ce que nous avons construit ? Nous vivons dans un monde irréel. Comme des Télétubbies. Le gouvernement espagnol a commis quelques erreurs, soit, mais les Catalans n'ont jamais vécu une période aussi faste. Ils croisent les bras et pleurnichent pour avoir des ambassadeurs dans différents pays. Et toute l'Europe trouve ça sympathique. Un Catalan passe à la télé, au beau milieu d'une échauffourée, son fils de trois ans sur les épaules. Qu'est-ce qui peut pousser un homme à entraîner son petit garçon dans une manifestation interdite ? Or il se trouve beaucoup d'Européens pour trouver son geste sympathique. Je crains le pire. Les gens ne comprennent pas où tout cela peut nous mener."

L'inconscience actuelle rappelle-t-elle celle d'il y a cent ans ?

"En un certain sens, oui. L'empereur François-Joseph a régné soixante-huit ans. De 1848 jusqu'à sa mort en 1916. Soixante-huit ans ! Une longévité dont nous n'avons plus idée. Beaucoup de gens sont nés sous François-Joseph, sont allés à l'école, se sont mariés, et sont morts sous François-Joseph. Ils ne pouvaient pas s'imaginer le monde sans lui. Eux aussi vivaient dans un monde irréel. Mais entre hier et aujourd'hui, il existe une différence capitale. Chaque fois qu'il prenait une décision, l'empereur savait qu'il pouvait encore en subir les conséquences quarante ans plus tard. Il ne pouvait pas dire, comme nos hommes politiques : « Tant pis, après moi le déluge ! Je passe quelques années ici, et ensuite, j'aurai toujours ma villa en Toscane et mon ranch au Chili. » Non, l'empereur menait une politique de long terme. Les dirigeants politiques actuels ont la vue courte et suivent leurs impulsions. Ils sondent les émotions du moment et ils les exploitent. Aujourd'hui, il est urgent, justement pour cette raison, de ressortir nos livres d'histoire des rayonnages, pour y apprendre ce que les mouvements séparatistes du passé ont engendré. Une longue suite de malheurs, hélas !"

Il se lève et règle l'addition. Son portable sonne. Sa femme, à ce que je comprends.

“Désolé de m’être focalisé pendant deux heures sur les Catalans”, s’excuse-t-il, le téléphone collé à l’oreille. Il récupère sa doudoune sur la banquette et me serre la main. “J’espère que vous arriverez à tirer quelque chose de notre entretien. Je dois filer. Ma fille m’attend.”

Et il disparaît.

CHAPITRE 8

The lesson to draw [...] from the collapse of the Habsburg Empire on hundred years ago is that of the fragility of order. States and institutions are not as solid as they look.

"La leçon à tirer [...] de l'effondrement de l'empire des Habsbourg il y a cent ans est celle de la fragilité de l'ordre. Les États et les institutions ne sont pas aussi solides qu'ils en ont l'air."

Robert Cooper, "Why History Matters: the Fragility of Order", in *Diplomacy: Austrian Journal of International Studies*, n° 1 (2019).

I

Dans de nombreux pays, les anciens palais royaux ou impériaux sont devenus des musées. À Vienne, la Hofburg, l'épicentre de l'ancien empire, abrite également plusieurs musées. Mais la plus grande partie de cet immense complexe, inextricable labyrinthe de couloirs et de portes, continue de servir d'espace de bureaux. Une foule d'employés s'y pressent tous les jours.

Le président autrichien y a sa chancellerie. Je connais des gens qui y travaillent. Chaque fois que je passe devant l'aile où elle se situe, je jette un coup d'œil sur l'étage supérieur. La lumière est-elle encore allumée ? La porte de son balcon est-elle ouverte ? L'Organisation pour la sécurité et la coopération en Europe, l'OSCE, a également son siège dans la Hofburg : c'est une des rares institutions internationales où la Russie et les États-Unis tentent encore de dialoguer sur la sécurité. La Bibliothèque nationale, où mes enfants vont souvent préparer leurs devoirs et leurs examens, se situe à un autre emplacement du complexe. Et les anciennes salles de bal impériales, conformément à leur destination initiale, servent encore à organiser des bals.

J'ai grand plaisir à me plonger dans le monde des Habsbourg. La nostalgie qui l'entoure suscite ma curiosité et mon intérêt. Il y a d'autre part tant de leçons à tirer de son histoire. Un de ses rituels ne trouve pourtant pas grâce à mes yeux : les bals viennois.

Chaque année, les pharmaciens ont leur bal. Les élèves du lycée français ont leur bal. Les ramoneurs, les fonctionnaires, les universitaires, les avocats, les maçons, les propriétaires de cafés, les provinces – tout le monde, sans exception, a le sien. Rien que dans le palais de la Hofburg, il s'en donne annuellement quatre cents, la plupart d'entre eux en hiver. Encore aujourd'hui. La majorité des Autrichiens les trouve magnifiques. Sans doute existe-t-il quelques originaux qui s'en désintéressent, mais je n'en ai jusqu'à présent rencontré aucun. Je connais des gens qui planifient leurs congés un an à l'avance en fonction du calendrier des bals. Après chacun d'eux, ils prennent une journée de repos pour se remettre de leurs émotions.

Les bals ont une forte connotation habsbourgeoise. Personne ne les a mieux décrits qu'Arthur Schnitzler, il y a un siècle. Dans l'empire, où la vie se répétait tous les jours sans grand changement, les gens se défoulaient dans la mascarade. Le théâtre, l'opéra et les bals masqués faisaient office de soupapes de sécurité. L'espace d'un instant, on pouvait s'offrir l'illusion de vivre dans un autre monde. D'être quelqu'un d'autre. En se glissant dans la peau d'un étranger, on pouvait commettre des actes excitants et amoraux. Dans *La Nouvelle rêvée* de Schnitzler[1], un homme et une femme encore jeunes pimentent leur banale existence de couple en menant chacun de leur côté une double vie dissolue, parfois dangereuse, sur laquelle ils s'échangent quelques rares renseignements. Eux-mêmes ne savent plus si leur seconde personnalité est réelle ou rêvée. La dernière scène de la nouvelle nous montre le couple en train de prendre tranquillement le petit-déjeuner après une nuit de débauche.

On dit que Freud a félicité Schnitzler pour avoir réussi à décrypter et à coucher sur le papier des instincts et des pulsions que lui, le psychiatre, n'avait réussi à débusquer chez ses patients qu'au prix de centaines de séances.

1. Arthur Schnitzler, *Traumnovelle*, 1926. Il en existe deux traductions françaises : celle de Philippe Forget, sous le titre *La Nouvelle rêvée*, Garnier-Flammarion, 2002, et celle de Pierre Deshusses, intitulée *Double rêve*, Payot et Rivage, 2010.

Les bals masqués étaient initialement des divertissements caractéristiques de l'aristocratie et de la haute bourgeoisie. Au XVIIIe siècle, l'impératrice Marie-Thérèse et son époux organisaient chaque année pendant le carnaval un bal masqué et costumé, réservé à la noblesse, où les invités devaient se déguiser en paysan, cuisinier ou jardinier. L'assortiment des tenues s'élargit rapidement et les hôtes apparurent travestis en Turc, en esclave ou en Chinois. Joseph II, fils de Marie-Thérèse et réformateur le plus radical de toute la dynastie, fut le premier à autoriser les bals aux classes populaires. Celles-ci profitèrent bien sûr de l'occasion pour se déguiser, qui en roi, qui en princesse. La noblesse s'habillait au-dessous de sa condition, et le peuple, à l'inverse, au-dessus.

En un certain sens, rien n'a changé. Tous les danseurs se défoulent dans leur identité d'emprunt. S'ils avaient le goût de la gaudriole, l'atmosphère serait aussi vulgaire et insupportable que celle des carnavals néerlandais. Mais toute cette comédie est jouée avec un tel sérieux qu'elle en devient insupportable. Pour moi, en tout cas. Les bals n'ont pas de double fond – non, le double fond domine tous les bals.

C'est un trait caractéristique de l'Autriche. Beaucoup de choses sont doubles dans ce pays. Il appartient à l'Est, il appartient à l'Ouest, et il joue à l'occasion un camp contre l'autre. Il essaie aussi, bien sûr, de tirer avantage des deux. Les Autrichiens détestent l'Union européenne, tout en profitant grassement de ses largesses. En politique, la gauche et la droite se vouent aux gémonies – aujourd'hui encore, chaque camp a ses propres journaux, ses propres mutuelles de santé, ses propres villages de vacances et clubs de sport – alors qu'elles ont formé ensemble presque toutes les coalitions qui ont dirigé le pays depuis la guerre. L'Autriche demeure un pays conservateur, mais c'est aussi celui où les premiers magasins de produits diététiques ont vu le jour. Ici, l'apparence et la réalité se télescopent sans cesse. Tout est faux-semblant.

Je demande à Erhard Busek, homme politique de droite retiré des affaires, comment son pays peut continuer ses tours de passe-passe, ses éternels louvoiements et volte-face. Busek me jette un regard amusé. Ma question concerne un de ses sujets favoris. Il répond sans hésiter : "Vienne est la capitale d'un ancien empire, ne l'oubliez pas. Nous raffolons des opérettes, des mascarades et de l'étiquette. Ces préférences sont inscrites dans nos gènes, pour toujours. C'est notre manière de tirer le meilleur parti des choses."

Pour étudier la fabrique d'illusions autrichienne, il n'y a donc pas de meilleur endroit qu'une salle de bal baroque de la Hofburg.

Dans l'intérêt de mon enquête, je me suis donc résolue à y aller. Je me suis rendue dans un des nombreux magasins d'occasion de la vieille ville, où la haute société russe et européenne de l'Est se débarrasse de ses tenues d'élite après les avoir portées une fois – à Vienne, aucune femme ne supporterait le déshonneur d'être aperçue à deux reprises dans la même toilette. J'ai acheté une robe. Et, à un prix hallucinant, un billet d'entrée pour une de ces réceptions à la Hofburg. Ici, pour les bals, on ne regarde pas à la dépense.

Mais après deux sorties, j'abandonne.

Je déteste la valse. Je déteste le quadrille obligatoire de minuit. Je déteste la BMW rutilante garée dans le couloir en remerciement au sponsor de la soirée. Je déteste les buffets froids garnis d'aspics pour lesquels des centaines de personnes tirées à quatre épingles font la queue, et où presque tout a été dévoré quand arrive le tour de présenter son assiette. Je déteste les lotos dotés de prix offerts par les commerçants viennois. Je déteste le code vestimentaire strict, depuis la robe de bal ringarde jusqu'à la permanente que toutes les femmes que je connais se font spécialement faire par leur coiffeur, lequel les maquille – "replâtre" serait un meilleur terme – aussi pour l'occasion.

Je déteste tout ça. Cet horrible cirque. Cette comédie surfaite et friquée.

Le meilleur moment de ces bals viennois est celui où, tout juste rentrée chez soi, on se débarrasse de ses talons hauts, et on se pose sur son canapé avec un verre de whisky.

II

C'est précisément dans ces salles de bal à la décoration pompeuse que les Habsbourg ont organisé le congrès de Vienne en 1814 et 1815. Napoléon était vaincu. L'ordre européen avait été balayé. Il fallait en instaurer un nouveau. Les grandes puissances voulaient redessiner entre elles la carte de l'Europe, rectifier les frontières et conclure de nouveaux accords sur le devenir stratégique du continent. Le congrès de Vienne fut, pourrait-on dire, le premier véritable sommet européen.

Mais, comme aujourd'hui, les petits pays et les modestes principautés n'entendaient aucunement laisser les "grands" – la Russie, l'Allemagne, l'Autriche, l'Angleterre et même la France, admise à la table des négociations malgré sa défaite – décider seuls de l'avenir du continent. Les petits gesticulaient et exigeaient d'avoir voix au chapitre. De tous les coins et recoins de l'Europe, ils envoyèrent donc eux aussi des délégations à Vienne. Ce sont finalement plus de deux cents représentations officielles qui s'installèrent pour neuf mois, entre l'automne 1814 et juin 1815, dans la capitale autrichienne, L'empereur assurait le rôle d'hôte du congrès. La défaite finale de ces libéraux de Français l'avait empli d'un tel enthousiasme qu'il ne s'était pas contenté d'inviter tout le monde, mais qu'il avait aussi promis de payer les additions. Vienne devait briller de mille feux et devenir, au regard de l'histoire, le nombril du monde.

Mais l'empereur se mordit longtemps les doigts d'avoir pris l'engagement de financer tout ce faste. Après le congrès, ses ministres des Finances le mirent pendant des années au régime sec. Car les délégations ne faisaient pas que se réunir dans le "nombril du monde". Il fallait aussi les héberger. Les nourrir et les divertir.

Le tsar, le roi de Prusse, toute une armada de princes, de grands-ducs et de ministres des Affaires étrangères dirigeaient en personne leur délégation nationale. Pas question de les loger dans une auberge bon marché loin de la ville. Des pièces de théâtre, des opéras et des concerts étaient donnés tous les soirs en l'honneur de ces hôtes de marque. La politique se compliquait de toutes sortes d'intrigues. Le tsar Alexandre Ier tenta ainsi de mettre échec et mat le prince Clément-Wenceslas de Metternich, le ministre des Affaires étrangères habsbourgeois, en lui prenant sa maîtresse, Wilhelmine de

Sagan. De nombreux livres ont été consacrés à la vie amoureuse de cette duchesse. “Le congrès danse” répondait-on souvent à qui demandait ce que faisaient tous ces gens accourus à Vienne. L’empereur y laissa une fortune.

En fin de compte, les grandes puissances menèrent les négociations dans des salons privés et de discrètes arrière-salles et décidèrent, sans tenir grand compte des autres délégations, de diviser l’Europe en zones d’influence. Elles convinrent de ne plus se faire la guerre et de prendre désormais ensemble, sur des bases égalitaires, les décisions concernant l’avenir stratégique du continent. Les intérêts des petits pays ne furent pris en compte que dans la mesure où les grands y consentaient.

Ce nouvel ordre européen a subsisté une centaine d’années, jusqu’à la Première Guerre mondiale. Il y a bien eu quelques ratés – la guerre de Crimée, la guerre franco-allemande de 1870 – mais la crainte du désordre et des révolutions poussait les signataires à respecter l’essentiel des accords malgré les divergences d’intérêts et les différences de système politique. Les grandes puissances – Russie, Grande-Bretagne, Allemagne (Prusse), France et Autriche – s’affrontaient tout en sachant qu’elles avaient besoin les unes des autres pour assurer la sécurité du continent. Si l’une d’entre elles venait à disparaître, sa chute déstabiliserait les autres. La position centrale de l’empire des Habsbourg, cerné par ses rivaux, l’exposait plus particulièrement au risque. Habsbourg était typiquement une “puissance du milieu”. Cette configuration rendait l’empire vulnérable : à tout moment, il pouvait être attaqué de plusieurs côtés. Mais cette centralité jouait aussi en sa faveur :

toutes les autres grandes puissances avaient intérêt à ce qu'il se maintienne.

III

Le palais du Belvédère possède, avec d'autres musées, une immense collection de tableaux, de documents et d'objets évoquant le congrès de Vienne. Des expositions sont régulièrement consacrées à l'événement. Mais elles ont toutes un côté un peu biaisé. Les organisateurs s'emploient à mettre en valeur le prestige et les triomphes diplomatiques de la Vienne impériale. La magnificence des décors, le faste des cérémonies et des réceptions, l'importance des personnalités présentes. Mais les explications sur le contenu des pourparlers manquent. Comme si les commissaires de ces expositions étaient fiers que Vienne fût à l'époque le cœur politique de l'Europe sans trop savoir comment traiter le congrès lui-même. Car l'Europe qui est sortie de ces négociations ne ressemblait guère à celle d'aujourd'hui. À l'époque, quelques grands pays décidaient de tout. Les petits comptaient pour presque rien. Il en va autrement aujourd'hui. Certes, l'Allemagne et la France occupent dans de nombreux domaines une position dominante : l'Europe retient son souffle quand les deux nations se disputent, et quand elles se mettent d'accord, les petits pays sont mis sous pression pour leur emboîter le pas – il suffit de penser aux difficultés soulevées par l'accord sur les investissements entre l'Union et la Chine que Paris et Berlin parvinrent à imposer fin 2020. Mais sur un certain nombre de sujets importants, l'Allemagne et la France ont autant de poids que le modeste Luxembourg : dans la zone euro, et en matière de politique étrangère, chaque pays ne dispose, par exemple, que d'une voix. L'Union protège les petits en tempérant la puissance des grands.

Charles Maurice de Talleyrand, l'ambassadeur qui représentait la France au congrès de Vienne, a dit un jour des grandes puissances qu'elles "étaient trop timorées pour se combattre et trop bêtes pour s'entendre[1]". On pourrait aujourd'hui en dire autant des ministres des Finances campant sur leurs positions pendant la crise de l'euro, ou des chefs d'État et de gouvernement incapables de se mettre d'accord sur une clef de répartition des réfugiés après des nuits entières de discussion.

Il n'y a, à vrai dire, qu'un seul chef d'État auquel le congrès paraît inspirer quelque nostalgie : le président russe Vladimir Poutine. Il trouve les sociétés occidentales "décadentes" et regrette de n'avoir aucun pouvoir de coercition sur l'Europe actuelle. Il semble vouloir revenir à l'ancien statu quo, marqué par le militarisme, le nationalisme et la soumission aux autorités religieuses. Dans ses discours, Poutine fait régulièrement référence au congrès de Vienne, ainsi qu'aux pourparlers de 1945 à Yalta, deux conférences où la Russie a joué un rôle de premier plan. En novembre 2014, Poutine a inauguré une statue du tsar vainqueur de Napoléon, Alexandre Ier, un des personnages-clefs du congrès de Vienne – l'homme qui partit avec la maîtresse de Metternich.

1. Cité par David King, *Vienna 1814: How the Conquerors of Napoleon Made Love, War, and Peace at the Congress of Vienna*, Broadway Paperbacks, 2008.

Comme beaucoup d'autres Russes, Poutine se sent chez lui à Vienne. Plus que dans n'importe quelle autre capitale européenne. Il y a bien longtemps que la puissance de l'Autriche s'est dissipée, mais ses traces demeurent partout perceptibles. Poutine ne demanderait pas mieux que de reprendre place à la table de conférence européenne et d'avoir son mot à dire sur les affaires du continent. Mais l'ordre ancien fondé sur la force, où quelques grands pays faisaient la loi dans leur zone d'influence, nous paraît maintenant, à nous Européens, absolument insupportable. Poutine aspire au retour de ce type de politique et agit à l'avenant – voir la guerre en Ukraine, l'annexion de la Crimée, les assassinats au Novitchok et les usines à trolls russes qui font tout pour déstabiliser nos sociétés. L'Europe, qui ne raisonne plus de cette façon, peine à trouver la réaction adéquate. Dans un monde en passe d'être gouverné de nouveau par la force brute et les politiques économiques mercantilistes, nous devons réapprendre à raisonner en termes de puissance. Mais nous avons du mal à nous adapter, car nous revenons de loin. Jamais le fossé nous séparant de la Russie de Poutine n'a été aussi profond.

IV

Dans un magnifique monastère du centre historique de Prague, devenu un palace cinq étoiles à l'esthétique insipide, Karel Schwarzenberg est assis à une table branlante. Le restaurant est désert. Sans doute cela vaut-il mieux. Pas de bruits de verres entrechoqués, pas d'éclats de voix. Dans la salle silencieuse, la musique d'ascenseur diffusée ailleurs, dans les antiques galeries voûtées, a été coupée. Schwarzenberg, né en 1937, n'entend plus très bien. Nous sommes en avril 2019 ; tout juste remis d'une grave opération, il a l'air épuisé. "Qu'attendez-vous encore d'un vieil homme comme moi ?" me demande-t-il.

Il a mené une vie mouvementée, comme peut l'être – plus que partout ailleurs peut-être – celle d'un habitant de l'Europe centrale. Les Schwarzenberg faisaient partie des lignages les plus riches et les plus importants de l'empire des Habsbourg. Karel, qui porte le titre de prince et est un petit-cousin de Rainier de Monaco, est né à Prague.

La famille possédait de vastes domaines – plus de 176 000 hectares – et plusieurs châteaux en Bohême. En 1948, l'année de ses onze ans, il dut fuir en Autriche avec ses parents, les communistes ayant confisqué tous leurs biens. On entend souvent dire qu'aujourd'hui encore il n'y a pas, à Vienne, de plus gros propriétaire foncier que les Schwarzenberg. Je ne sais pas si la rumeur dit vrai, mais ce qui est sûr, c'est qu'il existe encore un palais Schwarzenberg, une place et un café du même nom à des points stratégiques de la ville.

Karel Schwarzenberg a grandi en Autriche. Il est devenu homme d'affaires, a géré ce qui restait du patrimoine familial et a donné de temps à autre quelques coups de main au parti conservateur autrichien ÖVP. Certains ont tenté de le convaincre de se lancer dans une véritable carrière politique en Autriche mais, détenteur d'un passeport suisse, il ne s'est jamais donné la peine de demander un passeport autrichien. La citoyenneté helvétique constituait une assurance-vie pour cette famille, dont les membres adoptaient pour patrie le pays où ils vivaient – qu'il s'agisse de la République tchèque, de l'Allemagne, de l'Autriche ou de la Suisse. En ce sens, les Schwarzenberg étaient, tout comme d'autres familles aristocratiques dont les ramifications s'étendaient sur tout le continent, d'authentiques Européens.

À ceux qui souhaitaient le rencontrer, Karel Schwarzenberg donnait rendez-vous dans l'ancien palais familial du centre-ville, l'actuel hôtel Coburg. Il avait un petit bureau dans ce palace – celui où allaient se tenir plus tard, en 2015, les négociations sur le nucléaire iranien. Dès qu'il se trouvait dans la capitale autrichienne, une foule de gens venaient solliciter son avis sur divers sujets. Karel Schwarzenberg est un homme érudit, doté d'un gigantesque carnet d'adresses et d'une profonde passion pour la politique. Ce qui le distingue de tant d'autres hommes politiques, c'est qu'il a gardé la capacité de ne pas se prendre trop au sérieux. Et qu'il a une vision globale du monde. Aussi reste-t-il un orateur très recherché par les organisateurs de conférences – même s'il lui arrive parfois de piquer du nez sur le podium.

Il désigne ses ancêtres par leur prénom et les cite souvent dans ses propos. Il ne vit pas dans le passé, mais a été marqué plus profondément par lui que la plupart des hommes. Il a dit un jour à sa biographe Barbara Tóth qu'il se sentait parfois "le directeur d'un musée où il aurait lui-même son portrait".

Belle image. Et la devise de ce musée serait qu'"il faut connaître l'histoire pour pouvoir parler de l'avenir".

Pendant la guerre froide, Schwarzenberg a milité pour les droits de l'homme en tant que directeur international du comité Helsinki. Lors des dernières années du communisme, il s'est souvent rendu en Tchécoslovaquie, où il a fondé, initialement dans une semi-clandestinité, divers projets caritatifs. Dans le pays, tout le monde le connaissait, ce qui facilitait bien des choses. Un soir de 1988 où Hans Rauscher, un journaliste autrichien du *Standard*, venait réclamer la clef de sa chambre à l'accueil de l'hôtel InterContinental de Prague, il s'entendit répondre par le réceptionniste : "Faites-vous partie de la suite de *Sa Grâce princière* ?" Où qu'il aille, constatait le journaliste, les gens lui faisaient des courbettes.

Après la chute du Mur, en 1989, il lui parut logique de s'installer en Tchécoslovaquie. Il était très ami avec plusieurs dissidents, donc Václav Havel, et voulait se rendre utile à son pays. Une fois devenu président, Havel le choisit comme chef de cabinet. Plus tard, il a été deux fois ministre des Affaires étrangères. Depuis 2013, il a siégé comme député du parti d'opposition TOP 09 au parlement tchèque – il mettra fin à sa carrière parlementaire en 2021. Peu de gens sont mieux placés que lui pour comparer l'empire des Habsbourg et l'Union. L'empire est le berceau de sa famille et il a longtemps joué un rôle actif à Bruxelles dans la politique européenne.

Aujourd'hui, dans cet hôtel praguois, il est d'humeur morose. L'Europe ressemble au monde des Habsbourg avant 1914, me confie-t-il. "Les institutions fonctionnent relativement bien. Mais nous ne nous en rendons pas compte. À nos yeux, elles vont très mal. Tout système a besoin d'une réforme de temps à autre, et nous nous révélons incapables, comme nos ancêtres il y a cent ans, de mener à bien celle qui s'impose. Du fait de cette incapacité à nous réformer, tout nous paraît inconsistant, vide de contenu."

Il ne connaît en ce moment, dit-il en tournant sa cuillère dans son expresso, aucun homme politique porteur d'une vision. Aucun. "Les politiciens européens ne se battent pas pour des idées, mais défendent une forme d'embourgeoisement. Je ne les vois absolument pas tracer les contours d'un nouveau monde. La seule chose dont ils soient capables, c'est de nous resservir un thé tiré d'une infusette déjà utilisée trois fois."

L'Europe est un projet de paix, explique-t-il. Une réaction aux horreurs des deux guerres mondiales. À Hitler et Staline. "En fait, on devrait ériger de grandes statues de ces deux criminels à Bruxelles et à Strasbourg. Elles rappelleraient quotidiennement à tout le monde ce qui peut arriver si nous laissons l'Union partir en morceaux, comme nous avons autrefois laissé se défaire l'empire des Habsbourg."

Entre notre époque et celle des Habsbourg, le point commun est qu'il existait un système régulateur coiffant toute l'Europe, poursuit-il. Ce mécanisme empêchait en général les pays de s'écharper. Le seul moment de l'histoire récente où l'Europe ait manqué d'un tel système a été l'entre-deux-guerres. Les conséquences de ce manque se firent immédiatement sentir. "Le désordre s'installa partout. En l'absence de cadre, tout le monde commença à se taper dessus. Tout se dérégla. Je ne parle pas seulement de la Seconde Guerre mondiale, mais aussi des guerres civiles, et du chaos politique et économique des années 1920 et 1930. Beaucoup de gens ont, hélas ! oublié la leçon. Ils râlent contre l'Europe sans comprendre que l'anarchie et la destruction sont les seules autres alternatives. Les pays européens ont besoin d'un cadre, d'un lien qui les contraigne."

Ce n'est pas un hasard, ajoute-t-il, si beaucoup d'hommes qui, entre 1918 et 1938, ont désespérément tenté d'empêcher le continent de dérailler et se sont démenés pour, sur le fil du rasoir, instituer un nouveau cadre, provenaient des anciens empires. La mentalité européenne supranationale découlait des anciennes identités impériales : de la dynastie des Hohenzollern, des Romanov et des Habsbourg. "Il a malheureusement fallu attendre la fin de la Seconde Guerre mondiale pour que leur travail porte ses fruits."

Le parti de Schwarzenberg, TOP 09, est le seul parti tchèque vraiment pro-européen. Mais il n'a absolument aucune influence, constate-t-il. Cela reste une petite formation. "Quoi que nous disions, personne ne nous écoute."

Pourquoi ?

"Les Tchèques sont contre tous et contre tout. En tout cas, contre l'Europe. Le vent a tourné. Quand le Mur est tombé, nous nous sommes enthousiasmés pour elle. Tout allait s'améliorer. Tout s'est effectivement amélioré, d'ailleurs. Mais nous ne savons plus l'apprécier. Nous devenons cyniques. La grande différence avec 1989, c'est que nous étions portés par l'espoir. Depuis, nous sommes devenus pragmatiques. En Europe, nous nous battons pour la certification d'un pot de confiture ou d'un morceau de fromage. Cela constitue, bien sûr, un énorme progrès. Mais il n'y a pas de quoi sauter au plafond."

Mais pour quoi se battre, alors ?

"Il nous faut absolument une politique étrangère commune. Ainsi qu'une politique de défense commune. L'Europe en a besoin pour survivre. L'Amérique ne nous protège plus. Nos voisins deviennent insistants et désagréables. J'admire sincèrement le haut représentant de l'Union pour les Affaires étrangères. Il n'a pas une once de pouvoir, puisque chaque membre dispose d'un veto. Il en est donc réduit à assurer la coordination de 27 pays qui ne sont d'accord sur rien. Les seuls qui puissent modifier cette situation sont les hommes politiques nationaux. Mais ils ne le font pas. Ils veulent conserver leurs prérogatives. Ils ne pensent qu'à eux."

L'empereur avait autrefois la haute main sur la politique étrangère.

"Oui. Jusqu'en 1870. Ensuite, dans la double monarchie, il a dû partager son pouvoir avec les Hongrois. Il restait le patron, mais les Magyars pouvaient mettre leur veto à ses décisions. Et ils ne s'en privaient pas ! Deux capitaines pour un navire, Habsbourg n'y a pas résisté. L'Union a vingt-sept capitaines."

De temps en temps, ses yeux manquent de se fermer. Schwarzenberg n'est pas seulement fatigué, il peine à formuler ses réponses. Il se recroqueville dans son siège design en plastique transparent. J'ai encore cent questions à lui poser, mais ce serait manquer d'humanité que de prolonger cet entretien. Je prends congé.

V

Je quitte l'hôtel et j'entre dans le premier café venu : une ancienne brasserie aux épais murs jaunes, meublée de modestes tables en bois. Les salles sont décorées d'une multitude de vieilles gravures de François-Joseph et de membres de sa famille.

Dans la région, les cafés, restaurants et magasins débordant de souvenirs des Habsbourg fleurissent à tous les coins de rue. Un jour où je me promenais dans le centre historique de la ville autrichienne de Linz, je suis passée à l'heure du déjeuner devant une ancienne boulangerie semblable à celles qu'on voit parfois sur des photos jaunies : décor en bois brun foncé, et carreaux noircis sur lesquels se détache en cursives argentées l'inscription *k. u .k. Hofbäckerei* – boulanger fournisseur de la cour impériale et royale. La vitrine était remplie de *Linzer Torten*, la spécialité locale. L'arrière-grand-père de l'actuel propriétaire avait autrefois cuit le pain de l'archiduc Peter Ferdinand *von* Habsburg (à l'époque, avec particule). L'intérieur du sombre salon de thé était entièrement tapissé de gravures, portraits, certificats ou photos des Habsbourg. J'y ai déjeuné d'une soupe au potiron agrémentée d'un filet d'huile noire du même légume. Je me serais crue dans une machine à remonter le temps.

À Vienne, on tombe souvent sur ce genre d'endroits, et pas seulement dans les quartiers touristiques. Un de mes favoris est le café Monarchie, un établissement hors du temps, où on sert encore des œufs à la coque en verrine, accompagnés de la petite cuiller appropriée. Le blason des Habsbourg figure sur le menu, des dessins de navires de guerre habsbourgeois ornent les couloirs menant aux cuisines et aux toilettes, et le portrait en pied de l'empereur François-Joseph trône sur le mur faisant face au comptoir. En pantalon rouge et veste blanche impeccable à boutons dorés, il toise les habitués du lieu – des gens du voisinage d'apparence tout à fait ordinaire. Et admire les pièces du service, où lui-même figure avec ses longs favoris.

Ces détails font ressortir une des grandes différences entre l'empire des Habsbourg et l'Union européenne : à l'époque, beaucoup d'habitants de l'Autriche-Hongrie éprouvaient un attachement personnel pour leur État et pour la dynastie régnante, alors que l'Union laisse aujourd'hui une bonne partie de ses citoyens complètement froids. Même en plein cœur du quartier européen de Bruxelles, je ne connais aucun café ayant accroché sur ses murs des portraits d'Ursula von der Leyen ou de Jean-Claude Juncker. Ce serait même plutôt l'inverse. Les gens déjeunent dans des trattorias telles que Nardi's, où tout est fait pour qu'on se croie en Italie, et boivent des bières dans d'authentiques pubs irlandais tels que Kitty O'Shea.

Les Habsbourg employaient des instituteurs, des forestiers, des géographes, des marins et des balayeurs. En ce sens, l'État jouait directement un rôle dans la vie de beaucoup de gens. L'Union ne salarie que des juristes et des spécialistes dont la tâche consiste à faire respecter les accords conclus par les hommes politiques nationaux, et à formuler des propositions pour de nouveaux accords. Pour beaucoup de gens, l'Union est une chose lointaine qui ne les concerne pas. Ils n'ont rien à voir avec elle, ils ne savent pas comment elle fonctionne, et ils n'en pensent souvent guère de bien.

Un jour, j'ai vu Romano Prodi près du magasin Ikea de Bruxelles. En 2002 ou en 2003. Prodi, ex-Premier ministre italien, présidait alors la Commission européenne. C'était un dimanche maussade. Il pleuvait à verse. Ikea n'avait pas encore achevé la construction de son parking. Tout le monde se garait sur le bas-côté. Ce qui, ce jour-là, voulait dire : dans la fange. Prodi comme les autres. Je le vis marcher en contournant les flaques, les chaussures maculées de boue. Puis je le retrouvai, poussant un grand chariot quelque part entre les matelas et les ustensiles de cuisine. Personne ne faisait attention à lui. Personne ne semblait le reconnaître. Lui, le plus éminent des "visages" de l'Europe.

Le souvenir d'un autre dimanche matin, à peu près à la même époque, me revient en tête : Michel Barnier, alors commissaire européen, flâne à Bruxelles avec sa femme au marché aux puces des Marolles. Une foule de gens se retournent sur leur passage. Ce n'est pas lui qui attire leur regard, mais sa femme. Elle est magnifique. Sa haute taille impressionne ; elle porte un jean élimé, un tee-shirt et une veste en cuir.

Aujourd'hui, Ursula von der Leyen serait sans doute plus facilement reconnue que son lointain prédécesseur Romano Prodi. Michel Barnier, qui a récemment négocié pour l'Union européenne les termes du Brexit, serait certainement vite identifié. L'Europe s'est beaucoup politisée au cours des vingt dernières années. La crise de l'euro, la crise des migrants et le Covid-19 l'ont rapprochée des gens – négativement, mais aussi positivement. Par la force des choses, nous nous intéressons plus aux autres pays qu'autrefois. Tout le monde sait que le déficit public grec est gigantesque. Les atteintes à l'État de droit en Hongrie et en Pologne sont connues dans toute l'Europe.

Mais la remarque de Jacques Delors reste plus vraie que jamais : nous avons besoin de plus d'union politique entre citoyens parce que "personne ne tombe amoureux d'un marché".

Dans *Dernière valse à Vienne*, Mémoires d'un Juif qui a fui l'Autriche juste à temps pendant la Seconde Guerre mondiale, le Britannique George Clare décrit comment le gouvernement Dollfuss, animé d'un dernier et éphémère soubresaut d'indépendance et d'autorité quelques années avant l'Anschluss, décide de modifier les tenues des militaires. Et quels uniformes Dollfuss choisit-il ? Les anciens uniformes impériaux – comme si le retour des anciens habits pouvait instaurer une continuité visible avec le passé. Clare assiste bouche bée à un défilé militaire. Les colonels et les généraux époussettent leurs anciens vêtements, astiquent leurs éperons, sabres et médailles et, tout fiers de les exhiber, paradent dans les rues de Vienne – hommage haut en couleur, mais passablement décrépit, à la gloire passée.

Ce spectacle fait une énorme impression à l'écrivain, qui s'appelait encore à ce moment-là Georg Klaar. Il écrit :

> Une vague de nostalgie inonda soudain le pays. On vit même réapparaître des archiducs véritables, étonnamment nombreux, qui semblaient descendre tout droit d'une scène d'opérette et passaient en chancelant de bal en vente de charité, de cérémonie commémorative en réunion de régiment ou en manifestation patriotique. Otto von Habsburg lui-même – l'aîné des fils du

> dernier empereur, et prétendant au trône – était de retour : non point personnellement, ce que les Tchèques, Hongrois ou Yougoslaves eussent jugé inadmissible, mais en effigie sur des cartes postales, tantôt en grand uniforme et tantôt en costume national tyrolien. C'est presque du jour au lendemain que ces images envahirent les vitrines des marchands de journaux[1].

On imagine difficilement Romano Prodi faire un tel come-back.

VI

L'absence de popularité de l'Union et le peu de passion qu'elle suscite chez les citoyens ont peut-être certains avantages.

Le philosophe allemand Peter Sloterdijk était dernièrement l'invité d'une "matinale" de France Culture consacrée à l'Europe. Il s'exprimait lentement, dans un très beau français. En fin d'émission, le journaliste lui demanda s'il était important que l'Europe soit populaire. Sans doute pensait-il s'entendre répondre : très important. Je tendis l'oreille. Mais le philosophe déclara : "Curieusement, j'ai toujours été convaincu que la non-popularité du projet européen et cette absence relative d'enthousiasme constituaient justement sa force. Quand les enthousiastes prennent le dessus,

1. *Dernière valse à Vienne. La destruction d'une famille, 1842-1942*, traduction de Jean-Baptiste Grasset avec la collaboration d'Odile Pidoux, Payot, 1986, p. 159.

on assiste à des mobilisations inconfortables. […] L'enthousiasme collectif, c'est toujours ou bien une révolution violente, ou bien la mobilisation pour une guerre[1]."

1. France Culture, *L'Invité des matins*, 25 mars 2019. Podcast disponible sur : https://www.radiofrance.fr/franceculture/podcasts/l-invite-e-des-matins/peter-sloterdijk-personne-ne-se-rend-plus-vraiment-compte-de-l-usage-du-mot-europe-5660777

CHAPITRE 9

We cannot but conclude that the EU is (or is becoming) an empire of some sort.
"Une conclusion s'impose : l'Union européenne est (ou est en train de devenir) une sorte d'empire."

JAN ZIELONKA,
in *Europe as Empire: the Nature of the Enlarged European Union* (2006).

I

Dehors, il y a cinquante centimètres de neige. Dans un salon de la résidence de l'ambassadeur de Hongrie à Oslo, Anna Maria Siko vient de poser sur la table un redoutable schnaps de son pays en prélude à un copieux déjeuner habsbourgeois : soupe au poulet, rosbif Esterhazy, et strudel aux pommes.

Siko est la nouvelle ambassadrice de Hongrie en Norvège. Elle est intelligente, a la langue bien pendue, et fait apparemment partie des proches de Viktor Orbán. Le jour de la fête nationale hongroise, elle a organisé un concert. Sur le seuil, vêtue d'une robe bigarrée, elle accueillait chacun de ses invités en lui épinglant sur la poitrine un petit drapeau hongrois. L'ambassadeur autrichien, qui se trouvait juste devant moi, n'y a pas coupé. Siko a éclaté d'un rire triomphal en s'exclamant : "Pour une fois, tu vas devoir porter notre drapeau !"

Et dire que cette scène a lieu plus de cent ans après la fin de la double monarchie ! Comme si la séparation datait d'hier. Le passé est encore vivant en Europe. Les anciennes blessures ont été méticuleusement dissimulées et délicatement massées – mais elles n'ont jamais vraiment disparu.

Quand Siko apprend que je viens juste de déménager de Vienne à Oslo et que je suis en train d'écrire un livre sur l'empire des Habsbourg et l'Union européenne, elle rejette en arrière sa longue chevelure noire et m'invite d'un ton provocateur : "Venez donc m'interviewer !" Pourquoi pas ? me dis-je après l'incident du drapeau. Nous sommes au début de l'année 2018. Dans le courant de la même année, le Parlement européen va condamner à la majorité des deux tiers les violations par la Hongrie des valeurs de l'Europe. Quelques années plus tard, Orbán rompra tout contact avec une commissaire européenne[1] ayant traité son pays de "démocratie malade" et bloquera avec son collègue polonais le budget pluriannuel européen au motif que celui-ci contient pour la première fois une clause sur le respect de l'État de droit. La Hongrie reprend-elle le rôle qu'elle jouait déjà dans la double monarchie, celui d'empêcheuse de tourner en rond ? Et voilà comment, quelques semaines après la fête nationale,

1. En septembre 2020, Viktor Orbán réclama la démission de la vice-présidente de la Commission Věra Jourová.

je suis conviée à une leçon d'histoire de deux heures et demie, agrémentée de vin, de moult éclats de rire, de jurons et même de quelques larmes.

Les Hongrois sont comme les teckels – des saucisses sur pattes, m'explique Siko. "Trop de chien dans un seul corps. Nous n'en faisons qu'à notre tête. Nous allons toujours à contre-courant. Nous créons partout des tensions. Nous empoisonnons la vie de tout le monde. Pourquoi ? Parce que nous devons tous les jours prouver que nous existons et montrer aux autres qui nous sommes. Une sorte d'*America first*, mais à la hongroise. Nous n'agissons pas autrement que Donald Trump."

Cette attitude s'explique, selon elle, par le fait que la Hongrie a toujours été dominée par des étrangers, qui l'ont envahie et ne sont plus repartis. Les Ottomans, qui ont détruit tous les monuments gothiques pour les remplacer par des mosquées. Puis les Habsbourg qui, après avoir délivré les Hongrois des Turcs, sont à leur tour restés dans le pays. Les Allemands, pendant la Seconde Guerre mondiale. Ensuite, les Soviétiques. Et maintenant, l'Union européenne.

Met-elle l'Union sur un pied d'égalité avec les nazis et les communistes ?

"Non. L'Union n'est pas venue pour nous occuper, contrairement aux autres. Nous avons nous-mêmes sollicité notre adhésion. Personne ne nous a forcés. Mais l'Union nous interdit certaines choses. Et nous en impose d'autres."

Les Hongrois savaient à quoi s'en tenir, admet Siko. "Mais nous sommes allergiques à ce genre de contraintes. Elles nous mettent à cran et nous réagissons sans prendre de gants. Par exemple, quand on nous force à accueillir des migrants. Ou quand un fonctionnaire se met en tête de nous interdire de manger des gâteaux aux graines de pavot sous prétexte que celles-ci contiendraient une substance nocive. En Hongrie, le gâteau au pavot est un plat national. Rien de tel pour déclencher chez mes compatriotes, mécaniquement, des réflexes pavloviens."

Le potage est servi. Siko débouche une bouteille de tokaj. C'est fou, s'étonne-t-elle, quand un Européen de l'Ouest entre dans une pièce, à dix contre un, vous pouvez parier qu'il s'assiéra à côté des autres Européens de l'Ouest. Un Européen de l'Est, à côté de ses collègues de l'Est. Mais quand un Hongrois arrive, il ne sait pas s'il doit s'asseoir près des Occidentaux ou du côté des peuples de l'Est, des Slaves. Les Hongrois n'ont avec personne cette complicité dont les autres semblent bénéficier automatiquement. "La langue est importante. Quand vous achetez un paquet de corn-flakes en Europe de l'Ouest, le contenu est décrit sur l'emballage en quatre ou cinq langues. Vous comprenez presque tous les mots étrangers. Les langues slaves ont la même parenté. Les Scandinaves ont chacun leur propre langue, et pourtant, ils communiquent très bien entre eux. Mais le hongrois n'est compris par personne. Vous saisissez ? Nous sommes toujours seuls."

Elle sort un livre de la bibliothèque : *Ceux des pusztas*, du poète et romancier Gyula Illyés. Cet écrivain a un jour écrit : "Une nation habite sa langue." Siko cite cette phrase avec une grande conviction.

Aujourd'hui encore, les cloches sonnent tous les jours à midi pour rappeler la victoire des Hongrois sur les Turcs en 1456 à Belgrade. Les Turcs auraient alors promis de revenir. "En effet, ils n'ont pas tardé à revenir. Nous avons été turcs pendant cent cinquante ans. Ils nous ont pressurés comme des citrons. Les impôts ont atteint des niveaux écrasants. Les jeunes garçons étaient déportés à Istanbul. La Transylvanie s'est vidée de ses habitants. Personne n'y cultivait plus la terre. Plus tard, c'est nous qui aiderons les Habsbourg à arrêter les Turcs aux portes de Vienne. En 1686, une puissante armée habsbourgeoise est venue nous délivrer. Mais les Habsbourg sont eux aussi restés. C'est notre destin : tous nos libérateurs restent sur place.

L'impératrice Marie-Thérèse et son fils Joseph II ont installé des Souabes, des Roumains et des Slovaques sur le territoire hongrois. "Aussi sommes-nous toujours sur nos gardes quand des étrangers entrent chez nous", déclare-t-elle sur un ton décidé.

Les Hongrois se sont régulièrement révoltés contre les Habsbourg, explique-t-elle en dégustant le plat principal, relevé d'un puissant *egri bikavér* ("sang de taureau"). Après l'échec de la révolution de 1848-1849, les Habsbourg ont décimé le gouvernement hongrois. Des milliers de Hongrois furent jetés en prison. "Alors nous nous sommes mis en grève. La Hongrie était le grenier à blé de l'empire. Nous avons cessé toute production, à l'exception du minimum nécessaire pour nourrir notre propre population. Cette résistance pacifique a fonctionné. Elle a conduit à l'« armistice » de 1867 et amené à une révision complète de la structure de l'empire. C'est alors que la double monarchie, qui nous assurait une position plus ou moins indépendante au sein de l'empire, a vu le jour".

De nombreux historiens considèrent que cette date marque le début d'une période de prospérité : les cinquante dernières années de l'empire des Habsbourg furent une époque faste pour la Hongrie. L'industrialisation et la modernisation des infrastructures créaient les conditions d'un boom économique. D'autre part, les Hongrois, devenus maîtres de l'autre partie de l'empire – peuplée, entre autres, de Roumains et de Croates –, avaient la haute main sur l'enseignement et divers autres secteurs de la vie publique. Ils disposaient en outre d'un droit de veto sur le budget de l'empire. *Bien joué*, comme on dit en français.

Mais Siko se rebiffe de nouveau. Les livres d'histoire ont leur vision des choses, dit-elle, mais ce n'est pas la nôtre. Après l'armistice de 1867, qui octroyait aux Hongrois un statut privilégié au sein de l'empire, "nous avons soudain compris quel melting-pot nous étions devenus. Dans la partie autrichienne, tout le monde pouvait parler sa propre langue mais tout le monde parlait également allemand. L'allemand était la langue de communication de toutes les populations. Dans la moitié hongroise, nous n'avions rien de tel. On s'exprimait dans une foule de langues différentes et la plupart des gens ne connaissaient pas un mot de hongrois. Un vrai désastre ! Nous étions un pays « patchwork ». Alors que nous voulions parler hongrois".

En Cisleithanie – la partie de l'empire directement administrée par Vienne – les germanophones formaient 37 % de la population. En Transleithanie – la partie hongroise – le pourcentage de Magyars se montait à 40 %. Après 1867, les groupes linguistiques gagnèrent de plus en plus d'autonomie et de pouvoir dans la partie autrichienne. Du côté hongrois, ils perdirent au contraire des droits : dans un premier temps, les écoles des groupes minoritaires durent donner des leçons de hongrois puis, sur ordre de Budapest, elles furent tout bonnement fermées. La vie politique fut si fortement centralisée qu'elle devint une affaire presque exclusivement magyare, le droit électoral étant modifié de façon que la majorité des votants se compose de locuteurs du hongrois. Le parlement de Budapest comptait très peu de représentants des minorités. On n'y parlait qu'une seule langue : le hongrois. En comparaison, le Parlement viennois faisait figure de tour de Babel : les députés s'y exprimaient dans toutes sortes de langues. Un peu comme dans le Parlement européen actuel.

Siko s'attarde longuement sur certains faits ou développements historiques. Elle en parle comme s'ils avaient eu lieu hier, avec un luxe de détails à couper le souffle. Mais comme la Hongrie retrouve en Europe ses anciens réflexes de rébellion nationaliste, les longues digressions de la diplomate éclairent les développements politiques contemporains. De nouveau, on comprend : la Hongrie dans l'Union est une copie de la Hongrie dans l'empire des Habsbourg. Je la laisse donc discourir.

Comme on peut le lire dans *La Trilogie de Transylvanie* du romancier et homme politique Miklós Bánffy, l'élite politique hongroise passait son temps à polémiquer avant la Première Guerre mondiale. Mais tous ces différends et tous ces débats agitaient un groupe nationaliste fortement homogène. Un petit monde totalement autocentré.

Cette situation explique en partie le fait que les conflits ne se soient pas apaisés après la création de la double monarchie en 1867. Au contraire. Les nationalistes hongrois considéraient l'armée des Habsbourg, qui était aussi la leur, comme une force d'occupation. Les unités stationnées en Hongrie étaient vues comme des troupes ennemies. Pas seulement parce que l'emploi de l'allemand était très répandu dans le monde militaire. Mais aussi parce que les soldats appartenant aux minorités des deux parties de l'empire avaient le droit d'y parler leur langue. Cette règle s'appliquait aussi dans la partie hongroise de l'empire : sous les drapeaux, les Roumains parlaient roumain ; les Croates, croate, etc. Les Hongrois ne pouvaient s'y opposer car l'armée était une institution purement fédérale. Elle relevait directement de l'autorité de l'empereur. Mais cette disposition, qui minait le projet de magyarisation intégrale de la société, déplaisait terriblement à la plupart des Hongrois.

L'ambassadrice défend avec brio les sentiments des Hongrois de cette époque. Ses grands-parents avaient diverses nationalités : slovaque, hongroise, tchèque. “L'Autriche n'était pas une nationalité, mais une mentalité, affirme-t-elle. Les Autrichiens feignaient toujours de croire que Mozart était autrichien[1], et Hitler, allemand. Jamais les Hongrois ne s'autoriseraient de telles contorsions. La Hongrie

1. Une querelle germano-autrichienne sur la nationalité de Mozart a éclaté dans les années 2000 lorsque le *Spiegel* a fait remarquer que Salzbourg se trouvait, au XVIIIe siècle, dans la partie *allemande* du Saint Empire.

est une nation. Toutes nos susceptibilités concernant l'accueil des étrangers, l'immigration et l'influence de Bruxelles viennent de là."

Lorsque la Hongrie est devenue membre de l'Union en 2004, Siko devait participer à une conférence à Newcastle. Elle se fit remplacer car elle tenait absolument à être en Hongrie ce jour-là. "Une date historique. Nous en étions tous conscients. Nous avions tous de grandes espérances."

La Hongrie est, entre-temps, avec la Pologne, un des plus gros bénéficiaires de subventions européennes – provenant essentiellement du Fonds agricole et du Fonds de cohésion de développement régional. Mais Siko voit rouge dès qu'elle entend le mot subvention. "Je déteste ce terme. Nous ne voulons pas nous entendre constamment répéter : « Voyez comme nous sommes généreux avec vous ! » Les Soviétiques et les Habsbourg nous serinaient déjà le même refrain. 90 % des budgets européens repartent en Europe de l'Ouest ! La Hongrie reçoit des aides du Fonds de cohésion pour permettre à ses habitants d'acheter autant de produits français ou allemands que ceux des autres États membres. Voilà à quoi servent ces subventions."

Les Hongrois sont satisfaits de leur appartenance à l'Union, poursuit Siko. "Mais j'aimerais qu'on cesse de me parler de « solidarité ». C'est de la foutaise. Depuis 1956, personne ne nous a jamais aidés."

Je connais des Autrichiens dont les familles ont accueilli chez elles des Hongrois quand les chars soviétiques écrasaient la révolution de 1956. 200 000 Hongrois ont alors fui vers l'Ouest. Foutaise ! répète Siko. "Seule une petite minorité de nos compatriotes ont été hébergés par des particuliers. Les Autrichiens embellissent l'histoire. En réalité, la plupart des réfugiés ne logeaient pas chez des familles. Non, ils ont passé deux ans dans des camps autrichiens, dans des conditions déplorables. Puis ils sont partis pour l'Australie ou ailleurs, dans des pays qui avaient besoin de main-d'œuvre bon marché. Où les Hongrois ont travaillé comme des brutes. Bâti des barrages, asséché des marais. J'ai été ambassadrice en Australie. Ils m'ont raconté ce qu'ils avaient vécu. Jamais, pendant leur séjour dans ce pays, ils n'ont été autorisés à faire venir leur famille. Qu'on ne me parle pas de solidarité occidentale !"

La mère de Siko a elle aussi voulu fuir la Hongrie en 1956. Elle avait entendu le message de Radio Free Europe : "*We're coming to help you!* – Nous venons vous aider !" Mais il était trop tard. Les Soviétiques étaient déjà arrivés. "Mes parents se sont mariés le 23 octobre 1957."

Elle éclate en sanglots, incapable d'articuler un mot de plus. Elle boit un verre d'eau. Je ne comprends pas pourquoi elle pleure.

Pourquoi le 23 octobre est-il une date si particulière ?

"Parce que l'insurrection de 1956 a commencé le 23 octobre. Les Soviétiques nous interdisaient de commémorer l'événement. Toute manifestation était strictement prohibée. Mes parents se sont mariés exactement un an après, le 23 octobre, de façon à pouvoir célébrer la révolte sans éveiller les soupçons. Ils pouvaient toujours dire : « Nous fêtons notre anniversaire de mariage ! » Ma mère est récemment décédée. Voilà pourquoi cette date m'émeut tant."

En fait, elle voulait dire : "Pour de nombreux Hongrois, le 23 octobre est aussi le jour où les Occidentaux ne sont pas venus les aider. Le jour de la trahison."

Si l'invasion russe a été si traumatisante, pourquoi la Hongrie est-elle aujourd'hui si proche des Russes ?

"On nous traite souvent de pro-Russes. Et je réponds : *Fuck off !* Les Russes sont là, que ça plaise ou non. Nous devons être pragmatiques. 85 % de notre gaz provient de Russie. Nous ne demanderions pas mieux que de l'acheter en Allemagne, mais il semble impossible de l'acheminer de là-bas jusque chez nous. Nous attendons les interconnecteurs depuis des années. Sans parler du gazoduc South Stream. Mais rien ne se passe. Que devons-nous faire ? Mourir de froid ? La Hongrie se trouve où elle se trouve. Nous pouvons difficilement changer de place."

Mais dans bien des domaines, vous êtes plus proches de l'Allemagne que de la Russie ?

"Les Hongrois ont toujours beaucoup estimé les Allemands. Nous avons été les seuls à soutenir leur équipe de foot. Personne n'aime la *Mannschaft*. Sauf nous. Mais notre admiration pour eux décline. La crise de 2015 nous a refroidis. Cette année-là, des dizaines de milliers de personnes sont entrées en Europe, la plupart d'entre elles par la Hongrie. C'était la première fois qu'un tel événement se produisait depuis six cents ans. À l'époque, nous avons arrêté les Turcs et protégé l'Europe de l'Ouest. Nous l'avons refait cette fois-ci. Depuis l'année 2015, Merkel est un gros mot en Hongrie."

La Hongrie est allée jusqu'à construire un mur.

"Oui, sans une seconde d'hésitation. Cet afflux constituait à nos yeux une attaque contre notre identité. Une attaque contre la Hongrie. Sans ce mur, nous risquions une véritable apocalypse. Il ne nous serait plus resté qu'une possibilité : tirer. Mais si l'Europe se met à tirer, ce n'est plus l'Europe."

Donc la Hongrie est le "sauveur" de l'Europe ?

"En un certain sens, l'Europe résout notre problème d'identité : à côté de qui devons-nous nous asseoir, nous, les Hongrois ? Auprès des Européens de l'Ouest ou auprès des peuples slaves ? Dans l'Union, nous pouvons jouer notre propre rôle. Être nous-mêmes, sans avoir à choisir."

Nous avons terminé le strudel. Je décline l'offre de liqueur pour accompagner le café. Il est temps de repartir dans la neige. Elle m'offre un livre avant de partir : *Ungarische Dichtung aus fünf Jahrhunderten* – "Cinq siècles de poésie hongroise".

Je viens d'apprendre pourquoi la Hongrie se montre si rétive et incommode au sein de l'Union – sans songer une seconde à la quitter. Un pays qui se considère à la fois comme victime et sauveur de l'Europe : il faut oser. Au temps des Habsbourg, sa posture était la même. Peu de choses ont changé.

Rentrée chez moi, j'ouvre le recueil et je tombe par hasard sur un poème d'Andor Gabór (1884-1953).

Mein Heimatland ist schwarze Erde
Ein tüchtiges Volk bewohnt dies Land

Ma patrie est terre noire
Un peuple industrieux habite ce pays

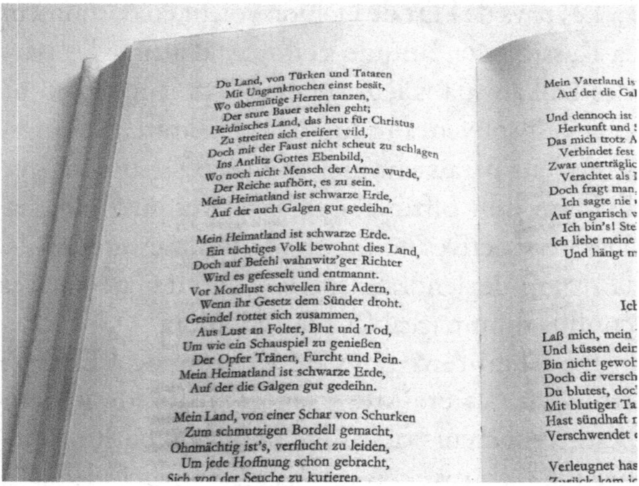

Du Land, von Türken und Tataren
Mit Ungarnknochen einst besät,
Wo übermütige Herren tanzen,
Der sture Bauer stehlen geht;
Heidnisches Land, das heut für Christus
Zu streiten sich ereifert wild,
Doch mit der Faust nicht scheut zu schlagen
Ins Antlitz Gottes Ebenbild,
Wo noch nicht Mensch der Arme wurde,
Der Reiche aufhört, es zu sein.
Mein Heimatland ist schwarze Erde,
Auf der auch Galgen gut gedeihn.

Mein Heimatland ist schwarze Erde.
Ein tüchtiges Volk bewohnt dies Land,
Doch auf Befehl wahnwitz'ger Richter
Wird es gefesselt und entmannt.
Vor Mordlust schwellen ihre Adern,
Wenn ihr Gesetz dem Sünder droht.
Gesindel rottet sich zusammen,
Aus Lust an Folter, Blut und Tod,
Um wie ein Schauspiel zu genießen
Der Opfer Tränen, Furcht und Pein.
Mein Heimatland ist schwarze Erde,
Auf der die Galgen gut gedeihn.

Mein Land, von einer Schar von Schurken
Zum schmutzigen Bordell gemacht,
Ohnmächtig ist's, verflucht zu leiden,
Um jede Hoffnung schon gebracht,
Sich von der Seuche zu kurieren.

II

Dans le courant de l'été 2019, treize pays de l'Union ont signé un document demandant l'ouverture rapide de négociations en vue de l'adhésion de l'Albanie et de la Macédoine du Nord. Ces treize, parmi lesquels l'Italie et l'Autriche, sont tous situés en Europe centrale et orientale. Cette demande vise essentiellement les Pays-Bas et la France, qui ne cessent de répéter que Skopje et Tirana ne sont pas prêts à entrer dans l'Union, et que leur opinion publique ne soutiendrait pas un nouvel élargissement.

On reconnaît ici la dynamique à l'œuvre dans le cas des "puissances enclavées" – autrement dit des grandes puissances coincées entre d'autres grandes puissances qui peuvent constamment les défier ou les menacer. Impossible de prévoir d'où surgira le prochain danger. L'Union est une puissance de cette sorte. L'empire des Habsbourg en était une également.

Les pays de l'Est de l'Union voient en ce moment la Russie et la Turquie s'efforcer d'attirer les pays des Balkans dans leur sphère d'influence, comme cela s'est souvent produit dans l'histoire. Ces pressions leur paraissent menaçantes. Ils estiment que l'Union doit offrir des perspectives aux Balkans. Des perspectives politiques. Sinon, raisonnent-ils, la région deviendra instable. Ce qui générera des conflits dommageables pour l'Union.

De nombreux pays de l'Ouest de l'Europe trouvent ces craintes exagérées. Ils identifient d'autres facteurs de risque pour la sécurité européenne : la guerre commerciale sans merci à laquelle se livre l'Amérique sous la présidence Trump ; les cyberattaques russes et chinoises qui paralysent les ministères et les hôpitaux ; les ambitions militaires de la Turquie en Méditerranée ; le Brexit et le chaos qui en résulte ; les migrations en provenance d'Afrique ; la militarisation de la région arctique. Pour ne citer que quelques exemples.

Chaque pays européen a ainsi sa propre vision du "danger".

Dans son livre *The Grand Strategy of the Habsburg Empire*, l'historien, politologue et diplomate américain A. Wess Mitchell[1] écrit que la plupart des "puissances enclavées" connues dans l'histoire ont eu une existence courte et turbulente, entourées qu'elles étaient par plusieurs rivaux ou ennemis qu'elles n'avaient pas les moyens de vaincre ou de

1. Aaron Wess Mitchell a été sous-secrétaire d'État pour les Affaires européennes et eurasiennes dans l'administration Trump, avant de démissionner en janvier 2019.

neutraliser simultanément. On ne peut pas mener cinq guerres de front. Cette situation est exactement celle où se retrouve l'Europe depuis que les puissances régionales s'engagent dans une course géopolitique pour la domination du monde. Sur quel danger se concentrer ? Quelle est la menace prioritaire ? Est-il raisonnable de disperser son attention et ses moyens sur toutes les menaces ?

Il est intéressant de noter que les Habsbourg étaient confrontés aux mêmes difficultés. Mais il y a plus intéressant encore : leur empire est une des rares puissances enclavées qui ait réussi à survivre pendant des siècles, quoique cernée par des puissances rivales. Au sommet de sa gloire, son territoire s'étendait jusqu'en Espagne, aux Pays-Bas, en Ukraine et en Croatie. L'empereur François-Joseph s'est plaint un jour de sa faiblesse en ces termes : "[Mes alliés] connaissent l'état de dispersion de mes forces militaires, éparpillées dans tous les coins de l'Europe… [Ils savent] combien je suis vulnérable en Hongrie et en Transylvanie, et combien il me serait difficile de lever une armée si je devais faire face à une menace soudaine venant de Suède, [ils savent] combien je suis faible."

"Ils savent combien je suis faible" – cette phrase pourrait très bien être prononcée par un fonctionnaire de la Commission européenne à propos de la "Politique de voisinage", un programme démarré en 2004 pour aider les pays riverains à demeurer stables et pacifiques. Ou à propos du "Partenariat oriental", un projet spécialement destiné à renforcer les liens avec les anciennes républiques soviétiques encore fragiles telles que la Géorgie, la Moldavie ou l'Arménie. Ces programmes débordent de bonnes intentions concernant la réforme de la justice, la démocratisation ou la liberté de la presse – mais se heurtent chaque fois au cynisme et à la corruption des politiciens locaux, ainsi qu'aux manœuvres géopolitiques fomentées depuis Moscou, Pékin ou Ankara. Nous agissons, mais nous manquons tellement de confiance en nous que nous n'obtenons que de maigres résultats.

Dans son livre, Mitchell n'établit aucun parallèle entre l'empire et l'Europe actuelle. Il ne signale aucune ressemblance. Mais les similitudes apparaissent à toutes les pages, entre les lignes. Comment un État multiethnique peuplé, entre autres, d'Allemands, de Hongrois, d'Italiens et de Slaves, s'étendant sur un vaste territoire et fréquemment en proie à des divisions internes, a-t-il pu se maintenir si longtemps dans un environnement peuplé de rivaux entreprenants, voire agressifs ? La réponse à cette question est, pour nous aussi, d'un grand intérêt.

Conscients de leur faiblesse et de la petitesse de leur armée, les Habsbourg s'efforçaient toujours de gagner du temps. Ils tentaient d'éviter ou de retarder les conflits. Un mot leur servait, dit-on, de devise : *fortwursteln* – avancer tant bien que mal. La méthode ne nous est pas inconnue.

Les Habsbourg avaient une armée modeste, de caractère essentiellement défensif. Pour contrer la Prusse, la Russie, l'Italie, la Turquie et la France qui s'employaient à dresser les uns contre les autres les peuples sur lesquels il régnait, l'empereur concluait constamment des alliances avec les nations riveraines de son territoire. Il établissait ainsi une sorte de zone tampon autour de ses frontières. Quand des conflits éclataient, ce système aidait à maintenir en terre étrangère le théâtre des hostilités. D'autre part, il veillait à rester ami avec plusieurs grandes puissances. Ce n'était pas difficile : ses voisins ne désiraient pas le voir devenir trop puissant, mais ils souhaitaient encore moins la disparition de l'empire, qui aurait créé au milieu du continent un immense vide – déstabilisateur pour eux aussi. Quand la guerre menaçait, l'empereur pouvait toujours réclamer l'aide d'un ou plusieurs de ses voisins. Ses plus grands rivaux avaient des armées plus grandes et plus fortes que la sienne.

C'est ainsi que les Habsbourg ont perdu de nombreuses batailles, mais rarement une guerre entière. En s'appuyant sur leurs voisins.

En déclarant la guerre à la Serbie, l'empereur François-Joseph donna le coup d'envoi de la Première Guerre mondiale. Elle débutait en plein milieu des vacances d'été. Tout le monde était en congé, y compris plusieurs généraux. L'armée pouvait compter sur la loyauté de ses soldats, mais les veto hongrois sur les budgets avaient réduit les investissements à peau de chagrin. Ses équipements étaient vétustes alors que ses adversaires disposaient d'armes modernes. L'empereur le savait – il n'avait cessé de réclamer une augmentation du budget de défense précisément pour cette raison. On rapporte qu'en mobilisant en 1914, il avait soupiré : "Encore une que nous allons perdre !"

Sans doute pensait-il que, comme d'habitude, tout finirait par s'arranger. Que les autres grandes puissances s'abstiendraient d'intervenir. Et que certaines d'entre elles lui porteraient secours si le conflit contre les Serbes dégénérait. Il se trompait.

Pourquoi François-Joseph commit-il cette monumentale erreur de jugement ? Mitchell écrit que la situation de l'empire commença à se détériorer dès les premières années du règne, au mitan du XIXe siècle. L'avant-dernier souverain fit grand usage de la stratégie éprouvée des zones tampons et de la débrouille. Mais il essaya aussi de renforcer l'armée et de la rendre plus offensive. Il faut dire qu'il entretenait avec ses voisins des rapports plus conflictuels que ses prédécesseurs. Et, point crucial : il n'accorda aux tampons protecteurs de ses frontières que peu d'attention, allant parfois jusqu'à les traiter comme quantités négligeables. Ainsi malmenés, ceux-ci se montrèrent moins loyaux et commencèrent à le tromper.

François-Joseph annexa par exemple la Bosnie en 1908. Beaucoup de gens lui déconseillèrent ce coup de force, et sans doute avaient-ils raison : sans cette annexion, l'Autriche-Hongrie ne se serait pas attiré la fureur des Serbes et François-Ferdinand n'aurait peut-être pas été assassiné en 1914 à Sarajevo.

Logique habsbourgeoise pour notre temps : ne pas négliger les tampons le long des frontières extérieures de l'Union. Encore aujourd'hui. La Macédoine du Nord et l'Albanie ont fini par être admises dans la salle d'attente de l'Union. Ainsi ne finiront-elles pas dans celle de la Russie ou de la Turquie.

III

Un jour, un diplomate polonais m'a raconté comment est né le Partenariat oriental, le programme de l'Union visant à améliorer les relations avec six anciennes républiques soviétiques. Ce projet n'est pas le produit d'une stratégie délibérée de Bruxelles, il a vu le jour presque par hasard.

En 2009, Nicolas Sarkozy était président de la République française. Cherchant par tous les moyens à pousser l'avantage de son pays, il entreprit de remettre sur les rails un ancien plan français d'Union méditerranéenne avec les pays d'Afrique du Nord. Cette initiative pouvait augmenter le prestige de la France. Ses prédécesseurs avaient fait autrefois la même proposition. Dès qu'ils entendirent parler du projet, les pays d'Europe centrale et orientale se réveillèrent. Plus d'argent pour le Sud, cela voulait dire moins d'argent pour l'Est. Ils se mirent en quête d'un stratagème pour éviter d'être les dupes du prochain accord.

Juste avant le sommet des chefs d'État et de gouvernement où devait se décider le sort de l'Union méditerranéenne, le ministre polonais Radosław ("Radek") Sikorski et son collègue suédois Carl Bildt glissèrent dans le texte quelques lignes prévoyant le lancement d'un programme analogue pour les voisins orientaux de l'Union. Leur initiative passa quasiment inaperçue. Et le texte fut adopté.

Le Partenariat oriental issu de cette décision soutient les femmes créatrices d'entreprises, les universités et les médias indépendants. Les responsables politiques discutent dans ce cadre de la sécurité, de la surveillance des frontières, du climat et de la cybercriminalité. Tout cela est bel et bon. Pourtant, le partenariat ne fonctionne qu'à moitié. Soumis à de graves menaces, sanctions et intimidations, les six participants réintègrent l'un après l'autre la sphère d'influence russe.

La Géorgie est un des pays victimes de ce chantage, la Biélorussie en est un autre. Ces deux exemples montrent que l'Union n'obtiendra guère de résultat en usant de son seul *soft power*. Nous avons soutenu la Géorgie, qui faisait ouvertement des efforts pour devenir un pays occidental. Notre aide a provoqué la colère de Moscou. Après une courte guerre en 2008, les Russes ont ramené de force le pays dans leur zone d'influence. L'Europe n'a rien fait. En Biélorussie, quand la foule a défilé dans les rues en 2020 pour exiger plus de démocratie et de justice après le trucage des élections, les Européens n'ont pas levé le petit doigt. Ils ne voulaient pas susciter de nouveau l'ire de Moscou. Ils ne voulaient pas encourager la population à se révolter contre un dictateur et prendre ainsi le risque de la précipiter dans les bras des soldats russes.

Mais il y a pire : en agissant ainsi l'Europe laisse le champ libre à la Russie. Est-ce ce que nous voulons ?

D'un côté, le *soft power* de l'Union ; de l'autre, le *hard power* de ses voisins agressifs : c'est le grand défi du proche avenir.

IV

L'Union européenne est-elle un empire ? La question a longtemps paru absurde. Les empires avaient mauvaise presse. Ils guerroient sans cesse, s'emparent des terres d'autrui, et maintiennent sous leur joug, par la contrainte, les peuples conquis. Le mot "empire" évoque les démonstrations de force et le cliquetis des armes. Le capitalisme fou, l'exploitation et les calculs géopolitiques.

Mais les choses changent. Tout d'un coup, certains se mettent à dire que l'Europe est peut-être une sorte d'empire. Sans appréciation négative, plutôt comme une constatation neutre. Cette évolution a quelque chose de fascinant. Elle montre en effet que notre regard sur l'Europe et sur notre identité a changé.

Pourquoi ce changement ? Il s'explique surtout par des causes externes. Par la désintégration de l'Alliance atlantique. Par le Brexit. Par le fait que nous ne soyons plus seulement entourés par des pays amicaux et bienveillants, mais par une "ceinture de feu".

L'Europe doit de plus en plus se débrouiller seule dans le monde. Sans protecteurs puissants. Dans un environnement de plus en plus hostile.

Ces évolutions concomitantes l'obligent, pour la première fois depuis longtemps, à pratiquer une politique de puissance. Elle n'a guère d'autre choix. Les Américains se chargeaient autrefois de la besogne pour nous. Pendant la guerre froide, protégés par leur parapluie, nous avons pu nous permettre le luxe de nous concentrer sur nous-mêmes. Dans notre havre géopolitique, nous avons construit nos États providence et développé notre conception du monde multilatérale et douce, fondée sur de nobles principes – démocratie, État de droit, droits de l'homme. Après les excès des deux guerres mondiales, le terme de "puissance" était devenu un gros mot en Europe.

Dans ces circonstances, peu de gens se rendaient compte que l'Union était désormais elle-même un acteur fort et puissant. Traumatisés par les violences passées, nous avons tenu à définir l'Union comme un projet de paix, ou comme une "méthode" pour ne pas nous écharper. Nous craignions toujours de voir les conflits dégénérer. Nous considérions chaque crise que nous traversions comme "existentielle" – crise de l'euro, crise bancaire, crise migratoire. Combien de fois n'a-t-on pas annoncé la mort de l'Union au cours des dernières années ?

Notre perception autocentrée nous a empêchés de voir que l'Union était petit à petit devenue un hégémon doté de structures et d'institutions solides. Un hégémon d'une puissance non négligeable, et peu susceptible de s'effondrer. Un maître agissant pour son propre bien et celui de ses voisins, mais pouvant aussi – point crucial – donner des coups.

Les Habsbourg ont toujours été conscients de leur puissance. Nous, non. Nous commençons seulement à nous apercevoir de la nôtre.

Les Habsbourg détenaient les symboles du pouvoir car celui-ci se confondait avec l'État. La vaisselle en or. Les palais. Le trône serti de pierres précieuses. L'armée, où des Tchèques, des Italiens et des Croates s'entraînaient, vivaient et combattaient ensemble. Aujourd'hui encore, cette puissance passée s'étale aux yeux de quiconque se promène dans Vienne.

L'Europe détient peu de symboles de puissance. Les gouvernements nationaux ont des avions spéciaux, mais le président de la Commission européenne ou le haut représentant pour les Affaires étrangères doivent acheter un billet pour un vol sur un avion de ligne.

“Imaginez un instant que nous acquérions un avion pour nos propres besoins, plaisantait un jour un fonctionnaire de la Commission, l’achat de l’appareil ferait immédiatement les gros titres des journaux : LES EUROCRATES GASPILLENT L’ARGENT DU CONTRIBUABLE DANS DES AVIONS DE LUXE.”

Quiconque met le pied dans un bureau de l’Union ne peut qu’être frappé par son aspect miteux. Prenons, par exemple, celui de la direction générale du Budget, à Bruxelles. Le visiteur pénètre dans un hall minable, où le comptoir en bois du réceptionniste n’a pas été repeint depuis au moins trente ans. Les coins se délitent. Les plaques de verre qui le surmontent sont ternies par les ans et couvertes de rayures. La piteuse banquette de la salle d’attente, dure comme le fer, semble avoir été récupérée dans une déchetterie. Les murs sont couverts d’affiches de promotion de l’Union et d’annonces accrochées à la va-vite pour attirer l’attention du personnel sur des cours de yoga ou l’*happy hour* d’un bistro.

Lorsque j'habitais Genève au milieu des années 2000, le Conseil (où sont représentés les États) et la Commission siégeaient dans le même bâtiment. Le Conseil disposait d'une réception coquette, pour laquelle on n'avait visiblement pas lésiné sur la dépense. La pièce reflétait le prestige et la puissance des États membres. Dans la réception de la Commission, la pauvre table (Ikea ?) et la moquette défraîchie suggéraient au contraire l'absence de pouvoir. On se prenait les pieds dans les câbles électriques. La puissance qui siégeait dans ces locaux ne croyait pas – ou n'avait pas le droit de croire – en elle-même.

Mais même si l'Union fait beaucoup de choses à moitié parce que les États ne veulent pas qu'elle soit puissante (et veulent tout faire à moindre coût), l'Europe a quand même du pouvoir. De plus en plus de pouvoir.

Dans *Europe as Empire*, livre publié dès l'année 2006, Jan Zielonka, professeur de science politique à Oxford, écrit que l'Union "est en train de devenir une sorte d'empire comme on en a connu au Moyen Âge, avec un système de gouvernance polycentrique, plusieurs juridictions empiétant les unes sur les autres, une hétérogénéité culturelle et économique frappante, des frontières floues et une souveraineté partagée". Ces caractéristiques rappellent en effet le système médiéval qui régissait notre continent avant l'émergence des États-nations et de la démocratie.

Dans sa dernière phase, l'empire des Habsbourg suscitait la perplexité d'un grand nombre de ses contemporains. Alors que la tendance générale était à la centralisation, les Habsbourg décentralisaient au contraire les pouvoirs de l'État. Dans l'Union, nous assistons en ce moment au processus inverse.

Tout le monde observe l'Union en ayant en tête le modèle de l'État-nation. Pour la plupart des gens, ce cadre est, et demeure, le seul qui compte. Le reste – l'ONU, l'OSCE, le G20 – correspond à des organisations intergouvernementales, agissant sous le contrôle des États-nations. Ceux-ci peuvent faire de ces forums et organisations ce qu'ils veulent. Une maîtrise qu'ils n'ont pas tout à fait dans le cas de l'Union.

Comme l'ONU et les autres organisations internationales, l'Union est aussi forte que le souhaitent ses États membres. Pas très forte, donc, car ceux-ci veillent à ce que ces organisations restent manipulables. Mais les États européens ont entre-temps découvert que leur appartenance à l'Union leur *donne* du pouvoir. Ensemble, ils pèsent plus dans les négociations sur le climat qu'individuellement. Ensemble, ils détiennent un des plus grands marchés de la planète. Et comme ils appliquent sur ce marché leurs propres règles, qui sont souvent les plus exigeantes au monde et dont l'application est sévèrement contrôlée, ce sont eux qui déterminent en grande partie les normes du commerce international. Ensemble, les pays de l'Union effectuent des missions militaires en Afrique pour lutter contre le terrorisme et contenir les migrations. Autrefois, la France s'en chargeait seule. Maintenant, elle a besoin de l'aide d'autres pays. Ils la lui fournissent, car ils y ont eux aussi avantage.

Les États membres perçoivent donc l'Union comme une construction qui à la fois les affaiblit et les renforce. Comment est-ce possible ?

Nous voyons l'Union à travers les lunettes de la souveraineté nationale. Elles forment le "cadre" auquel nous sommes habitués. Mais ce cadre n'est plus adapté. "La souveraineté est un bon concept quand les frontières juridiques et politiques de l'État coïncident avec celles du marché, de l'armée et des flux migratoires, analyse Zielonka. Or il y a longtemps que ce n'est plus le cas. Une Union européenne dotée d'un réel pouvoir doit être impériale, voire un peu antidémocratique."

Durant la crise de l'euro, de nombreux Grecs, Irlandais et autres Européens sous perfusion financière se plaignirent des manières "impériales" de la troïka venue mettre de l'ordre dans leurs affaires. Ils avaient raison. La troïka avait un côté dictatorial. Les experts dépêchés par la BCE, la Commission et le FMI indiquaient aux gouvernements les lois à modifier, le calendrier à respecter et le contenu des nouveaux textes. Cela allait loin. Très loin. Mais ces pays acceptèrent le diktat parce qu'ils voulaient demeurer membres du club. Refuser voulait dire plonger dans l'instabilité et le chaos.

Ils avaient le choix. Ils sont restés.

Gideon Rachman, éditorialiste au *Financial Times*, a qualifié l'Union d'"empire sur invitation". L'expression est bien trouvée. Personne n'est obligé de devenir membre. Tout le monde peut partir. Pourtant, le Brexit s'est révélé une opération extrêmement complexe. Après presque cinquante ans d'adhésion, l'économie et l'administration du Royaume-Uni étaient intrinsèquement liées au système européen. Ainsi les Britanniques n'avaient-ils pratiquement plus de spécialistes du commerce extérieur : ceux-ci étaient concentrés depuis des décennies à Bruxelles puisque c'est la Commission qui conclut les accords au nom des États. Mais la longueur et les difficultés des négociations du Brexit ont aussi une autre raison : le gouvernement britannique acceptait mal que l'Union soit en position de force. Donc en mesure de lui dicter les conditions de sa sortie. Pas par désir de mettre le Royaume-Uni en difficulté, mais pour se protéger elle-même et préserver le marché intérieur. Les Britanniques tentèrent de casser cette domination en jouant les pays les uns contre les autres. Quand ils posaient des exigences inacceptables sans obtenir ce qu'ils voulaient, ils poussaient des cris d'orfraie.

Pour affaiblir l'empire des Habsbourg, ses concurrents extérieurs procédaient exactement de la même manière : ils montaient les différentes nations de l'empire les unes contre les autres. Sabotage et simagrées : la stratégie typique des faibles.

À cet égard, la remarque prononcée par un responsable britannique lors des négociations sur les formalités douanières en Irlande du Nord constitue un aveu de faiblesse : "L'Union a oublié que l'Irlande du Nord fait partie du Royaume-Uni. Elle est un peu impérialiste."

La Suisse et la Norvège ont une longue expérience de la domination bruxelloise. Ces deux pays ne sont pas membres de l'Union. Mais ils adoptent une grande partie des règlements communautaires et participent, contrairement au Royaume-Uni, aux accords de Schengen. Pas parce qu'ils y sont contraints, mais parce qu'il serait désavantageux pour eux de ne pas le faire. Ayant habité dans chacun d'eux, j'ai constaté qu'ils se satisfont plus ou moins de cette situation, parce qu'ils sont petits. Et qu'ils le *savent*. Plus le monde devient instable, plus ils se blottissent contre l'Union qui leur offre une protection que personne d'autre ne peut leur apporter. Les Britanniques ont du mal à l'admettre parce qu'ils ne veulent pas voir que le Royaume-Uni n'est qu'un modeste pays tiers comparé à l'Union. "On ne va tout de même pas nous traiter comme des petits pays tels que la Norvège ou la Suisse ?" m'a un jour demandé le plus sérieusement du monde un diplomate britannique.

L'Union ne projette pas seulement sa puissance en Norvège et en Suisse, mais aussi dans de lointains pays d'Asie ou d'Amérique latine. L'universitaire finno-américaine Anu Bradford, professeur à la Colombia Law School, explique dans son livre *The Brussels Effect* pourquoi, dans le monde entier, des entreprises se plient aux règles communautaires. Sinon, elles se ferment l'accès au plus grand marché du monde. Elles incitent en outre leur propre gouvernement à adopter les normes de l'Union afin de ne pas avoir à se conformer à deux régulations différentes.

Facebook et Google respectent les règles européennes sur la protection de la vie privée, même en Amérique. Au Rwanda, non seulement l'État oblige ses floriculteurs à produire des roses conformes aux règles de l'Union, mais il fait aussi contrôler leur conformité par des inspecteurs nationaux à Kigali. Sans cela, ces fleurs ne pourraient pas être vendues sur le marché européen. Les normes de l'Union sont les plus strictes du monde. En s'y conformant, les entreprises étrangères s'assurent de pouvoir exporter leurs produits ou leurs services partout, même hors de l'Union. Comme les règlements communautaires incluent les normes et valeurs européennes (qu'il s'agisse des droits de l'homme, du respect de la vie privée ou de l'interdiction de l'expérimentation animale), Bruxelles exerce son pouvoir bien au-delà des frontières de l'Europe. L'Union constitue donc une véritable puissance douce. Beaucoup d'Européens n'en ont absolument pas conscience. Mais s'il y a un domaine où l'Europe est un empire, c'est bien celui-ci.

De l'intérieur de l'Union, nous voyons surtout ses divisions, son indécision et ses faiblesses. Mais dès qu'on la regarde de l'extérieur, on voit un bloc puissant et inébranlable. À l'intérieur, nous nous disputons sur les objectifs climatiques, l'État de droit, l'euro ou les sanctions contre la Biélorussie, nous nous lamentons sur notre faiblesse et nous répétons que nous devons devenir plus géopolitiques pour que le reste du monde cesse de nous jouer les uns contre les autres. À l'extérieur, nos rivaux voient ces dissensions, mais ils savent aussi la chose suivante : dès que les 27 sont d'accord, les compromis de l'Union sont solides comme le roc, et ils sont imposés sans pitié, y compris hors de ses frontières.

Le sociologue allemand Stephan Lessenich a forgé le terme de "société d'externalisation" *(Externalisierungsgesellschaft)* pour caractériser l'Europe. Il entend par là que l'Union projette sa puissance bien au-delà de ses frontières. Non pour nuire aux autres (ce qui est parfois inévitable), mais pour défendre son propre modèle et protéger ses membres.

Certains disent qu'il ne s'agit pas de géopolitique, mais de géoéconomie. C'est sûrement vrai.

Mais d'autres grandes puissances utilisent elles aussi l'économie comme instrument de pression politique. L'Amérique mène des guerres commerciales, la Chine accorde des prêts prédateurs pour les projets des nouvelles routes de la soie et menace d'expulser les fabricants automobiles européens si Huawei n'obtient pas de contrats européens. Mais l'Europe déploie elle aussi des moyens militaires ou semi-militaires. Nous externalisons la protection de nos frontières très profondément en Afrique en envoyant des missions qui doivent éviter un afflux massif de population en Europe. Aucun pays de l'Union ne peut plus faire cela seul, pas même la France. Donc les pays de l'Union le font ensemble, dans le cadre de coopérations à la composition changeante. Certains pays européens non membres de l'Union participent parfois à ces initiatives.

L'Union européenne peut s'effondrer un jour, comme l'empire des Habsbourg et d'autres empires avant lui. Les divisions internes sur l'État de droit et sur l'euro peuvent tout faire exploser. Mais, comme je l'ai dit, l'Union a surmonté de nombreuses crises existentielles au cours de la précédente décennie. Elle en est sortie renforcée. Pourquoi ? Pour la simple raison que les gouvernements ne voulaient pas sa désintégration. Les citoyens européens semblent leur en être reconnaissants. Depuis le Brexit et la pandémie de Covid-19, le soutien à l'appartenance à l'Union augmente considérablement dans de nombreux États membres.

Vu le renforcement de la pression externe, cette popularité pourrait persister pas mal de temps. Une

Amérique imprévisible, une Russie belliqueuse, un Royaume-Uni déboussolé, une Turquie décomplexée qui utilise les migrants et Daech pour nous faire chanter – cernée par cette “ceinture de feu”, l’Europe se sent tout de même un peu plus une famille qu’autrefois.

CHAPITRE 10

Everyone is an historian of his or her consciously lived lifetime, but we may not be aware how much of it is still in us.
"Nous sommes tous historiens de la période que nous avons vécue consciemment, mais nous pouvons ne pas savoir dans quelle mesure elle est encore présente en nous."

ERIC HOBSBAWM,
The Age of Empires, 1875-1914 (1989).

I

Une des périodes de l'histoire qui me fascine le plus est celle qui a immédiatement suivi la chute de l'empire des Habsbourg en 1918. Qu'est-ce qui changeait concrètement ? Et comment ? Quel retentissement l'événement avait-il sur la vie des gens ? Cela correspondait-il à ce qu'ils en avaient attendu ?

D'où cette fascination me vient-elle ? Peut-être ne conçoit-on jamais mieux ce qu'on a eu qu'au moment où on le perd. Joni Mitchell l'affirme dans une de ses chansons : *"You don't know what you've got / till it's gone."*

Chaque fois qu'une crise frappe l'Europe, il se trouve des commentateurs pour prédire l'explosion, ou l'implosion, de l'Union. Après plusieurs années passées à Bruxelles, leur pessimisme me touche moins – j'ai constaté que les dirigeants européens sont prêts à faire de grands pas quand le danger menace. Et souvent, après une grande secousse, il n'y a pas moins, mais plus d'Europe. Comme autrefois l'empire des Habsbourg, l'Union est en effet contrainte de se renouveler constamment parce qu'elle perdrait sa raison d'être pour ses États membres si elle n'offrait pas de solution aux nouveaux problèmes. Elle est, pourrait-on dire, un système animé d'un péristaltisme permanent.

Mais c'est précisément cette idée rassurante ("Bah ! tout finira par s'arranger", ou encore : "Bruxelles trouvera bien une solution") qui risque de faire écran à la perception des mutations politiques et sociales. Prenez l'empire des Habsbourg. Tout le monde s'y plaignait constamment que rien ne change. Pourtant, personne n'était vraiment préparé à ce que tout change radicalement un jour.

Dans ses *Cahiers de prison*, le penseur marxiste italien Antonio Gramsci parle d'un temps où "l'ancien meurt et le nouveau ne peut pas naître". Cette description correspond bien au ressenti de nombreux citoyens de l'empire des Habsbourg durant les années d'avant-guerre : ils avaient l'impression de vivre dans un vide. L'ancien ordre du monde touchait à sa fin, mais personne ne savait à quoi ressemblerait le nouveau. Ni ne se sentait l'énergie d'aider à son accouchement.

En se promenant dans Budapest ou dans Vienne, on peut comprendre leur attitude. L'irruption sur scène de nouveaux acteurs devait être d'autant plus difficile à imaginer que le décor paraissait toujours aussi solide.

Il y a aujourd'hui des gens qui ressentent un vide semblable. Combien de fois la fin de la globalisation n'a-t-elle pas été prédite depuis la crise financière de 2008 ? Et, dans la foulée, la fin du néolibéralisme ? En France, des "collapsologues" s'en mettent plein les poches en apprenant aux gens à devenir autosuffisants et à se passer de toutes les commodités de la société – de façon à pouvoir affronter sans trop de dommage le chaos qui surgira de grands bouleversements politiques. En 2020, les manifestations organisées dans diverses parties de l'Europe contre les mesures gouvernementales visant à contenir la propagation du Covid ont rassemblé des foules très hétéroclites – où les vieux hippies côtoyaient les néonazis, les antimondialistes et les antivax –, mais tous les protestataires partageaient la même détestation des "élites" et le même désir d'un changement radical de société.

En observant ce qui s'est passé immédiatement après 1918 dans les décombres de l'empire des Habsbourg, nous pouvons peut-être nous faire une idée de ce qui pourrait arriver si l'Union européenne devait connaître un sort analogue.

II

La littérature – de fiction et de non-fiction – est pratiquement la seule source permettant de s'informer sur l'immédiat après-guerre et l'effondrement de l'empire des Habsbourg, Autant la documentation abonde sur la guerre et les dernières années des Habsbourg, autant elle est parcimonieuse sur la période immédiatement consécutive. Joseph Roth a écrit les deux romans les plus connus traitant de ce thème : *Hôtel Savoy*, publié en 1924, et *La Crypte des Capucins*, en 1938.

Hôtel Savoy a pour cadre un hôtel situé dans la partie orientale de l'ex-empire, où vivote une foule de réfugiés, de soldats de retour du front et d'aigrefins essayant de leur soutirer de l'argent. Le livre montre ce que la guerre fait aux gens. Pour Joseph Roth, qui mena lui-même une existence errante, l'effondrement de l'empire des Habsbourg constituait une catastrophe. L'empire avait offert aux Juifs tels que lui – ainsi qu'aux membres d'autres minorités – une sorte de refuge. Leurs droits étaient raisonnablement garantis. Même dans une ville comme Vienne, où l'antisémitisme couvant sous la surface ressurgissait périodiquement avec violence (comme pendant le mandat du maire Karl Lueger, de 1897 à 1910), les Juifs étaient plus ou moins protégés contre le nationalisme exclusif de la majorité. Après 1918, leur position se détériora. Ils furent abandonnés à leur sort. Les personnes qui s'étaient installées aux quatre coins de l'empire en bénéficiant partout des mêmes droits se retrouvaient soudain dans de petits États dont les frontières avaient été tracées sur la base de critères nationaux et ethniques – qui les excluaient. L'angoisse du déracinement, le sentiment de n'avoir plus de chez-soi et l'insécurité qui en découle sont les motifs centraux d'*Hôtel Savoy*.

La Crypte des Capucins donne une image plus précise de la société d'après 1918. Ce petit livre, aussi bref qu'*Hôtel Savoy* (comme s'il était impossible d'écrire sur cette période rien de très approfondi), prolonge la saga familiale contée dans *La Marche de Radetzky*. À la fin de la guerre, le narrateur, Franz Ferdinand Trotta, revient du front. La demeure de la famille est intacte, mais sa mère a pris des locataires. Sa femme, épousée la veille de son départ pour le front, est devenue lesbienne. Elle tient avec son amie une boutique de fanfreluches rouges et orange. Les économies du clan ont fondu. Le jeune Trotta erre quelque temps, racontant, au travers de sa propre désintégration, celle de toute une société. À la fin du récit, s'étant rendu devant la crypte des Capucins, où sont inhumés les Habsbourg, il se lamente : "Et maintenant, où puis-je encore aller, moi, un Trotta..."

Comme le précédent, ce livre a un côté claustrophobe. Le monde est devenu petit et chaotique. En l'écrivant, Roth était lui-même en train de se désintégrer. L'éditeur comptait sur un récit de 250 pages. Roth n'en livra que la moitié. Un des chapitres est recopié d'un précédent ouvrage. Roth mourut un an plus tard, rongé par la boisson, désespéré et sans un sou.

Sans doute personne n'a-t-il mieux décrit la fin de l'ère habsbourgeoise que Stefan Zweig. Il se trouvait en Suisse lors de la proclamation du cessez-le-feu. Dans son autobiographie, il raconte que l'événement suscita pendant quelques jours l'enthousiasme de plusieurs de ses connaissances. L'euphorie, pourrait-on dire, même si elle retomba vite. Lui aussi pensait qu'une paix éternelle allait enfin régner et que la guerre était définitivement bannie. Tout paraissait merveilleux à ce moment-là. La révolution russe faisait encore rêver. Le plan grandiose du président Wilson pour l'autodétermination des peuples, la démocratie et la liberté du commerce remplissait l'humanité d'espoir. L'enfer était terminé. Il ne pouvait plus rien arriver. Un nouveau monde allait commencer. "Nous étions naïfs, je le sais."

Tout à ses illusions, Zweig retourna à Salzbourg, où il avait acheté une maison. Cette acquisition se révéla une erreur magistrale. Dans le train, il comprit pourquoi. Du côté autrichien, le cuir des banquettes était lacéré : les gens le récupéraient pour ressemeler leurs chaussures. Les lampes avaient été volées. Les cendriers aussi car ils contenaient du cuivre et du nickel négociables sur le marché noir. En plein hiver, le chauffage ne fonctionnait pas. Ainsi se déroula le célèbre voyage où Zweig entrevit Charles, le dernier empereur, en partance pour l'exil avec sa famille.

Il trouva une Autriche qui faisait penser à un tronc dont tous les membres auraient été arrachés. Un tronc se vidant de son sang par toutes les veines. L'hiver était particulièrement froid. Il n'y avait pas de pain, pas d'huile, pas de charbon. La plupart des usines se situaient dans des régions de l'empire soudain devenues des pays étrangers. Les réserves d'or de la banque nationale étaient presque épuisées après quatre années de guerre. Le pays était devenu indépendant contre sa volonté – un cas rare dans l'histoire.

L'Autriche, moignon perclus de douleurs fantômes, aurait préféré se fédérer tout de suite avec ses nouveaux voisins. Ou avec l'Allemagne. Elle n'avait jamais existé seule, et ne le souhaitait pas. Mais les Alliés craignaient la reconstitution d'un nouvel Empire habsbourgeois. Et surtout, la possibilité d'un retour en force de l'Allemagne. Les maladroites tentatives de l'empereur Charles pour remonter sur le trône de Hongrie ne contribuèrent sûrement pas à dissiper ces appréhensions. Les Alliés dirent donc non à tout projet d'union.

La maison salzbourgeoise de Zweig était pleine de fuites et impossible à chauffer à cause de la pénurie de charbon. Le bois coupé dans le jardin s'éteignait tout de suite tellement il était humide. L'écrivain vécut la plus grande partie des trois premiers mois dans son lit. Dès qu'il avait écrit une page, il retournait se chauffer les mains sous les couvertures. La nourriture n'était disponible que sur le marché noir, en échange de bijoux, de meubles ou d'objets possédant encore quelque valeur – valeur que les billets de banque avaient rapidement perdue. Dans de simples petites fermes, on trouvait donc à l'époque des bouddhas asiatiques et des tiares parées de vrais diamants. Les gens se battaient pour tout. Toute forme d'autorité avait disparu. En un rien de temps, les hôtels se remplirent d'étrangers venus rafler tout ce qu'ils pouvaient en payant en devises fortes. Ainsi voyait-on des hordes d'Allemands traverser quotidiennement la frontière pour acheter des antiquités, se faire confectionner des costumes et s'en mettre plein la lampe. On trouvait de tout pour une bouchée de pain. L'hôtel de l'Europe de Salzbourg, le meilleur de la ville, était rempli de chômeurs britanniques qui y vivaient à moindre coût que dans leurs maisons ouvrières en Angleterre.

Les bolcheviks prirent rapidement le pouvoir en Hongrie. Une république communiste fut proclamée en Bavière. À vrai dire, si la même chose ne s'est pas produite en Autriche, cela tient du miracle. En l'absence de révolution, quelques partis politiques formèrent un gouvernement. Ils parvinrent à stabiliser progressivement le pays.

Il ne faudrait pas en conclure que tout rentra dans l'ordre. Quelque chose s'était brisé. L'État qui, depuis l'impératrice Marie-Thérèse, avait protégé ses citoyens mieux que beaucoup d'autres en Europe, les avait cette fois-ci complètement abandonnés. La population se sentait trahie. Cette désaffection était ressentie par les soldats qui, après quatre années passées en enfer, ne revenaient pas en héros, mais en miséreux. Elle était partagée par tous ceux qui, après avoir rêvé d'un monde meilleur, comprirent rapidement que la même vieille caste – grossie de profiteurs de guerre – continuerait à tirer les ficelles. Et elle affectait plus vivement encore la jeune génération, incapable de ressentir aucun respect pour leurs aînés, qui laissaient derrière eux un champ de ruines. Dès que le pays eut retrouvé un peu de calme, une sorte de révolution morale s'enclencha.

Les traditions, qui n'avaient jamais rien apporté de bon, furent jetées aux orties. Beaucoup voyaient dans le trop grand respect de l'ordre ancien la cause de leur malheur. En réaction, ils s'entichèrent de tout ce qui paraissait nouveau ou différent. Tout d'un coup, le design remplaça les meubles Biedermeier. Les gens ne dansèrent plus la valse, mais le tango. Les robes raccourcirent de plus en plus. L'occultisme, le yoga et les boutiques de produits naturels devinrent à la mode.

Ma propre grand-mère, une Néerlandaise, se prit d'engouement pour les produits naturels – sans doute après des vacances en Autriche. Elle était végétarienne et se nourrissait de mélanges de haricots et de riz complet. Je me rappelle que, dans les années 1970, elle allait régulièrement au Tyrol faire provision d'extraits de plantes et de mixtures minérales à l'odeur bizarre totalement inconnues aux Pays-Bas. Pour s'en procurer, il fallait se rendre en Autriche.

Certains membres de vieilles familles habsbourgeoises, gardiennes sourcilleuses d'un conservatisme soudain dépassé, cédèrent à cet élan réformateur. Ils en prirent parfois la tête. "Nous nous sentions coupables, me confia un jour une de leurs descendantes, une guérisseuse habitant une maison encore pleine de créations de la Wiener Werkstätte (poignées de porte incluses), l'atelier pionnier du design moderne il y a une centaine d'années. Nous pensions que nos parents avaient précipité la ruine d'un monde en s'accrochant trop longtemps aux conventions dominantes. Nous avons donc fait le contraire, pour ne pas retomber dans les mêmes erreurs. La contestation des conventions devint la nouvelle convention." Enfin, jusqu'à un certain point. Chaque année, le 28 juin, elle assiste à la cérémonie d'anniversaire de l'assassinat de François-Ferdinand. Il y a des limites à tout…

Zweig n'était pas un révolutionnaire. Mais l'élan réformateur et l'adrénaline perceptibles dans toute la société ne le laissaient pas de marbre. Bien que n'ayant pas encore quarante ans, il se sentait soudain horriblement vieux. Il prit ses anciens livres en grippe. Il en interdit même la publication pendant un certain temps. Mais il ne savait pas non plus ce qu'il voulait. Il se mit alors à écrire des biographies : de Tolstoï, de Casanova, Stendhal, Dickens.

III

Fin 1918, toute la toile tissée par les Habsbourg fut "détricotée" en quelques semaines. Ce fut une immense pagaille, le mot n'est pas trop fort. À l'heure où certains responsables militent énergiquement en faveur du Frexit ou du Nexit – comme si sortir de l'Union n'était rien –, l'histoire du démembrement de l'empire des Habsbourg mériterait d'être rappelée à tous. Car ce n'était pas rien. C'était une tragédie, pour presque tout le monde. Pourtant, elle a eu lieu. Une fois enclenché, le processus ne pouvait plus être arrêté.

Les actes de la tragédie sont à peu près les suivants.

Le 15 octobre 1918, la Croatie et la Slovénie font sécession, suivies par la Voïvodine[1] et la

1. Région située au nord de Belgrade, formant aujourd'hui une province autonome de la Serbie.

Bosnie-Herzégovine. Le 20 octobre, les Tchèques et les Slovaques prennent le large. Le 12 novembre, l'Autriche proclame son indépendance. La dernière à quitter le navire est la Hongrie, le 16 novembre, après avoir dû céder la Transylvanie et d'autres territoires à la Roumanie. L'Italie et la Pologne incorporent les derniers restes de l'empire[1].

Le partage du patrimoine n'était pas vraiment équitable. Les Tchèques héritaient de beaucoup d'industrie lourde, de la production de sucre et des mines de charbon. La Hongrie avait les meilleures terres agricoles. L'Autriche devenait une sorte de créature hydrocéphale : de l'ancien empire, elle ne conservait pas grand-chose d'autre que la bureaucratie et les banques. Mais après cette guerre dévastatrice de quatre ans, tous ces nouveaux pays avaient à gérer une monnaie fortement dévaluée, une inflation délirante, un marché domestique totalement effondré et une montagne colossale de dette extérieure.

Pour limiter les dégâts, certains tentèrent dans un premier temps de réunir les fragments de l'ex-empire en une nouvelle union douanière. En fournissant un socle aux mutations qui devaient s'opérer, cette initiative aurait pu alléger le fardeau des nouveaux États. Mais toutes les tentatives échouèrent. Les héritiers des Habsbourg se disputaient des portions de territoire, des wagons de chemin de fer et d'autres reliefs de l'héritage impérial. Les tensions s'exaspérèrent au point que chacun d'eux imposa des droits de douane à ses voisins, à des taux atteignant parfois 150, voire 200 %. Les échanges commerciaux entre

1. C'est-à-dire, pour l'Italie, le Trentin, le Sud-Tyrol et la région de Trieste, et pour la Pologne une large part de la Galicie.

eux se tarirent presque complètement. Les transports cessèrent de fonctionner. À toutes ces catastrophes s'ajoutait un embargo commercial décrété par les Alliés contre l'Autriche et la Hongrie : les deux anciennes provinces devaient être punies pour avoir provoqué la guerre.

La banque centrale était en grande partie (pour 70 %) aux mains des Autrichiens. Ils avaient financé l'essentiel de la bureaucratie impériale, l'armée et toutes les institutions fédérales. Mais à la fin de la guerre, l'Autriche n'avait plus un sou. Quatre années durant, l'argent était parti vers le front. Le reste de l'appareil d'État, réduit à la portion congrue, s'étiolait. Après la guerre, le gouverneur de la banque centrale fit tourner la planche à billets à plein régime. Les autres pays de l'ancienne double monarchie, furieux de ne pas pouvoir s'y opposer, se mirent immédiatement à frapper leur propre monnaie.

Le nouveau royaume des Serbes, Croates et Slovènes commença par apposer un cachet sur tous les billets habsbourgeois en circulation sur son territoire. Ainsi tamponnées, les couronnes austro-hongroises devenaient des dinars. L'opération débuta en 1919. Mais le tampon fut immédiatement contrefait. Il fut donc remplacé par un nouveau tampon, tout aussi rapidement falsifié. Par la suite, les citoyens du nouveau royaume se virent offrir la possibilité d'échanger les anciens billets pour des obligations d'État. Sauf que ces obligations avaient une valeur inférieure à leur montant en couronnes autrichiennes – pourtant déjà bien faible. Les trafiquants sautèrent sur l'occasion et exploitèrent sans vergogne les différences de cours.

La Tchécoslovaquie mit également en circulation sa propre devise en mars 1919. Les autorités commencèrent par boucler le pays pendant deux semaines pour empêcher ses habitants d'aller changer leur argent de l'autre côté de la frontière. Ceux-ci devaient ensuite faire tamponner leurs billets pour convertir en couronnes tchèques leurs couronnes austro-hongroises. L'opération donnait lieu à la levée d'une taxe spéciale sur une partie des sommes en jeu. Il en résulta une panique bancaire à rebours : tout le monde déposa son argent à la banque pour échapper à la taxe – certains comptes d'épargne en étant exemptés. Le mouvement fut si massif que les taux d'intérêt tombèrent à peu près à zéro. Le fin mot de l'histoire est que beaucoup de Tchèques conservèrent tout de même leurs vieux billets bien que ceux-ci n'eussent officiellement plus cours. Peut-être pourraient-ils en tirer quelque chose un jour – l'avenir allait leur donner raison.

De nombreux Autrichiens réagirent de la même manière quand il leur fallut, comme dans les États voisins, faire tamponner leurs billets en mars 1919 : ils s'abstinrent de les convertir et attendirent des temps meilleurs. Eux aussi craignaient de devoir payer un impôt : le ministre des Finances, Joseph Schumpeter (oui, Schumpeter, le célèbre économiste – il garda son poste seulement sept mois), était fervent partisan d'une taxation. Comme les anciennes couronnes détenues par les étrangers n'étaient pas tamponnées, contrairement à celles des Tchèques, beaucoup supposaient en outre qu'un fructueux marché se développerait pour les anciens billets non tamponnés. À leur grande joie, et à celle des Tchèques qui avaient conservé leurs vieux billets, cela se produisit. En 1921, on payait 22 000 anciennes couronnes autrichiennes “intérieures” pour une livre sterling, mais seulement 11 000 anciennes couronnes étrangères (non tamponnées).

Chaque pays gérait ses affaires dans son coin, en suivant son propre calendrier et en négligeant toute concertation avec ses voisins. L’époque était bénie pour les escrocs et trafiquants du marché noir.

La Hongrie fut le dernier pays à estampiller les anciens billets, en mars 1920. Comme on y acceptait les billets de tous les détenteurs (y compris ceux des non-Hongrois) et que la couronne y était plus forte qu’en Autriche, les gens franchissaient massivement la frontière pour échanger leurs anciennes couronnes contre des dollars. Avec ces dollars, ils retournaient en Autriche, où ils obtenaient beaucoup plus de couronnes qu’ils n’en avaient initialement en leur possession. Au final, il circula en Hongrie trois fois plus de couronnes qu’avant le début du marquage. En Roumanie, la masse de couronnes fut même multipliée par quatre. On estime que la moitié au moins des billets estampillés en circulation dans ce pays étaient faux.

Encore ne s’agit-il que du chaos monétaire.

L’effondrement s’accompagnait en outre d’interminables batailles sur la liquidation de la dette, et sur la répartition des richesses et des biens de l’ancien État. La réserve d’or, du moins ce qu’il en restait après la guerre, devait être partagée. Les banques, qui avaient des succursales dans tout l’empire, avaient consenti des prêts dont beaucoup ne seraient jamais remboursés – qui devait payer ? Chaque gouvernement s'efforçait de s'approprier les bonnes choses et de refiler les mauvaises à ses voisins – exactement le comportement auquel on a assisté dans l'Union lors de la crise financière de 2008.

Entre-temps, l'inflation atteignait des sommets quasiment partout. La Pologne faisait la course en tête : entre 1913 et 1923, le coût de la vie y avait augmenté de 119 656 600 %. La nouvelle banque centrale autrichienne rattacha en 1923 la couronne au dollar : 1 million de couronnes valait 14 dollars. Dix ans plus tôt, 100 couronnes valaient 20,26 dollars.

En Autriche et en Hongrie, la situation sociale et économique se détériora à tel point que la Société des nations (SDN) secourut la première en 1922, et la seconde en 1924, en leur consentant des prêts et en mettant en place des programmes de réforme. La Société des nations était le précurseur des Nations unies, mais elle agissait en l'occurrence plutôt comme l'actuel FMI. Les États membres de la SDN n'avaient, au départ, aucune envie de se mêler des querelles entre héritiers des Habsbourg. Mais quand le chaos s'amplifia au point de risquer de déstabiliser toute la région, ils se ravisèrent et chargèrent l'organisation de calmer le jeu. Comme une "troïka" avant la lettre, les experts de la SDN se mirent à la tâche. Très efficacement. Ils réussirent à freiner progressivement l'hyperinflation, à relancer l'économie légale et à mettre un terme à la misère sociale.

IV

Pendant des décennies, personne n'accorda beaucoup d'attention à la catastrophe socioéconomique qui suivit 1918. Sans doute parce que la Seconde Guerre mondiale et son épouvantable cortège d'horreurs occultèrent sa mémoire. Il fallut attendre les années 1990 et la désintégration de l'Union soviétique, de la Yougoslavie et de la Tchécoslovaquie, pour que l'on commence à s'y intéresser. En 1993, l'effritement de la zone rouble amena en particulier de nombreux économistes à étudier les similitudes et les différences entre les deux crises. La dislocation de l'empire des Habsbourg montre ce qui peut arriver quand les membres d'une union monétaire ne partagent pas équitablement les recettes, visent des objectifs économiques différents et négligent de se concerter : la zone ne tarde pas à se fragmenter. Et ce sont, comme toujours, les citoyens ordinaires qui paient les pots cassés.

Les économistes Peter Garber et Michael Spencer ont écrit en 1992 pour l'université de Princeton et le FMI une étude sur le désordre régnant après 1918. "Une scission monétaire qui n'est pas préparée et exécutée soigneusement incite les individus à injecter de l'argent partout, ce qui accroît l'instabilité dans le pays sortant, ou même dans le reste de l'union." L'ouvrage mériterait d'être republié : il adresse un avertissement toujours actuel aux pays de la zone euro, ainsi qu'à tous ceux qui prétendent allègrement qu'une sortie de l'euro ne poserait aucune difficulté.

Toujours en 1992, Rüdiger Dornbusch, économiste au Massachusetts Institute of Technology, s'est penché lui aussi sur les calamités de l'après-Habsbourg. La disparition de grands États multinationaux tels que la Yougoslavie et l'Union soviétique avait piqué sa curiosité. Dans le cas de l'Autriche-Hongrie, il fut surtout frappé par l'entêtement des nouvelles républiques. Non seulement elles refusaient de conclure des alliances – pas plus entre elles qu'avec n'importe qui d'autre –, mais elles estimaient sincèrement qu'elles se sortiraient mieux d'affaire toutes seules. La souveraineté absolue leur apparaissait comme le bien le plus précieux. Ainsi voulaient-elles ne dépendre pour leur développement que de leur propre industrie. Même lorsque leurs voisins possédaient les mêmes usines, elles refusaient de s'adapter et de se concentrer sur d'autres activités économiques. Elles fermaient obstinément leurs frontières, se barricadaient derrière des tarifs douaniers astronomiques et montraient une méfiance abyssale – pour ne pas parler de rancune. Dans son étude "Post-Communist Monetary Problems: Lessons from the End of the Austro-Hungarian Empire", Dornbusch écrit que ces nouveaux États "s'opposaient énergiquement à ce que Vienne jouât de nouveau dans l'avenir économique de la région un rôle central et puissant". Les brexiteurs auraient sans doute pu tirer profit de ce genre d'observations.

En 2012, au plus fort de la crise de l'euro, quand l'Italie et l'Espagne commençaient à chanceler, le site économique Vox publia un article alarmant qui rappelait certaines leçons de la tragédie habsbourgeoise. L'auteur, Anders Åslund du Peterson Institute de Washington, avait travaillé comme consultant dans plusieurs pays passés d'une économie planifiée à une économie de marché. Il avait travaillé en Ukraine, en Russie et au Kirghizistan. Maintenant, c'était au tour de la zone euro de trembler sous l'effet de la crise grecque. L'Italie, l'Espagne et d'autres pays de la zone devaient payer des intérêts plus élevés pour leurs emprunts que les pays du Nord, tels que les Pays-Bas ou l'Allemagne. L'épargne du Sud de l'Europe affluait vers le Nord. Le Suédois Åslund s'inquiétait d'entendre certains économistes affirmer qu'il vaudrait mieux dissoudre la zone euro. Un danger mortel, selon lui : "Cette catastrophe doit à tout prix être évitée."

Au cours du siècle dernier, l'Europe a assisté à l'effondrement de trois unions monétaires internationales. Par trois fois, l'hyperinflation et le chômage de masse ont causé d'immenses dommages. Il est intéressant de noter que les premiers à partir furent chaque fois des petits pays prospères : la Tchécoslovaquie dans le cas de l'empire des Habsbourg, la Slovénie et la Croatie dans celui de la Yougoslavie, et les pays baltes en ce qui concerne l'Union soviétique. Ils ont agi vite et résolument. Même si leur sortie ne s'est pas faite sans douleur, ils s'en sont mieux tirés que le reste. La plupart des autres pays, plus lents à réagir, n'avaient toujours pas retrouvé leur ancien niveau de richesse un quart de siècle plus tard. L'Autriche et la Hongrie ne se sont même redressées que vers le milieu des années 1950.

V

Après la révolution, le tsar et sa famille ont été assassinés. Le meurtre politique n'avait pas épargné non plus les Habsbourg : l'impératrice Sissi était morte en 1898 sur un quai de Genève, du coup de lime porté par un anarchiste italien qui voulait initialement tuer le prétendant au trône français ; François-Ferdinand et sa femme avaient succombé en 1914 à Sarajevo sous les balles d'un nationaliste serbe.

Mais après la chute de l'empire, les Habsbourg n'ont pas été lynchés. Ils n'ont pas non plus – comme l'empereur allemand Guillaume II – été chassés précipitamment du pays. Ils ont eu droit à un bien meilleur traitement que toutes les autres dynasties.

Il était clair que les citoyens de 1918 ne voulaient plus de l'étouffante étiquette de la cour ni du conservatisme de la plupart des Habsbourg. Beaucoup tenaient la famille impériale pour responsable de la guerre et des malheurs qu'elle avait engendrés. Pourtant, ils ne la détestaient pas.

Otto de Habsbourg avait six ans en novembre 1918 quand son père, l'empereur Charles, signa un document où il s'engageait à ne plus se mêler des affaires de l'État – sans toutefois renoncer au trône. Quelques semaines auparavant, Charles avait fait revenir ses enfants de Budapest – capitale qui paraissait initialement plus sûre – à Vienne. Mais une révolution avait éclaté en Hongrie. Vienne se révélait donc une meilleure option. Le "transport d'enfants" fut organisé avec une précision militaire. Otto raconta plus tard à son biographe Gordon Brook-Shepherd comment ils furent convoyés à Vienne. Une des voitures transportait des bidons d'essence. Elle était conduite par le prince René de Bourbon-Parme, un de ses oncles maternels. En cas d'attaque des rouges, René devait incendier le véhicule pour bloquer la route. "L'idée d'une révolution bolchevique faisait, ici aussi, son chemin, mais personne ne prit même la peine de nous suivre, rapporte-t-il. Vers midi, nous arrivâmes à Pozsony[1], où régnait un calme paradisiaque, exactement comme quand nous avions fait un tour en bateau sur le fleuve pendant l'été."

Durant ces dernières semaines, la famille ne fut ni menacée, ni inquiétée. C'était même plutôt l'inverse : le vide se faisait autour d'elle. Les plus fidèles ordonnances désertaient. Les majordomes et les cuisiniers restaient chez eux. L'infanterie qui défendait le palais rompit les rangs et ne revint jamais. Même les proches parents fuyaient l'empereur et sa famille comme des pestiférés. La crasse envahissait tout, et tous. Le chambellan de Charles, un des seuls officiers fidèles à son poste, dit un jour à l'empereur en faisant le salut militaire : "Majesté, votre famille sent mauvais."

De la fin novembre 1918 à la fin mars 1919, la famille résida dans le pavillon de chasse d'Eckartsau, à l'est de Vienne, près du triangle frontalier entre l'Autriche, la Hongrie et la Slovaquie. La nourriture était rare, le savon manquait, le courant était coupé et le groupe ne bénéficiait d'aucune protection.

1. Pozsony est le nom hongrois de la ville de Pressburg (Presbourg en français) à l'époque habsbourgeoise, aujourd'hui Bratislava.

L'impératrice Zita habillait les enfants en noir pour que les taches se voient moins. Toute la maisonnée attrapa la grippe espagnole, Charles compris. Le roi d'Angleterre George V, pris de pitié, finit par dépêcher quelques militaires pour prendre soin d'eux et les aider à négocier leur future condition.

Le nouveau chancelier socialiste autrichien, Karl Renner – l'homme qui avait déclaré quelques semaines auparavant que le pays était désormais une "république sans républicains" – voulait se débarrasser de la famille impériale. Il le voulait même tellement qu'il accepta que Charles ne renonce pas à son trône. Concession dont il n'allait pas tarder à se mordre les doigts. Non seulement la famille quitta le pays dans un train impérial rutilant, orné de couronnes, équipé d'un wagon-restaurant, et recevant sur son passage tous les honneurs imaginables : drapeaux, hymne national et salut militaire. Mais Charles exploita le fait qu'il était encore formellement empereur pour préparer un éventuel retour depuis son exil suisse. Il fit deux tentatives de coups d'État feuilletonesques, usant de faux passeports, dissimulé sous des déguisements, et secondé par une poignée de complices hongrois qui s'embrouillèrent dans le planning. Pour les Suisses, qui avaient admis Charles sur leur sol à condition qu'il s'abstînt de toute activité politique, ces complots n'en constituaient pas moins un motif d'expulsion, direction Madère.

VI

Dans toute cette histoire, on est frappé par la tiédeur des réactions publiques et politiques. Pas de foule en colère. Pas de lynchage. Une charrette chargée de nourriture pour la famille impériale fut un jour visée par des tirs, à l'époque où celle-ci logeait encore au château d'Eckartsau. Le coup avait très certainement été monté par la police locale. Ce fut le seul et unique incident.

Pendant les derniers mois, personne ne levait le petit doigt pour soutenir l'empereur, mais personne ne le poussait vraiment vers la sortie. Les gens restaient chez eux en attendant de voir de quel côté le vent allait tourner. Autour du souverain, tout s'évanouissait ainsi petit à petit, jusqu'au moment où il se retrouva seul.

Lorsque la famille impériale prit le train pour la Suisse, deux mille personnes assistèrent à son départ dans le petit village de Kopfstetten. Elles suivirent la cérémonie, silencieuses et immobiles, le soir, sous une pluie battante. Dans l'obscurité, seuls luisaient les phares de l'escorte militaire britannique. Quand le train s'ébranla, on n'entendit ni huées, ni acclamations, ni cris d'aucune sorte – rien. Sauf “une sorte de doux gémissement”, d'après le rapport d'un responsable britannique.

VII

Il existe encore à Bruxelles des rues portant les noms de souverains habsbourgeois. La rue Marie-Thérèse, par exemple. Et la rue Joseph-II, au cœur du quartier européen, une longue artère où de nombreux fonctionnaires européens ont leur bureau. Le maintien de ces odonymes tient à ce que Marie-Thérèse et son fils Joseph II se sont l'un et l'autre efforcés de réduire les inégalités sociales, de développer l'enseignement et la santé publique, et d'étendre les droits des personnes. La plupart des régimes du XVIIIe siècle ont aveuglément choisi le parti de l'aristocratie. Mais ces deux réformateurs habsbourgeois ont fait de leur mieux pour émanciper le peuple et la paysannerie en réduisant les privilèges de la noblesse. On peut juger trop modestes, selon nos critères du XXIe siècle, les résultats qu'ils ont obtenus – mais ils se sont engagés en faveur des réformes, un choix exceptionnel à leur époque.

En Autriche même, les Habsbourg n'ont jamais vraiment été bannis. Le prince héritier Otto resta interdit d'entrée sur le territoire jusque dans les années 1960 parce que, comme son père, il refusait de renoncer au trône. La mère d'Otto, l'impératrice Zita, est, elle aussi, longtemps demeurée *persona non grata*. Mais de nombreux parents d'Otto étaient les bienvenus et menaient une vie normale. Dans la tourmente des années 1930, tandis que la droite et la gauche se livraient une sanglante guerre civile, plusieurs centaines de communes nommèrent Otto citoyen d'honneur. Ce genre d'initiatives et de manifestations de soutien encouragèrent Otto à proposer ses services politiques au gouvernement pour éviter une annexion par l'Allemagne.

Même en République tchèque, les Habsbourg n'ont pas si mauvaise réputation. On s'attendrait à l'inverse. Les Tchèques étaient vraisemblablement le peuple le plus critique de l'empire. Ils se sentaient évincés par l'aristocratie de langue allemande – les Schwarzenberg, les Lobkowicz, les Kinský –, qui occupait les plus hauts postes à la cour. Ils se sentaient en outre défavorisés par rapport aux autres groupes linguistiques de l'empire. En 1867, de nombreux Tchèques s'estimèrent floués lorsque les Hongrois obtinrent un statut particulier avec l'instauration de la double monarchie. Eux aussi auraient voulu bénéficier d'un tel statut, mais ils ne l'avaient pas obtenu. Après les Roumains, les Tchèques furent les premiers à se séparer de l'empire des Habsbourg. Ils furent également les premiers à quitter quelque temps plus tard l'union monétaire habsbourgeoise.

L'occupation allemande et la domination soviétique qui l'a suivie expliquent que ce sentiment "d'avoir été floué" soit encore très développé chez les Tchèques – comme ailleurs en Europe centrale et orientale. Un jour d'octobre, alors que je rends visite à des amis praguois, j'assiste à une représentation de *Má Vlast*. Ce cycle de six poèmes symphoniques du compositeur tchèque Bedřich Smetana est joué chaque année le jour de la fête nationale. Chaque poème évoque, dans un style assez grandiloquent, un paysage, une muse de la Bohême, un fleuve, etc. Le chef d'orchestre, un vieil ami, nous a réservé de belles places au balcon. Nous avons vue sur toute la salle. Pendant tout le concert, le public observe un silence religieux. Je n'ai encore jamais vu une telle ferveur. À l'opéra de Vienne, les spectateurs s'agitent sur leur chaise, toussent et froissent des sachets de bonbons. À Prague, pendant *Má Vlast*, tout le monde reste assis sans bouger.

Des centaines de personnes au garde-à-vous. C'est presque inquiétant.

Oui, reconnaît un ancien ministre tchèque, notre nationalisme plonge ses racines dans la période habsbourgeoise. Mais ne vous y trompez pas : de nombreux Tchèques savent parfaitement qu'il s'agit des siècles les plus prospères de notre histoire. "On sent poindre une sorte de nostalgie de cette époque. Nous commençons à comprendre que les Habsbourg n'étaient, finalement, pas si horribles que ça."

Sur ses conseils, je me rends le jour suivant au Musée national de la place Venceslas, tout juste rénové : une pièce montée en marbre typiquement habsbourgeoise, surmontée de coupoles dorées. Comme le bâtiment vient de rouvrir ses portes, ses vastes collections sont encore dans les réserves. Hormis une collection de gravures d'un dessinateur tchèque et une salle pleine d'uniformes militaires tchèque, il n'y a rien à voir. Pourtant, une longue file d'attente s'étire des caisses jusqu'au perron. Une fois entrée, ce que je vois confirme les propos du ministre. Qui trône en effet dans la salle d'apparat du premier étage ? Les bustes de l'empereur François-Joseph, de son épouse Sissi et de plusieurs de leurs éminents collaborateurs. Ils sont disposés chacun d'un côté de la salle et se regardent, entourés de statues de conseillers, ministres et généraux tchèques. La place d'honneur du musée leur a été réservée. Et les familles tchèques ne demandent visiblement pas mieux que de se faire prendre en photo avec eux.

Au château d'Orlík, propriété de la famille Schwarzenberg, une heure de route au sud de Prague, même tableau. Les Schwarzenberg possédaient plusieurs châteaux. En 1947, l'État les leur confisqua. Orlík a été restitué dans les années 1990 à la famille (qui dut néanmoins faire son deuil de beaucoup d'autres). L'édifice, une forteresse gothique aux épaisses murailles blanches, domine de sa haute silhouette une propriété de 150 hectares. Il fait un froid de canard à l'intérieur. Un villageois morose donne une visite guidée en tchèque. Sa fille, une ado renfrognée, referme chaque porte à clef dès que le dernier touriste a tourné les talons. Des familles tchèques avec enfants s'extasient sur les imposantes salles Empire et les interminables galeries décorées de fusils et de trophées mentionnant le nom du chasseur qui a abattu le cerf. Certaines plaques portent le nom du prince héritier François-Ferdinand.

D'autres familles nobles ayant récupéré une partie de leurs propriétés dans les années 1990 font mieux les choses. Dans le palais Lobkowicz, sur les hauteurs de Prague, le visiteur est accompagné par le prince lui-même, ou plutôt par sa voix enregistrée sur un audioguide. Les Brueghel, les Canaletto, les manuscrits de Beethoven et de Haydn, les collections de céramiques qu'on peut y admirer permettent de se faire une image de la vie au temps des Habsbourg. Mais toutes ces merveilles racontent aussi l'histoire de vieilles familles aristocratiques qui retrouvent petit à petit leur rang dans la société.

Avec un fort accent américain, les propriétaires actuels racontent comment ils ont démissionné de leur travail à New York après la chute du Mur et sont venus s'installer à Prague afin d'obtenir de l'État la restitution de leurs biens. Ce n'était pas simple. Ils durent retrouver eux-mêmes leurs meubles et leurs tableaux dispersés dans tout le pays. La plupart des objets restèrent introuvables, ou se révélèrent irrécupérables. Ceux qu'ils réussirent à récupérer étaient souvent endommagés. Les Lobkowicz possédaient ainsi une unique collection d'aquarelles d'oiseaux ornés de véritables plumes collées sur le papier. Ces plumes étaient mangées aux mites. La colle avait lâché. Les couleurs avaient bavé. La restauration a pris des années. Elle a été financée par des dons, des concerts et la vente de souvenirs. Les Lobkowicz demandent encore aujourd'hui aux visiteurs de faire des dons.

VIII

Comment se fait-il que le ressentiment contre l'empire des Habsbourg et tout ce qui le concerne soit si faible ? Et qu'il fasse même, çà et là, l'objet de tentatives de réhabilitation ?

Steven Beller, un éminent spécialiste de la monarchie habsbourgeoise, a son idée sur la question : "Les Habsbourg prenaient souvent le parti des citoyens. De la même façon que l'Union s'efforce de soutenir le consommateur. C'est un des parallèles existant entre l'Union et l'ancien empire."

Beller, né en 1958, est sujet britannique. Il se rappelle les gros titres alarmants des journaux lorsque le Royaume-Uni est devenu membre de la Communauté européenne en 1973 : BRUXELLES BANNIT LES GLACES BRITANNIQUES. La décision européenne fit couler beaucoup d'encre. Les glaces britanniques, fulminait-on, n'étaient pas assez bonnes pour les Européens !

Qu'en était-il vraiment ? Les glaces britanniques étaient faites à partir de saindoux congelé, un ingrédient meilleur marché que la crème fraîche. Mais sur le continent, la glace ne pouvait s'appeler glace qu'à condition de contenir un produit lacté. Cette règle, valable dans l'ensemble du marché intérieur, visait à protéger les consommateurs en empêchant les producteurs de jongler avec les ingrédients, et en garantissant aux acheteurs un produit à la composition fiable. Les intérêts des grands fabricants de glaces britanniques devaient, en d'autres termes, s'effacer devant ceux des consommateurs européens.

Il y eut aussi une bataille à propos du chocolat. Sur le marché intérieur, pour avoir droit à l'appellation “chocolat”, un produit devait contenir un pourcentage minimum de beurre de cacao. Or, beaucoup de “chocolats” britanniques n’en contenaient pas. Après l’entrée du Royaume-Uni dans l’Union, les fabricants durent donc les rebaptiser “produits chocolatés” – ce qui ne leur plaisait guère. Cadbury et d’autres sociétés firent un immense lobbying pour faire annuler ce règlement, sans succès.

Les Britanniques ont toujours cherché à dévaloriser ces réglementations en les qualifiant de “mesquineries bureaucratiques”. À tort, rectifie Beller : elles imposent des critères qualitatifs minimums en vue de protéger les individus. Imaginez ce qui se passerait si un Européen, croyant acheter une glace, se retrouvait à lécher un bloc de graisse de porc congelée – cela soulèverait un concert de protestations, même parmi les non-végétariens. Les fabricants peuvent, bien sûr, continuer à vendre de la graisse de porc congelée, à condition de l’indiquer sur l’emballage.

On reproche souvent à l’Union d’être entre les mains des multinationales. Pourtant, elle prend souvent des décisions qui déplaisent souverainement aux grandes entreprises. La législation européenne sur la protection de la vie privée est la plus sévère du monde – demandez à Microsoft et Google ce qu’ils en pensent, après avoir dû payer des milliards d’amende pour l’avoir enfreinte. Depuis, ces géants du net appliquent les règles européennes dans le monde entier, y compris aux États-Unis. L’Europe est l’endroit du monde qui interdit le plus de matières plastiques et de produits chimiques. Les brexiteurs condamnent tout en vrac, constate Beller :

“Tyrannie bruxelloise. Mais en fait, ils sont à court d’arguments. Samuel Johnson a écrit : « *Patriotism is the last refuge of the scoundrel* – le patriotisme est le dernier refuge des voyous. »”

L’Union se range donc souvent du côté des citoyens, comme autrefois l’empire des Habsbourg. Quitte à se voir ensuite reprocher son manque de patriotisme.

La noblesse hongroise maintenait ses paysans sous le knout. Ce furent les Habsbourg qui la contraignirent à leur accorder de plus en plus de droits.

En Belgique, le nationalisme mobilisa en premier lieu la noblesse, qui acceptait mal que les Habsbourg la dépouillent de certains privilèges. Les plaques de rue sont là pour nous rappeler que le peuple soutenait les Habsbourg.

En 1846, les paysans de Galicie (partie occidentale de l’Ukraine) se révoltèrent contre la noblesse polonaise, qui exerçait l’essentiel de son pouvoir dans cette partie de l’empire. Les paysans osèrent se rebeller parce qu’ils se savaient soutenus par l’État habsbourgeois. Depuis l’impératrice Marie-Thérèse, les Habsbourg s’étaient en effet toujours montrés partisans de leur donner plus de terres et de droits. Le calcul des paysans se révéla gagnant. Leur victoire ne fut pas totale, mais ils obtinrent partiellement satisfaction. Et que fit ensuite la noblesse polonaise, matée par Vienne ? Elle joua la carte nationaliste et tenta d’enflammer le peuple, en particulier la paysannerie, contre les “impérialistes” viennois.

Cette tactique fait beaucoup penser au jeu que les leaders nationalistes jouent maintenant avec Bruxelles.

Mais les Habsbourg en avaient, bien avant eux, compris les ressorts. Pendant les dernières années de l'empire, eux-mêmes essayèrent d'en faire usage. Dans une tentative de couper l'herbe sous le pied des nationalistes actifs dans diverses régions de l'empire, l'empereur envoya sur le terrain ses propres "nationalistes" – ça ne s'invente pas ! L'un d'entre eux était Guillaume de Habsbourg, surnommé le Prince Rouge. Fils d'un archiduc, il était né avec une cuillère d'argent dans la bouche. Mais comme il avait commandé une garnison de soldats ukrainiens pendant la Première Guerre mondiale, il parlait aussi leur langue. Il portait des chemises ukrainiennes brodées à la main et défendait ardemment la cause de l'autonomie ukrainienne. À la fin de la guerre, l'empereur voulut l'envoyer à Lemberg (aujourd'hui Lviv) dans une tentative désespérée de prendre un nouveau départ – de réformer et, en définitive, de sauver son empire.

Bref, l'empereur a joué la carte du nationalisme. Comme stratégie de survie.

Mais l'empire se dissout avant même que Guillaume pût commencer sa mission – la mission du nationaliste qui devait sauver un empire. Dans *The Red Prince*, la biographie qu'il lui a consacrée, Timothy Snyder, l'historien de Yale, écrit : "La nation regarde vers le futur. Elle est faite et refaite chaque jour. Si nous croyons qu'elle réside dans les récitations historiques bien tempérées que nous délivrent nos dirigeants, c'est que notre histoire est terminée[1]."

1. *Le Prince rouge. Les vies secrètes d'un archiduc de Habsbourg*, traduction d'Olivier Salvatori, Gallimard, 2013, p. 317.

CHAPITRE 11

History shows that it is not only senseless and cruel, but also difficult to state who is a foreigner.
"L'histoire montre à quel point il est non seulement insensé et cruel, mais aussi difficile de définir ce qu'est un étranger[1]."

CLAUDIO MAGRIS,
Danube. A Sentimental Journey from the Source to the Black Sea (2001).

I

Une de mes anecdotes favorites sur les derniers jours de l'empire des Habsbourg concerne la sortie de prison du fils de Victor Adler.

Adler était le président et fondateur du Parti ouvrier social-démocrate d'Autriche. Son fils, Friedrich, avait le sang plutôt chaud. Le muselage du parlement par le gouvernement pendant

1. Traduction Jean et Marie-Noëlle Pastureau, Gallimard, Folio, 1990, p. 247.

la guerre le mit dans une telle rage qu'il pénétra le 21 octobre 1916 dans le restaurant de l'hôtel viennois Meissl & Schadn et tira trois coups de pistolet sur le chancelier Karl von Stürgkh. Trois coups fatals. Friedrich fut condamné à mort par un tribunal d'exception, mais l'empereur Charles commua sa peine en une vingtaine d'années de prison. À la fin de la guerre, il bénéficia, comme de nombreux condamnés, d'une mesure de grâce de l'empereur. Son père tenait, bien sûr, à l'accueillir à sa sortie de prison à l'heure prévue pour sa libération. Le hasard voulut que Victor Adler fût attendu exactement au même moment au palais impérial pour une réception. Victor se trouvait confronté à un conflit de loyauté : il voulait serrer son fils dans ses bras, mais il désirait aussi se rendre à la réception de l'empereur. Incapable de choisir, il informa les services de la cour de son dilemme. Ceux-ci se montrèrent compréhensifs et mirent à sa disposition un carrosse et un cocher de façon qu'il puisse, ce jour-là, après avoir embrassé son fils, arriver à temps au palais pour faire acte de présence.

Cette histoire montre combien, malgré tous ses griefs, l'opposition sociale-démocrate demeurait fidèle à l'empereur. Autrement dit : tant que l'empire existait, l'opposition agissait en grande partie *à l'intérieur* du système impérial. Elle s'efforçait d'obtenir des réformes et des droits supplémentaires en exploitant les ressources internes de ce système. Adler n'était pas le seul homme politique à avoir fait ce choix. En Hongrie, en Bohême-Moravie et dans d'autres régions de l'empire, certains leaders politiques opéraient de la même manière. Leur attitude devrait nous inciter à ne pas accorder un crédit inconditionnel à l'histoire de la déposition des élites aristo-impérialistes par les nationalistes porte-drapeaux des masses exploitées.

Mais l'histoire ne s'arrête pas là. Quelques années plus tard, après l'évaporation de l'empire, le départ pour l'exil de l'empereur Charles et la transformation de l'Autriche en une petite république indigente et orpheline, le gouvernement socialiste offrit à un jeune homme d'origine noble un bureau dans la Hofburg, l'ancien palais impérial. Ce faisant, le nouveau pouvoir soutenait un projet tout à fait remarquable : la préparation d'une sorte de renaissance impériale. Cet homme était le comte Richard Coudenhove-Kalergi, le fondateur de l'Union paneuropéenne. Il voulait redonner une maison commune aux pays d'Europe centrale et orientale, et si possible à certains pays d'Europe occidentale – mais cette fois-ci de façon moderne, démocratique et décentralisée. Coudenhove, qui possédait un carnet d'adresses international impressionnant, se révéla pendant l'entre-deux-guerres un homme politique très influent.

Les lettres devaient lui être envoyées à l'adresse suivante : Paneuropa, Hofburg, Vienne. Impossible d'imaginer plus "Habsbourg". Cela resta l'adresse de travail de Coudenhove jusqu'à l'annexion de l'Autriche par Hitler en 1938. Hitler avait parfois envisagé lui-même la possibilité d'une Europe unifiée, à condition qu'elle fût dirigée d'une main de fer par l'Allemagne. Il détestait l'idée paneuropéenne, avec son "kaléidoscope de nations". Il déclara Coudenhove *persona non grata* et réquisitionna la Hofburg pour son propre usage.

II

Un jour, je me retrouve sur le balcon de la Hofburg où, après avoir envahi le pays en 1938, Hitler harangua une foule d'Autrichiens en liesse. Le nouveau directeur du Weltmuseum Wien, le musée ethnographique de la ville, est néerlandais. Il m'a invitée à déjeuner. Le musée se trouve dans la Hofburg. Mais les visiteurs se font de plus en plus rares. Steven Engelsman, ancien directeur du musée d'Ethnologie de Leyde, a été choisi pour redonner au musée un nouvel élan. Le fait que le gouvernement autrichien ait confié cette tâche à un étranger n'est aucunement le fait du hasard. Le climat politique national est tellement tendu que la nomination d'un Autrichien aurait déclenché un concert de protestations dans une partie ou une autre de l'opinion. Comme les clubs sportifs, les sociétés d'assurance, les journaux, les musées sont ici des pions sur l'échiquier politique.

Engelsman organise une dernière exposition avant la fermeture du musée pour rénovation. Elle s'intitule *Franz Is Here!* et relate le tour du monde de dix mois effectué par le prince héritier François-Ferdinand en 1892-1893. L'empereur François-Joseph était excédé par la façon dont son neveu affichait les désaccords qu'il avait avec lui sur tous les sujets. Il le gratifia d'une somme rondelette et l'envoya parcourir le vaste monde. Avec cet argent, le prince héritier acheta des masques au Congo, des figurines de porcelaine en Chine, des corbeilles à Bornéo, une selle en cuir en Amérique du Nord – une collection de 14 000 objets, qu'il fit expédier en Autriche. Un grand nombre de ces curiosités sont encore entreposées dans les réserves. Engelsman sélectionne les pièces les plus intéressantes en les complétant par des lettres, des photos et des coupures de journaux – les Habsbourg archivaient et documentaient tout avec une précision maniaque – afin de ressusciter un monde passé qui, un siècle plus tard, fascine toujours plus les visiteurs.

En parcourant les couloirs de l'immense musée, nous passons devant d'antiques et imposantes vitrines bourrées de masques et d'étuis péniens. Engelsman me raconte avec beaucoup d'esprit les manigances par lesquelles – tout étranger qu'il soit – certains politiciens et hauts fonctionnaires tentent de le manipuler ou de le pousser à la faute. Tout d'un coup, il s'interrompt et me demande : “Tu veux voir le balcon ?”

Puis, sans me laisser le temps de dire ouf, il ouvre deux grandes doubles portes et s'avance devant moi. C'est ici, sur ce monumental balcon, juste au-dessus de la Bibliothèque nationale où mes enfants viennent parfois faire leurs devoirs avec leurs copains, que le Führer a annoncé le 15 mars 1938 l'annexion de l'Autriche par le Troisième Reich. Tout le monde connaît les photos de ces immenses foules. Certains prétendent que les Autrichiens accueillirent Hitler à bras ouverts. D'autres leur trouvent des excuses : on aurait soudoyé les gens pour qu'ils viennent sur la Heldenplatz écouter Hitler, on les y aurait amenés par bus.

Cette discussion ne sera jamais close.

Je suis un peu abasourdie de me retrouver là. Heureusement, il fait très mauvais. La place est vide, donc aucune comparaison directe ne tient la route. Nous nous hâtons de rentrer, trop heureux de retrouver les curiosités de François-Ferdinand qui, d'après ce que nous savons, se fit photographier le 24 février 1893 en Inde à côté de la dépouille d'un tigre qu'il avait lui-même abattu, et paya le 23 mai à Sydney 6435 livres pour 39 Foster's Ale, 19 bouteilles de champagne Irroy, 7 bouteilles de Moët, 4 bouteilles d'eau-de-vie, 11 bouteilles de whiskey, 1 bouteille de porto, 1 bouteille de xérès, des liqueurs, de l'eau minérale, des cigares et cigarettes, une caisse de vin blanc et une caisse de bordeaux. Quand le prince n'avait rien à signaler, il écrivait à ses proches : "*Gut ist's gangen, nix is gschehen* – ça s'est bien passé, il n'est rien arrivé."

III

Retrouvons maintenant le comte Richard Coudenhove, l'idéaliste paneuropéen qui, quelques décennies plus tard, disposera d'un bureau dans la Hofburg. Coudenhove est une figure digne d'intérêt. Il n'avait que vingt-huit ans quand il publia sa proposition d'"Union paneuropéenne". Jusqu'à sa mort en 1972, il s'emploiera à la promouvoir.

Sa mère était japonaise. Son père descendait de lignées aristocratiques originaires des Pays-Bas du Sud et de Crète. Il grandit en Bohême et fit ses études à Vienne. Il avait des parents dans toute l'Europe. Si quelqu'un peut être dit européen de naissance, le qualificatif lui convient parfaitement. Mais Coudenhove ne nourrissait aucune nostalgie du passé. Au contraire. Il ne souhaitait pas la restauration de l'ancien empire, mais soutenait que l'Europe devait devenir une puissance régionale moderne, fondée sur des valeurs et appuyée sur "la philosophie grecque, le droit romain, la foi chrétienne, le style de vie du véritable gentleman et la Déclaration des droits de l'homme".

Le comte entendait déchirer le traité de Versailles, qui avait accablé l'Allemagne et l'Autriche de dettes impossibles à solder. Il souhaitait le remplacer par un accord par lequel les pays d'Europe s'engageraient, noir sur blanc, à ne plus se faire la guerre. Ils formeraient une union douanière et un marché intérieur, et utiliseraient la même monnaie. Une armée et une flotte européennes verraient le jour. Les frontières intérieures disparaîtraient, les frontières extérieures seraient surveillées collectivement. Coudenhove voulait aussi une constitution protégeant les droits des minorités, garantissant le droit à l'éducation pour tous les enfants, et punissant toute forme de haine et de propagande.

Les projets de Coudenhove ressemblaient donc beaucoup, on le voit, à l'Union européenne actuelle. Et cela n'est aucunement le fait du hasard.

Le sociologue Norbert Elias a écrit en 1939 que les vieilles familles aristocratiques ont toujours été le moteur du processus de civilisation européen. Il ne pensait pas seulement aux Habsbourg, aux Hohenzollern ou aux Romanov, mais aussi à toutes les maisons qui s'étaient dévouées pour ces dynasties. Leurs rejetons étaient d'authentiques Européens : cosmopolites, polyglottes, métissés et souvent ouverts au monde.

Coudenhove aurait voulu, comme son père, faire une carrière diplomatique au service des Habsbourg. Quand les empires s'effondrèrent, il continua à discuter avec d'autres aristocrates dispersés dans toute l'Europe de l'ordre du monde et de la façon dont il allait falloir l'aménager – quasiment comme si rien ne s'était passé. Parmi ses interlocuteurs figuraient des hommes d'affaires, d'anciens généraux, des hommes politiques, des artistes et des fonctionnaires. En Russie, ils n'avaient plus leur mot à dire – chaque fois qu'elle l'avait pu, la noblesse avait pris ses jambes à son cou. En Allemagne et en Autriche, son influence était désormais limitée. Mais le dialogue continuait en divers endroits d'Europe, ce qui n'était pas négligeable. Les aristocrates formaient la plus ancienne élite du continent. En cette époque de démocratisation limitée, ils faisaient encore partie des célébrités. Les gens les connaissaient et pouvaient s'identifier à eux. Ils savaient d'où ils venaient et ce qu'ils incarnaient. Dans un monde radicalement instable où tout changeait sans cesse, la noblesse représentait une sorte de continuité naturelle, transcendant les classes sociales et ignorant les frontières. L'aristocratie constituait une référence. Elle avait perdu son pouvoir, mais pas son prestige – ni ses entrées politiques.

Ces aristocrates avaient des idées très divergentes sur l'avenir de l'Europe. Certains étaient progressistes, d'autres ultraconservateurs. Mais la plupart d'entre eux étaient d'accord sur une chose : les mini-États d'après 1918 étaient une horreur. Coudenhove soutenait en principe le projet mondial d'autodétermination du président Wilson. Mais tous ces nouveaux États devaient, selon lui, être réintégrés dans un ensemble plus vaste. Ils éprouvaient les uns pour les autres une animosité énorme. Les litiges concernant le partage de l'héritage des Habsbourg engendraient de fortes tensions. Des millions de personnes étaient bloquées derrière les frontières nouvellement tracées. Il s'en fallait de peu que ces jeunes pays ne recommencent à se battre.

Le prince Karl Anton Rohan, écrivain autrichien et rédacteur en chef de l'*Europäische Revue*, était beaucoup plus conservateur que Coudenhove. L'un et l'autre se détestaient cordialement. Rohan, un descendant de la haute noblesse française ayant fui en Autriche pendant la Révolution, écrivit en 1923 dans son livre *Europa: Streiflichter* (Europe : un coup de projecteur) que l'ancienne élite avait maintenant pour tâche de "réformer les anciennes valeurs dans un sens conservateur, de façon que celles-ci soient conformes à la tradition et portent en soi les nouvelles impulsions de la révolution".

D'autres aristocrates, tel le baron balte Hermann von Keyserling, voulaient changer radicalement de cap en Europe en s'appuyant sur les conceptions de Krishnamurti et de l'anthroposophie. Keyserling a voyagé dans le monde entier. Il est surtout connu pour ses récits de voyage mâtinés de réflexions philosophiques. Dans *Analyse spectrale de l'Europe*, publié en 1928, il défend la thèse selon laquelle les aristocrates porteraient en eux les identités de toutes les cultures européennes. "Quand j'analyse la propre conscience de mon moi, qu'est-ce que j'y trouve ? En première ligne, mon moi particulier, en deuxième ligne l'aristocrate, en troisième ligne un Keyserling, en quatrième ligne l'Occidental, en cinquième ligne l'Européen, en sixième ligne le Balte, en septième ligne l'Allemand, en huitième ligne le Russe, en neuvième ligne un Français [...][1]."

Mais toutes les tentatives d'européanisation n'aboutirent à rien dans l'entre-deux-guerres, aussi bien celles tentées par les aristocrates que les autres. Cette période est la seule dans l'histoire européenne moderne où d'aussi nombreux petits pays ont pu agir en fonction de leurs seuls intérêts sans subir le pouvoir modérateur, apaisant ou étouffant, des grandes puissances ou des grands empires. Cette situation se prolongea pendant vingt ans. Puis tout vola de nouveau en éclats.

Ce n'était pas la faute de Coudenhove. Il n'a cessé de voyager, de faire du lobbying et d'organiser

1. *Analyse spectrale de l'Europe*, traduction d'Alzir Hella et Olivier Bournac, Gonthier, Bibliothèque Médiations (1965), p. 305, [édition originale Librairie Stock 1930].

conférence sur conférence. Il s'est attiré le soutien du président tchécoslovaque Tomáš Masaryk, du ministre allemand Gustav Stresemann et du président français Aristide Briand. Des industriels comme Carl Siemens et Anton Philips appuyaient également l'Union paneuropéenne. Dans les années 1920 et 1930, il a fait tout ce qu'il a pu pour éviter une nouvelle guerre, par exemple en se proposant pour le poste de chancelier. Même Winston Churchill s'enthousiasmait pour les projets européens de Coudenhove, bien qu'il considérât que l'immensité de l'empire colonial britannique déstabiliserait l'entité paneuropéenne. Aussi proclama-t-il dans son célèbre discours de Zurich de 1946 : "Il faut créer une sorte d'États-Unis d'Europe" – tout en préférant rester lui-même en dehors.

C'est seulement après la Seconde Guerre mondiale qu'une variante limitée et prudente de Paneuropa vit enfin le jour. Ou, plus exactement, au pluriel : que *des variantes* virent le jour. La Communauté européenne du charbon et de l'acier n'était qu'une des organisations qui proliférèrent alors en Europe et, à ses débuts, pas même la plus influente. Coudenhove n'était pas directement impliqué dans toutes ces activités et réseaux. Pendant les années de guerre, il avait résidé aux États-Unis. Son influence sur la politique européenne avait ensuite faibli. Mais son héritage intellectuel et celui des anciens Habsbourg étaient encore bien vivants. D'autres en reprirent le flambeau. Dina Gusejnova, historienne à l'université de Sheffield, écrit ainsi dans son ouvrage *European Elites and Idea of Empire, 1917-1957* que "de nombreux éléments du *soft power* habsbourgeois et du réseau social de l'ancien empire ont survécu à sa chute. C'est sur le fondement de ces traditions que les intellectuels viennois ont commencé à imaginer de nouvelles formes d'unification européenne".

Bref, en ce sens, il existe bien un lien direct entre l'empire des Habsbourg et l'Union européenne.

IV

Aux Pays-Bas et dans les autres pays d'Europe de l'Ouest, peu de gens savent encore qui était Coudenhove. Ou le prince Rohan. Mais en Europe centrale, dans les anciennes contrées habsbourgeoises, leur souvenir est encore très vivant. Leurs descendants n'ont pas quitté la région. Et tout le monde les connaît.

Barbara Coudenhove, une nièce du comte Richard Coudenhove – la fille de son frère –, a ainsi travaillé comme correspondante dans les pays d'Europe de l'Est pour la télévision d'État autrichienne et pour divers journaux. Coudenhove, née à Prague, mais exilée en Autriche en 1945, a publié en 2013 ses Mémoires sous le titre *Zuhause ist überall* (Mon chez-moi est partout). À l'heure actuelle, elle tient une chronique pour le journal *Der Standard* et s'occupe de l'accueil et de l'intégration des réfugiés.

Barbara Coudenhove et Karl Schwarzenberg se connaissent depuis longtemps. Ils se sont rencontrés à Vienne. Tous deux sont issus de vieilles familles germanophones qui, en 1918, se retrouvèrent brusquement appartenir à une minorité en Tchécoslovaquie. Certaines d'entre elles se sentaient allemandes, d'autres absolument pas. Les

Coudenhove et les Schwarzenberg appartenaient au second groupe. Une de mes anciennes amies m'a raconté que l'allemand avait soudain été banni de leur maison à partir de 1918. Plus aucun mot ne devait être prononcé dans cette langue. Les enfants qui enfreignaient cette interdiction étaient punis. Mais cette proscription ne protégea pas ces familles. Leur refus de prendre parti les déconsidérait tant aux yeux des nouveaux maîtres tchécophones qu'à ceux des germanophones, désormais marginalisés. Après l'invasion du pays par les nazis, elles furent, à leur corps défendant, définitivement considérées comme "allemandes" par l'occupant et par une grande partie de la population. Après 1945, de nombreux Tchèques se vengèrent sur les familles germanophones de Bohême. Elles se retrouvèrent prises au piège, et durent s'enfuir. Beaucoup de germanophones restés sur place furent assassinés. Barbara Coudenhove, encore enfant, partit pour l'Autriche avec des centaines d'autres familles sous les huées, les crachats et les pierres que leur lançaient des groupes de Tchécoslovaques massés au bord des routes.

À la différence de Schwarzenberg, Coudenhove n'est jamais vraiment revenue en République tchèque. Elle s'y est néanmoins rendue comme correspondante un nombre incalculable de fois, y a des amis et se rappelle encore très bien le Prague de son enfance.

Pendant sa présidence, Václav Havel inaugura un jour les nouveaux uniformes de la garde du palais. Barbara Coudenhove assistait à la cérémonie. Karl Schwarzenberg, alors chef de cabinet de Havel, regardait le spectacle à côté d'elle. Il la poussa du coude et lui murmura à l'oreille : "Ces uniformes ne te disent rien ?"

Elle observa les gardes, sans parvenir à comprendre à quoi son ami faisait allusion. “Non, répondit-elle.

— Les ceintures”, chuchota Schwarzenberg.

Tout d'un coup, elle comprit : les ceintures, ornées de carreaux bleus et blancs, portaient les couleurs des Schwarzenberg. La famille entretenait autrefois dans son château de Krumlov une garde de grenadiers portant un uniforme bleu et blanc. Il existait même à Vienne un atelier ayant autrefois confectionné les ceintures de ces grenadiers. C'est à lui qu'on s'était de nouveau adressé, dans les années 1990. Et voilà comment la garde présidentielle praguoise en vint à porter des ceintures aux couleurs des Schwarzenberg.

Entre-temps, les ceintures ont été remplacées. Mais beaucoup de gens connaissent cette anecdote. On me l'a racontée plusieurs fois.

Avant 2019, on pouvait croiser à Vienne un homme mince et de haute taille, qui avait autrefois été secrétaire général du ministère des Affaires étrangères. Hiver comme été, il était en costume-cravate. Il s'agissait d'Albert Rohan, un membre de la famille du prince ultraconservateur avec qui Richard Coudenhove n'avait jamais arrêté de se prendre de bec. Albert Rohan avait été chef de cabinet de Kurt Waldheim lorsque celui-ci était secrétaire général de l'ONU à New York. Il avait aidé Martti Ahtisaari à concevoir un plan pour l'accession à l'indépendance du Kosovo. Malgré son grand âge, Albert Rohan assistait à tous les débats publics viennois, souvent au premier rang. Je l'ai souvent vu. Quels que soient l'orateur sur l'estrade et le nombre des questions dans la salle, Albert Rohan avait le privilège d'être un des premiers à qui on tendait le micro. Ses questions avaient fréquemment des airs d'exposé. Il se levait lentement de sa chaise et déroulait d'une voix frêle une longue démonstration. On aurait dit une apparition d'un autre monde.

Mais à Vienne, cet autre monde affleure sous la surface des choses. Jamais personne n'osait l'interrompre. Rohan faisait partie d'une famille de cardinaux, d'évêques, de généraux et de ministres. Il conservait une part de son statut de *royalty*.

V

Si les fondements de l'unification européenne ont été en partie posés par l'ancienne élite habsbourgeoise, l'élite européenne actuelle ne lui ressemble guère. L'Union est une méritocratie. À Bruxelles, ce ne sont pas le nom ou les antécédents qui font s'élever dans la hiérarchie, mais les prestations. Pour être recruté, il faut être admis à un "concours", un examen très difficile dont le taux de réussite ne dépasse pas quelques pour cent. Le centre du pouvoir à Bruxelles est constitué de gens qui travaillent dix-huit heures par jour. Si vous êtes rentré chez vous à huit heures du soir, vous êtes un loser. Les avancements ne vont pas en priorité aux noms bien établis mais – tout à fait dans l'air du temps – aux travailleurs acharnés, ainsi qu'aux femmes et aux candidats des pays périphériques sous-représentés dans la hiérarchie.

Entre l'élite mondialisée actuelle et l'ancienne aristocratie, le seul point commun est le cosmopolitisme.

Mais cette inclination était un caractère héréditaire chez les nobles habsbourgeois, une manière de vivre. Parmi les élites européennes, elle est en grande partie acquise. Dans l'immédiat après-guerre, les gens venaient à Bruxelles par conviction politique, pour construire un monde meilleur. Ils y viennent maintenant pour faire carrière, gagner de l'argent, élargir leur horizon, se dépayser, avoir une existence intéressante, commencer une nouvelle vie, trouver une femme, faire leur coming out – pour des dizaines de raisons, toutes aussi valables les unes que les autres. Rien à redire. Alors que l'Europe était autrefois un projet des élites sur le thème de "plus jamais la guerre", une utopie portée par une sorte de caste sacerdotale touchée par la grâce et voulant œuvrer au bien commun, elle est aujourd'hui devenue un projet banal. À la portée de tout le monde.

Un banquier belge m'a confié que les montants des prêts immobiliers n'atteignent nulle part des valeurs aussi considérables que dans la succursale Schuman, au cœur du quartier européen de Bruxelles. Dans le reste du pays, les clients – belges, pour la plupart – fournissent des apports personnels importants. Mais à la place Schuman, la banque doit prêter davantage car les clients avancent des sommes plus réduites. Le détail a son importance : il montre que l'élite européenne possède peu de fortune propre. Ce qui confirme le caractère méritocratique de la bureaucratie européenne.

Cela explique peut-être pourquoi la vieille aristocratie belge évite soigneusement les contacts avec ces nouveaux Européens. Lorsque j'habitais encore à Bruxelles, j'ai souvent été frappée par la totale absence de porosité entre les circuits sociaux des uns et des autres.

Chez la noblesse autrichienne, l'identification à l'Union et à cette nouvelle élite européenne manque elle aussi de solidité. Ces gens portent des noms hongrois, polonais, tchèques ou italiens. Mais ils n'arrêtent pas de dénigrer l'Europe, exactement comme leurs compatriotes roturiers. Pour eux, elle est synonyme de bureaucratie, d'interventionnisme tatillon et de gaspillage de l'argent public.

Un beau jour d'été, je me retrouve au déjeuner d'anniversaire d'une vague connaissance viennoise, une participante à ma classe de yoga. Elle habite dans une ancienne maison ocre à la périphérie de la ville, près d'une vieille fabrique de moutarde appartenant depuis des lustres à sa famille. Nous banquetons sous de vénérables cerisiers. La plupart des invitées, toutes des femmes, semblent se connaître. Le groupe comprend aussi une Habsbourg, qui va s'asseoir le plus loin possible de moi dès qu'elle apprend que je travaille à un livre sur sa parentèle. On parle des enfants, conviés ce week-end à une noce en Sicile. D'une maison de famille en Italie, dont il faut refaire le toit. Du cabinet médical d'une des convives, qui ne parvient pas à faire reconnaître en Autriche les diplômes médicaux de réfugiés syriens. Tout d'un coup, quelqu'un me demande où j'ai habité avant Vienne.

"À Bruxelles, réponds-je. J'ai beaucoup écrit sur l'Union européenne.

— Vraiment ? réagit ma voisine de table. Vous avez de la chance d'avoir pu vous échapper !"

La plupart des Autrichiens excellent dans l'art de la cajolerie, surtout ceux qui appartiennent aux couches supérieures de la société. Ils savent éviter les sujets qui fâchent et esquiver les confrontations. Ils ne sortent des vacheries qu'une fois que leur interlocuteur a le dos tourné. Au regard des mœurs du pays, la remarque de ma voisine n'est donc pas seulement insolite, elle est franchement discourtoise.

Une autre convive en rajoute une couche : "Heureusement que mon mari n'est pas là : il déteste Bruxelles."

J'explique que ces années passées à Bruxelles, au moment de la crise bancaire et de la crise de l'euro, étaient passionnantes du point de vue journalistique. Et que je me suis plu dans le fouillis bruxellois. Mais la conversation ne tarde pas à s'étioler. Fort opportunément, une des convives tapote son couteau contre son verre et débute un petit discours en l'honneur de la maîtresse de maison.

Par la suite, quand tout le monde cueille des cerises pour les rapporter chez soi, une femme s'approche de moi et me dit : "Je travaille pour l'office de l'ONU à Vienne. J'ai appris à ne pas parler de mon travail avec ces gens. Ça ne les intéresse pas. Ça ne leur dit rien. Ils voyagent, ils sont cosmopolites. Beaucoup ont leurs ancêtres dans divers pays européens. Leurs entreprises familiales vivent du marché intérieur européen. D'où croyez-vous que cette fabrique de moutarde tire ses profits ? Des nouveaux États membres d'Europe orientale, bien sûr. Plusieurs de ces dames travaillent. Elles ont beaucoup de choses à dire. Mais le lien unissant directement le monde d'où elles sont issues et qu'elles chérissent, d'une part, et l'Union ou même l'ONU, d'autre part, leur échappe totalement."

VI

Il n'y a pas que les anciennes familles habsbourgeoises qui aient survécu à la chute de l'empire. La bureaucratie impériale a aussi, en un certain sens, survécu. Elle s'est survécu à elle-même, devrait-on dire plus justement. Cette survie s'explique par sa taille, beaucoup plus grande que celle de la bureaucratie européenne actuelle, et par son emprise sur la vie locale de l'époque. En 2016, Sascha Becker, économiste à l'université de Warwick, a montré dans une étude effectuée avec plusieurs collègues que son empreinte est encore perceptible dans la région.

Compte tenu des réactions de plus en plus vives suscitées par la corruption et les détournements de subventions européennes, l'étude de Becker retrouve toute son actualité.

L'ancienne frontière extérieure de l'empire traverse de part en part cinq pays contemporains : la Pologne, l'Ukraine, la Roumanie, la Serbie et le Monténégro. Dans chacun d'eux, Becker et ses collègues ont posé aux habitants une série de questions sur la corruption et leur confiance dans l'administration. L'étude s'est surtout concentrée sur les tribunaux et la police – autrement dit sur les autorités locales, celles avec lesquelles les gens ont un contact direct. Et qu'est-il ressorti de l'enquête ? Que les habitants des régions ayant autrefois appartenu à l'empire des Habsbourg donnaient des réponses complètement différentes de celles de leurs compatriotes qui, parfois séparés d'eux d'à peine quelques kilomètres, habitaient dans des régions faisant jadis partie de la Prusse, de la Russie, ou de l'Empire ottoman. Du côté habsbourgeois, la confiance dans la police et la justice était considérablement plus grande. Les citoyens se plaignaient aussi moins de la corruption.

Ce résultat est remarquable. Dans chacun des pays mentionnés, les personnes interrogées, quel que soit le côté de l'ancienne frontière où elles habitaient, avaient vécu entre 1918 et 2016 (l'année de publication de l'enquête) sous les mêmes institutions. Pendant près d'un siècle, elles avaient eu les mêmes lois, la même police, la même justice. Les écarts constatés au sein de chaque pays ne pouvaient donc s'expliquer que par les différences antérieures à 1918.

Les questions concernant la confiance dans le président ou le parlement national recevaient au sein de chaque pays des réponses assez semblables. Celles portant sur la confiance des citoyens les uns dans les autres également. Bref, l'effet Habsbourg se manifestait essentiellement dans le contact des citoyens avec les institutions locales – le commissariat de police, le tribunal cantonal. Même dans les régions n'ayant que brièvement été administrées par les Habsbourg, la confiance dans la bureaucratie locale était supérieure à celle observée dans celles n'ayant jamais fait partie de l'empire.

Becker et ses collègues ont intitulé leur étude "The Empire Is Dead. Long Live the Empire!" (L'empire est mort, vive l'empire !).

Ils citaient dans leur recherche le prix Nobel américain Elinor Ostrom, une économiste qui soutenait que la confiance des citoyens dans les institutions étatiques et le bon fonctionnement desdites institutions conditionnent de manière cruciale le consentement de la population à l'action collective.

VII

Projetées sur l'Europe actuelle, les conclusions de cette étude n'incitent guère à l'optimisme en dépit de tout ce qu'on peut penser sur "l'effet civilisateur" de l'Union.

Premièrement, parce qu'il n'existe, bien sûr, aucune "autorité locale" européenne. Police et justice de proximité, enseignement, espaces verts : tous ces services sont assurés par les États eux-mêmes, pas par l'Europe. Et il y a toute raison de penser que les État les garderont dans leur giron.

Deuxièmement, parce que la bureaucratie bruxelloise est le bouc émissaire préféré de tous les Européens. Il est rare d'entendre dire du bien des "eurocrates" – alors que ceux-ci sont là parce qu'il faut bien une instance pour contrôler que les États membres respectent les accords qu'ils ont eux-mêmes passés, et pour aider les gouvernements à en conclure de nouveaux.

Comme je l'ai déjà remarqué, beaucoup pensent que la bureaucratie européenne est énorme. Et qu'elle ne cesse de grandir. Pourtant, cette bureaucratie a une taille bien inférieure à celle de l'ancienne Autriche-Hongrie. Les Habsbourg avaient à leur service des centaines de milliers d'employés : instituteurs, cantonniers, postiers, géomètres, soldats. Le nombre des fonctionnaires des institutions bruxelloises correspond à peu près au nombre de douaniers dont la Grande-Bretagne a eu besoin juste après le Brexit : 50 000.

Contrairement à une opinion répandue, cette bureaucratie ne s'accroît pas. À la demande des États membres, la politique étrangère commune gagne en importance afin de pouvoir continuer à compter face aux grandes puissances agissantes telles que la Chine et les États-Unis, et aux puissances régionales telles que la Russie et la Turquie. Pourtant, ces mêmes États suppriment chaque année des postes dans les services européens de politique étrangère. Trop onéreux, d'après eux. En 2014, lors de la précédente attaque de la Russie contre l'Ukraine, le bureau en charge de ce dernier pays dans le service diplomatique européen comptait en tout et pour tout une seule personne.

Personne ne peut prédire les futurs développements de l'unification européenne. Mais on a du mal à imaginer que les États membres se mettent tout d'un coup à prendre au sérieux la bureaucratie de l'Union et à y investir des sommes considérables. Il n'y a donc que peu de chances que l'effet "civilisateur" des normes et valeurs européennes – l'effet étudié par Becker dans les cinq pays traversés par la frontière de l'ancien empire – se répande et s'établisse par le canal de la bureaucratie.

Beaucoup d'encre a coulé sur l'effet civilisateur de l'Union elle-même, au sens large. Tout État adhérant à l'Union doit intégrer dans sa législation tous les règlements existants et s'engager à respecter les valeurs et droits fondamentaux européens mentionnés dans les traités. Cela modifie-t-il les sociétés ? Indubitablement. Dans quelle mesure ? il est difficile de le dire. Des pays tels que la Pologne et la Hongrie sont en train de tordre le cou à des institutions indépendantes telles que la justice et les médias. La Grèce et la Bulgarie traitent les migrants et les réfugiés comme des parias, avec la complicité tacite des autres États membres. Et quels ont été les bénéfices réels de tous les nobles et onéreux programmes d'aide pour la Serbie, la Moldavie et d'autres pays extérieurs à l'Union ?

La montée des groupes politiques d'extrême droite dans toute l'Europe montre que le vernis de la civilisation est plus mince que beaucoup ne l'ont pensé pendant longtemps. Et que la "démocratie" n'est peut-être pas un objectif idéal, atteignable à l'issue d'un processus linéaire (une amélioration continuelle débouchant sur la perfection), mais plutôt "un processus visant à éviter l'affrontement de divers groupes sociaux", comme l'a écrit le philosophe français Frédéric Worms. Un processus avec des hauts et des bas, toujours en mouvement parce que la société est elle-même toujours en mouvement. Quand il se dérègle, il ne faut pas en conclure que la démocratie ne fonctionne pas, mais seulement qu'il faut se battre plus pour rétablir l'équilibre.

Si Worms a raison, il s'ensuit que l'"Europe" est également un processus. Un processus en constante évolution pour maintenir l'équilibre entre différents groupes sociaux. Parfois, il se déroule bien, parfois moins bien.

Mais comment mesurer son bon fonctionnement ? Les paramètres changent tout le temps. L'Europe doit continuellement s'adapter. C'est dans la nature même du projet. Autre question : les pays tels que la Suisse et la Norvège, officiellement non membres de l'Union bien qu'ils intègrent une grande partie de sa législation, sont-ils dedans ou dehors ?

Mission impossible. Mais ce serait une belle revanche si les successeurs de Becker et de ses collègues de Warwick lançaient un jour un grand projet : La Grande-Bretagne cent ans après le Brexit – quelles traces l'adhésion à l'Union a-t-elle laissées ? Je suis curieuse des résultats.

VIII

En 2016, trois cents Habsbourg accoururent du monde entier à Rome pour assister à la première réunion de famille organisée depuis plus de quinze ans. Depuis 2014, il existe une page Facebook pour les membres de la lignée. Certains apprécient d'être des Habsbourg, "parce que cela permet de disposer d'un hébergement dans pratiquement tous les pays du monde". Beaucoup ne s'étaient pourtant jamais rencontrés en chair et en os.

La rencontre avait nécessité des mois de préparation. Outre la *pasta* italienne et les bavardages entre cousins, le programme comportait en effet rien de moins qu'une audience pontificale. Les Habsbourg sont une famille très catholique. Les empereurs autrichiens étaient autrefois également empereurs du Saint Empire romain germanique. Cet empire, confédération hétérogène de principautés, petits royaumes et cités-États, présente lui aussi des similitudes avec l'actuelle Union européenne – mais leur étude vaudrait qu'on leur consacre un autre livre. Quoi qu'il en soit : grâce à Eduard Habsbourg, l'ambassadeur de Hongrie auprès du Vatican, la famille obtint la précieuse audience. Eduard y consacra un article avec photos dans le *Catholic Herald*. Tirés à quatre épingles et en col blanc, adultes et enfants écoutèrent ce que le Saint-Père avait à leur dire dans la salle Clémentine, une salle un peu froide couverte de fresques de la Renaissance. Il ne se contenta pas de faire l'éloge de la vie de famille dans notre période agitée, et des œuvres de charité auxquelles se consacrent certains Habsbourg – parmi lesquels Karl, le chef de famille. Non, le pape les félicita également pour leur soutien au "projet d'une Europe comme maison commune fondée sur les valeurs humaines et chrétiennes[1]".

Simple platitude ? Ou exhortation ? Le grand Européen parmi les Habsbourg, Otto, était en effet décédé en 2011. Depuis lors, aucun membre de la famille n'avait marché sur ses traces.

1. https://www.vatican.va/content/francesco/fr/speeches/2016/november/documents/papa-francesco_20161105_famiglia-asburgo.html

IX

Pour cette raison, ce livre ne peut se terminer qu'avec la figure d'Otto, le fils du dernier empereur, l'homme dont il a aussi été question dans les premières pages. S'il avait été encore en vie, j'aurais aimé lui parler. Otto de Habsbourg est né en 1912 prince héritier, et décédé presque quatre-vingt-dix-neuf ans plus tard député européen à la retraite. Otto avait intitulé un de ses livres *Mémoires d'Europe* et exigé de l'éditeur que soit clairement signalé sur la jaquette qu'il ne s'agissait pas de ses propres Mémoires, mais de celles du continent. Il faut oser.

Je n'ai pas connu Otto. Quand je me suis installée à Bruxelles en 1999, il avait quitté quelques mois auparavant le Parlement européen, où il siégeait pour la CSU allemande. Même s'il avait été encore en fonction, je ne l'aurais peut-être pas rencontré. À l'heure actuelle, les eurodéputés ont des compétences très vastes. Mais à l'époque, il n'y avait pas autant d'Europe et le Parlement européen avait peu de pouvoir. Aussi ne m'y rendais-je que rarement. Les eurodéputés me servaient souvent de sources d'information – ils étaient au courant de beaucoup de choses et se réjouissaient de recevoir la visite de journalistes.

J'ai pourtant retenu plusieurs anecdotes sur Otto. On m'a rapporté qu'il était très croyant et vieux jeu. Qu'il portait souvent une veste en tweed fermée par des boutons en corne typiques de l'Europe centrale. Et qu'il pouvait se montrer assez pédant. Mais peut-être ne peut-il en être autrement quand, à neuf ans, recueilli devant le cercueil de votre père, votre mère vous déclare : "Désormais, l'empereur, c'est toi."

Jusqu'à son dernier souffle, Otto, empereur ou pas, s'est battu pour l'Europe. Il considérait que c'était sa mission. Chef d'une famille de plusieurs centaines de membres, il devait en outre approuver les mariages, assister aux noces et apaiser les querelles. Pourtant, il comparait rarement l'Europe moderne, celle de l'Union, et l'empire des Habsbourg. Il était conservateur dans ses opinions (Mai 68 lui paraissait une aberration), mais il n'aimait pas regarder en arrière. Il voulait aller de l'avant, discuter d'un nouveau traité européen, des relations transatlantiques ou de l'euro. Il lui est néanmoins arrivé une fois d'établir un parallèle historique. Un journaliste lui demanda un jour pourquoi la Première Guerre mondiale avait été fatale à l'empire des Habsbourg. La longue réponse qu'il lui donna contenait une des meilleures caractérisations de l'Union qui se puisse imaginer.

Bien sûr que la guerre de 1914-1918 avait été fatale à l'empire, expliqua Otto. Il ne pouvait pas en être autrement. L'empereur François-Joseph avait déclaré la guerre à la Serbie pour venger le meurtre du prince héritier François-Ferdinand et de son épouse. Il voulait infliger une correction à la Serbie, puis refaire rapidement la paix avec elle. Mais l'Allemagne déclara alors la guerre à la France, la Russie et l'Angleterre. Ce qui signifiait que tout le monde se mêlait maintenant de "sa" guéguerre. Bref, que celle-ci prenait des proportions qu'il n'avait pas anticipées. Une guerre menée par des armées beaucoup plus fortes et modernes que la sienne. Une guerre qu'il ne maîtrisait plus et qui pouvait durer longtemps. Cela signifiait la disparition possible de son empire.

En apprenant la déclaration de guerre allemande, François-Joseph avait réagi par ces mots : "*So werden wir jetzt zugrunde gehen* – Eh bien, maintenant, c'en est fait de nous."

Pourquoi ce pessimisme ? Tout simplement, expliqua Otto, parce que l'empereur savait qu'il n'avait pas – contrairement à son homologue allemand – les moyens de mener une véritable guerre, une guerre offensive. "Dans un pays sans frontières naturelles claires, dont les diverses nationalités vivent en perpétuelle osmose avec l'étranger, il est impossible de mener une politique nationaliste."

Et, poursuivit Otto : "C'est pour cela que je suis convaincu qu'une des caractéristiques essentielles de l'Union européenne est précisément cette incapacité à mener une guerre offensive. La raison de cette incapacité est qu'elle abrite un si grand nombre de peuples et de cultures qu'elle se ferait immédiatement la guerre à elle-même."

En d'autres termes, l'empire des Habsbourg ne pouvait se permettre aucun bellicisme. C'était un *soft power* qui pouvait tant bien que mal assurer sa propre défense – mais rien de plus.

Otto avait raison : l'Union se trouve exactement dans la même position. Il suffit de penser au conflit libyen, à nos rapports avec la Russie, avec les États-Unis ou avec la Turquie : quand un pays européen veut quelque chose, un autre veut le contraire. Nous pourrions mener ensemble une guerre défensive. Mais pas une guerre offensive, qui nous pousserait dans des camps adverses et nous amènerait à nous affronter. Comme l'empire des Habsbourg, l'Union doit éviter toute posture offensive et faire usage des moyens limités dont elle dispose : négocier, sanctionner. Ce qui veut dire : avancer au coup par coup, se frayer un chemin dans la boue. Passer des compromis. Gagner du temps.

Compte tenu de la diversité des langues, des cultures et des nationalités du continent, seul un système grandement décentralisé peut convenir pour réunir les Européens. C'est d'ailleurs ainsi qu'il a été conçu. Les solutions que nous pouvons apporter aux problèmes de politique étrangère ne seront donc que rarement radicales. La seule méthode raisonnable consiste à faire avancer les choses au moyen d'un prudent massage de négociations de paix et de tables rondes. Une sorte de péristaltisme permanent. En fait, nous n'avons pas le choix. Nous ne l'avons d'ailleurs jamais eu. Lors de la présidence autrichienne de l'Europe en 2018, une boutique viennoise de costumes traditionnels semblait avoir compris cette constante de notre histoire : des mannequins ayant les visages d'Angela Merkel et Sebastian Kurz, portant chacun perruque et *tracht* (tous deux masculins…), trônaient dans sa vitrine. Entre eux était exposée l'affiche d'un film comique de 1931 représentant le tsar Alexandre en galante conversation avec une vendeuse de gants pendant le congrès de Vienne (1814-1815).

Peut-être la leçon la plus importante à tirer des Habsbourg est-elle celle-là : le slogan "Plus jamais la guerre" est tout aussi pertinent aujourd'hui pour servir de base à l'intégration européenne qu'au début des années 1950.

Kongress tanzt

CONCLUSION

I

Le personnage principal de la pièce *Une querelle entre frères dans la maison de Habsbourg* (1848) du dramaturge autrichien Franz Grillparzer est l'empereur Rodolphe II, notoirement indécis et passif. Rodolphe est quelqu'un de doux. Son plus grand désir est d'être *ein Mensch*, un être humain. Mais il se montre incapable de faire face aux nombreuses menaces internes et externes qui pèsent sur l'empire – la pièce se joue au XVIIe siècle, juste avant la guerre de Trente Ans. Son énergique frère Matthias, exaspéré par sa pusillanimité, fomente une sorte de coup d'État contre lui avec la complicité de quelques membres de la famille. La pièce est un vrai mélo. Grillparzer réussit néanmoins à donner une description très juste de l'empire des Habsbourg. Il le dépeint comme "un chemin à moitié parcouru, un acte à moitié accompli, différé par des demi-mesures".

Excellente définition. Dans la pièce, elle est, bien sûr, présentée comme une malédiction. Elle n'a rien de positif. Pourtant, ce demi-achèvement offre une des meilleures clefs de compréhension des six cents ans d'existence de l'empire.

J'irais même plus loin : pendant mes années viennoises, une des similitudes entre l'empire des Habsbourg et l'Union européenne qui m'a le plus frappée est précisément cette malédiction du travail toujours à moitié fait, du demi-achèvement perpétuel – une malédiction qui est aussi, d'une certaine façon, une bénédiction.

L'Empire habsbourgeois était un État. Ce que n'est pas l'Union. La différence est essentielle. Et ce n'est pas la seule. Mais ces deux entités ont en commun d'abriter plusieurs peuples sous leur toit et d'être l'une et l'autre des reines de la procrastination, du retard, du rafistolage et des solutions de compromis. Rien n'est jamais fini. Jamais. Et ce n'est pas par hasard. C'est dans la nature de la bête : en fait, il n'y a guère d'autres possibilités.

Un État, ou une structure supranationale, doté d'une armée faible et désireux de garder plusieurs peuples sous un même toit doit constamment faire la preuve de sa pertinence et de sa valeur ajoutée afin de maintenir ceux-ci dans un état de relative satisfaction. Sinon, ils se révoltent ou ils s'en vont, comme quand les Britanniques ont quitté l'Union. La plupart des empereurs habsbourgeois s'efforçaient de garantir la paix, le bien-être et la justice. "Mieux vaut une paix médiocre qu'une guerre glorieuse", affirmait Marie-Thérèse.

Elle poussait très loin l'application de ce précepte. Elle donnait ses filles et ses nièces en mariage afin d'épargner à son peuple les guerres, les famines et d'autres calamités. Elle ne cessait d'amadouer ou de soudoyer ses voisins et rivaux pour éviter que les conflits ne dégénèrent. Sa correspondance fourmille de termes tels que "différer", "gagner du temps" et “retarder”. Rien d’étonnant : pour elle comme pour la plupart des autres empereurs autrichiens, temporiser était tout simplement une stratégie de survie.

L’armée habsbourgeoise avait des soldats loyaux, mais elle n’était ni assez grande ni assez forte pour défendre simultanément tous les districts de l’empire. Et il y avait un problème supplémentaire. L’écrasement de l’armée française entraînerait pour la France des pertes de territoire, voire la disparition de son roi, mais le pays continuerait d’exister. Cette existence découlait d’une réalité permanente. Les Habsbourg ne pouvaient s’appuyer sur rien de tel. Ils gouvernaient différents peuples, qui ne continueraient peut-être pas à cohabiter sans eux. Cette donnée rendait les Habsbourg existentiellement fragiles. Au XVIIe siècle, le grand stratège Raimondo Montecuccoli recommandait pour cette raison à l’empereur de “ne jamais mettre en jeu l’ensemble de son armée”.

Cette faiblesse existentielle, partagée aujourd’hui par l’Union européenne, contraignait les souverains habsbourgeois à un incroyable numéro d’équilibre dans l’exercice du pouvoir. Ils devaient éviter les guerres et veiller à contenter le plus possible leurs sujets. Satisfaire cette seconde exigence n’avait rien d’évident. Les différentes nationalités et communautés linguistiques n’étaient, comme dans l’actuelle Union, que rarement d’accord entre elles. Il était impossible d’imaginer une politique susceptible de plaire à tout le monde. L’État devait donc passer des accommodements avec tous les acteurs, les rassurer par des promesses, des nominations et des compromis. Il fallait sans cesse ajuster, peser, convaincre, négocier, masser, temporiser. C'était un processus continu, interminable et compliqué par des menaces extérieures dont l'empereur devait trouver comment se protéger. Dans ces conditions, les solutions appliquées se limitaient presque toujours, comme l'écrivait Grillparzer, à des demi-solutions. Les décisions et règlements habsbourgeois ne méritaient que rarement un prix de beauté. Mais on ne pouvait rien espérer de mieux. Ils étaient le maximum atteignable. Tout le monde pestait contre, mais beaucoup savaient aussi que c'était le meilleur résultat réalisable.

Cette laborieuse complexité explique, par exemple, pourquoi les capricieux Hongrois n'arrêtaient pas de se rebeller contre la "domination viennoise", sans envisager une seconde de quitter l'empire. Ils avaient tout intérêt à y rester. Qu'ils se comportent aujourd'hui exactement de la même manière dans l'Union en dit long sur les Hongrois. Mais cela en dit aussi long sur la ressemblance existant entre la Vienne de l'époque et la Bruxelles d'aujourd'hui : l'esprit du temps a changé, mais le mode de gouvernement est le même.

Dans son livre *Visions of Empire*, le sociologue britannique Krishan Kumar décrit cinq empires européens ayant marqué le monde de leur empreinte : l'Empire ottoman, l'Empire des Habsbourg, l'empire russe puis soviétique, l'Empire britannique et l'Empire français (ou plutôt, *les* empires français, car il y en a eu plusieurs). Selon lui, l'empire des Habsbourg était de loin "le plus complexe, le plus trompeur et le plus multiforme" des cinq. Son identité se laissait difficilement cerner. Ce flou se retrouve jusque dans la façon de le nommer. Les uns qualifiaient son État de *k. u. k.* (impérial et royal), tandis que les autres préféraient l'appeler *k. k.* (impérial-royal). Dans la dernière phase de son histoire, fallait-il dire "Empire austro-hongrois", "empire des Habsbourg", ou "double monarchie" ? Les quatre autres empires, à la personnalité beaucoup plus tranchée, se laissaient plus facilement désigner.

Pourtant, écrit Kumar, l'empire des Habsbourg est, de tous les cinq – si tant est que cette qualification convienne pour des empires –, le plus "digne d'être aimé".

II

Depuis sa fondation dans les années 1950, l'Union européenne s'est métamorphosée, au terme d'une longue série de mutations, de pirouettes politiques, de crises et de coups de chance, en une puissance relativement importante. Comme l'empire des Habsbourg, elle est militairement faible, évite les guerres, et est constamment occupée à se redéfinir, puisqu'elle ne tire sa légitimité que de sa capacité à procurer durablement de la valeur ajoutée à ses États membres. Dans l'Europe actuelle, garder sa pertinence pour la totalité des pays rassemblés sous le toit commun reste une priorité. Il y en a aujourd'hui 27. Et ces 27 tirent souvent à hue et à dia.

Comme ce sont les États membres qui prennent les décisions à Bruxelles et que les démocraties nationales se font de plus en plus revendicatives, il se pourrait que l'Europe soit plus compliquée à diriger que ne l'a été l'empire des Habsbourg. D'autant plus que de nombreux gouvernements européens souhaitent faire intervenir Bruxelles à moindre coût, et uniquement dans les cas où aucune autre solution ne peut être envisagée. Compte tenu de son mode de prise de décision et des restrictions institutionnelles dans les 27 États membres, l'Europe a de grandes difficultés à se projeter dans l'avenir. À de nombreux points de vue, il s'agit d'une puissance réactive : l'Union agit rarement, elle réagit le plus souvent aux événements intérieurs et extérieurs.

Bref, comme les Habsbourg avant eux, les Européens pratiquent le *fortwursteln*, le bidouillage, l'art d'avancer cahin-caha. En tant qu'Union, les institutions européennes doivent essayer de rester pertinentes alors qu'elles sont sans cesse – et quasiment par nature – à la remorque des événements.

Sur ce point, une complication vient s'ajouter : "rester pertinents" ne veut jamais dire la même chose en Europe. Il y a dix ou douze ans, pendant la crise financière, cela signifiait : réguler les banques et les fonds spéculatifs, préserver le capital des épargnants et stabiliser l'euro. En 2015, quand un million de réfugiés et de migrants sont entrés sur son territoire, la pertinence de l'Europe prit la forme du renouvellement de la politique d'asile et d'immigration grâce à une meilleure surveillance de ses frontières. L'Europe devait tout à coup devenir un acteur géopolitique. L'environnement multilatéral où elle s'épanouissait, et où des cycles de négociation visaient à mettre tout le monde d'accord, a fait place à un monde mercantile dominé par de grandes puissantes rivales telles que les États-Unis et la Chine qui ne reculent pas devant l'emploi de la force brute aux dépens des pays plus petits. Des puissances régionales autoritaires telles que la Russie et la Turquie cherchent à agrandir leur territoire et font pression sur leurs voisins européens. Dans ce monde, aucun pays européen ne peut se maintenir debout tout seul, pas même l'Allemagne. En s'appuyant sur l'Union, les États européens peuvent résister. Aussi négocient-ils de plus en plus souvent à Bruxelles pour s'assurer une protection géopolitique. Des thèmes dont beaucoup ne voulaient pas entendre parler il y a dix ans sont maintenant sur la table – défense européenne, renforcement de la politique étrangère, contrôle des investissements étrangers, et même développement du rôle international de l'euro.

D'autre part, comme les Habsbourg, nous ne pouvons pas nous permettre de nous disputer avec tout le monde. Nous avons besoin d'alliances afin de ne pas être attaqués en même temps de tous les côtés. Nous devons, que cela nous plaise ou non, continuer à discuter avec les dictateurs et les autocrates. En clair : nous salir les mains jusqu'à un certain point, comme lorsque nous avons conclu un deal sur les réfugiés avec la Turquie.

Cette Europe ne ressemble ni de près ni de loin à celle d'il y a vingt ans. L'Europe doit sans cesse s'inventer elle-même. On peut comparer Bruxelles à un fabricant de saucisses. Les États membres apportent chacun leurs propres ingrédients. Dès que Bruxelles a établi qu'aucun d'eux ne figure sur la longue liste des "ingrédients interdits", la confection de la chair à saucisse démarre. Tout le monde ne trouve pas le produit final aussi bon. Les uns le trouvent trop salé. Les autres le préféreraient plus épicé. Le troisième ne mange pas de viande, mais tire de gros profits du transport des charcuteries. Pourtant, tout le monde peut s'en convaincre : la production de saucisses est en ce moment assez élevée.

III

"J'ai habité dans trois Europes. Trois Europes totalement différentes." Voilà ce qu'écrit l'universitaire allemande Aleida Assmann dans son livre *Der Europäische Traum. Vier Lehren aus der Geschichte* (Le Rêve européen. Quatre leçons de l'Histoire).

Le témoignage d'Assmann montre bien comment l'Europe ne cesse de se réinventer. Il prouve aussi que tous ceux qui tentent de l'enfermer dans une définition univoque – que ce soit comme marché, comme puissance occupante, ou comme fédération manquée – sont toujours démentis par la réalité : l'Europe est tout cela et elle n'est rien de cela. L'Europe est un chantier permanent qui n'est réductible à aucune catégorie.

La première Europe, où elle est née, a duré de 1945 à la chute du Mur en 1989. Ses architectes étaient les héros de la Première Guerre mondiale. De vieux bonshommes gris qui ne lui disaient rien. Elle pensait par exemple que Robert Schuman, le fondateur de la Communauté européenne du charbon et de l'acier à l'origine de l'Union européenne, était un compositeur. René Cassin, le rédacteur de la Déclaration universelle des droits de l'homme, lauréat du prix Nobel de la paix, lui était inconnu. L'Europe était à l'époque un continent divisé et polarisé. Notre moitié était sous cloche américaine, solidement arrimée au camp occidental. Les Américains veillaient sur nous. Tout ce qu'il y avait d'intéressant ou d'excitant venait des États-Unis ou d'Angleterre : la contestation politique, les Beatles, le cinéma. Encore une impression : à l'époque, tout le monde regardait vers l'avant. Les gens voulaient oublier le passé le plus rapidement possible.

Cette phase semblait devoir durer éternellement. La chute du Mur en surprit plus d'un. Soudain, l'avenir s'ouvrait. Ainsi commença la deuxième Europe, qui dura jusqu'à la crise des réfugiés de 2015 : l'Europe du pluralisme, moins confinée, plus diverse, plus attrayante. Pendant cette période, nous avons ouvert les frontières, nous avons exploré et embrassé pleinement la diversité. Ce fut le temps du vagabondage. L'ennemi extérieur, l'Union soviétique, avait disparu. L'élargissement à d'autres pays permettait de nouvelles découvertes. L'histoire faisait également un retour. Les victimes de l'holocauste étaient enfin entendues. Nous organisions des restitutions, construisions des musées. Mais nous étudiions Auschwitz, pas le siège de Leningrad, qui fit plus d'un million de victimes civiles. Le fait que l'Europe centrale et orientale soit moins demandeuse de diversité que nous-mêmes a longtemps échappé à notre attention. Souterrainement, une fracture se creusait.

Cette deuxième Europe, sans frontières ni objectifs bien repérables, disparut avec la crise des réfugiés et les attentats islamistes. Les gens s'étaient lassés du vagabondage. Ils voulaient être protégés. La fracture entre l'Est et l'Ouest, qui s'était ouverte pendant la phase précédente, fit alors surface. Le Brexit s'accéléra. Ainsi débuta la troisième Europe, l'Europe des contradictions, inquiète de son identité et de son avenir, et s'interrogeant sur ce qui nous lie et ce sur ce quoi nous devons concentrer nos efforts. La force de cohésion et d'intégration de l'Union décroît. Mais dans le même temps, l'Europe se fait petit à petit plus démocratique et, sous l'effet de ces conflits de fond, devient enfin plus politique et plus intéressante. Qu'est-ce que l'Union européenne ? Qu'attend-on, et que n'attend-on pas de Bruxelles ? Ces questions et ces débats n'ont jamais retenu autant l'attention.

L'ancien président de l'Union Herman Van Rompuy a dit un jour que l'Europe d'après 1989 était devenue *"a space"*, un espace d'exploration des libertés et de la diversité. En 2015, cette période a pris fin. Les Européens ont alors réclamé une protection et l'Europe est lentement devenue *"a place"*, un lieu. Doté de frontières.

Et voilà que juste au moment où nous nous employions à donner forme à cette place, notre plus grand allié nous a laissés tomber. Les Américains ont joué un rôle crucial dans le processus d'unification européenne. Ils voyaient dans l'Europe un pare-chocs contre le communisme. Après la chute du Mur, l'Europe a perdu cette fonction stratégique. Depuis 1989, Washington s'intéresse plus à l'Asie du Sud, à la Chine. Ce changement d'attitude aurait dû nous alerter. Au lieu de cela, nous avons refusé pendant des années de nous prendre en main. Une défense et une politique étrangère européennes ? Nous affirmer en tant que puissance géopolitique ? Aucun intérêt, disaient les hommes politiques européens. Et maintenant, que constatons-nous ? Que c'est absolument nécessaire. Nous sommes entourés de puissances revanchardes qui veulent nous déstabiliser. Comme simple marché et "communauté de valeurs", nous ne survivrons pas.

L'Union européenne est championne du monde des disputes. Elle a pourtant survécu à toutes les crises de ces dernières années : la crise financière, la crise de l'euro, le Brexit, la crise des réfugiés. Pourquoi ? La réponse est simple : les chefs de gouvernement qui, je le répète, prennent toutes les décisions à Bruxelles, voulaient qu'elle survive. Ils ont fait ce choix. Il a suscité beaucoup de grogne, mais il a aussi été apprécié par beaucoup de citoyens de l'Union.

L'Union gagne en popularité dans de nombreux pays. Ce qui ne veut pas dire que les gens soient satisfaits *de* l'Union, où tellement de choses clochent, mais qu'ils sont de plus en plus satisfaits d'être *dans* l'Union.

Dans un environnement paisible, seulement entourée de gentils voisins, la troisième Europe aurait facilement pu sombrer. Mais, comme autrefois l'empire des Habsbourg, elle est cernée par des pays qui la menacent. Ces puissants rivaux se servent des tarifs douaniers, des données informatiques, des forages gaziers, ou des réfugiés comme autant d'armes contre elle. Cette pression externe force l'Europe à se réinventer pour la quatrième fois. Maintenant, comme puissance géopolitique.

IV

Certains voient dans l'Union un super-État qui étrangle lentement les démocraties nationales avant de les engloutir. D'autres la considèrent comme une expérience politique ayant échoué à rapprocher les Européens. La déception et l'amertume règnent dans les deux camps. Chacun d'eux compte un bon nombre d'adeptes. Mais tous les deux sont à côté de la plaque.

L'Union n'est pas un super-État. Ce sont les gouvernements nationaux – parvenus démocratiquement au pouvoir, du moins la plupart d'entre eux – qui prennent les décisions en Europe. J'ai vécu dix ans à Bruxelles et je l'ai constaté de mes propres yeux : non seulement les États dominent tout, mais ils sabotent souvent les tentatives visant à rendre la politique européenne plus démocratique et plus transparente, et à faciliter la prise de décision. Ils ne demanderaient pas mieux que de garder la totalité du pouvoir au niveau national et de décider de tout à huis clos. Ils considèrent le Parlement européen comme un perturbateur. "Leur" institution européenne, le Conseil, est de loin la moins transparente de l'Union. On peut donc tout aussi bien affirmer que ce sont les États nationaux qui essaient d'étrangler l'Europe, et non l'inverse.

En prenant un peu de recul, on comprend pourquoi. Dans les États européens, la vie politique se joue sur quatre niveaux : les décisions peuvent être prises au niveau local, régional, national ou européen. Chaque niveau a ses propres tâches et responsabilités. L'ensemble est fixé par des lois et des traités constamment refondus selon des procédures codifiées. C'est également le cas pour l'Union européenne. Mais il n'existe aucun niveau aussi exposé à l'influence du niveau inférieur que l'Europe. En 2020, 26 pays voulaient prendre des sanctions contre la Biélorussie. Seule Chypre était contre. L'île les approuvait, mais seulement si des sanctions étaient également prises contre la Turquie – ce que la plupart des pays de l'Union ne souhaitaient pas, ou pas encore. Autres exemples : le Parlement wallon qui a bloqué un accord commercial avec le Canada, ou la Hongrie qui, seule contre tous, a empêché de condamner les sanctions américaines contre la Cour pénale internationale de La Haye. En Europe, il en va ainsi pour presque tout : le budget, l'euro, etc. Pour qu'une mesure soit prise, il faut que tous les pays l'approuvent. L'implication de tous les États dans la décision est certes louable, mais la règle de l'unanimité empêche souvent l'Europe d'agir. Comment les Pays-Bas fonctionneraient-ils si la commune d'Assen pouvait opposer un veto à la politique étrangère néerlandaise ? Ou si la province du Limbourg n'acceptait la régulation bancaire qu'à condition que les filiales limbourgeoises n'y soient pas soumises ?

Pourtant, l'Europe fonctionne comme cela.

La conséquence est que les accords conclus n'aboutissent à rien, que les compromis sont affadis, que les prises de position sont édulcorées ou différées. Ou que les initiatives qui aboutissent sont dotées de moyens minimums. En 2004, quand les États membres ont créé l'agence Frontex, chargée de la surveillance des frontières des pays signataires de Schengen, ils lui ont alloué un budget minuscule. De plus ses agents n'étaient autorisés à pénétrer dans un pays Schengen qu'avec l'autorisation expresse du pays concerné. Pendant la crise des réfugiés de 2015, Frontex brillait par son absence. L'agence ne comptait qu'une dizaine de fonctionnaires, que la Grèce refusa de laisser entrer sur son territoire. Certains ministres déclarèrent que l'Union se montrait de nouveau défaillante à un moment décisif – tout en oubliant que leur propre pays s'était naguère opposé à la création d'un Frontex plus important et plus onéreux. Nouvel exemple d'une Union qui fait les choses à moitié, et est elle-même à moitié achevée.

Le deuxième reproche fait à l'Union – qui serait une expérience politique ayant échoué à réunir les Européens – ne correspond pas non plus à une vision réaliste. Ceux qui le formulent ont en tête un rêve où le projet européen a un point de départ et un point d'arrivée précis. Le début, ce serait la guerre, le chaos. L'arrivée serait une société où régneraient l'harmonie, la solidarité, le respect des règles et l'absence relative de frictions. L'Europe devrait avancer progressivement vers ce but.

D'une certaine façon, ces contradicteurs ont raison : l'Europe est loin d'être parfaite. Il suffit de penser au drame des réfugiés sur les îles grecques. Il suffit de penser à l'incapacité de l'Union à sanctionner les violations de ses propres règles fondamentales en Pologne et en Hongrie, où des institutions indépendantes telles que les tribunaux et la presse sont muselées par le parti dominant. Les remontrances de Bruxelles n'y changent rien. La Cour européenne de Luxembourg est parvenue à faire annuler quelques lois et règlements incompatibles avec le droit européen. Mais la Cour ne peut intervenir qu'*a posteriori*, une fois que des violations ont été commises et constatées.

À poser un tel regard sur l'Europe, on ne peut qu'être déçu. Car l'Europe navigue à vue. C'est la réalité. Elle ne sera jamais parfaite. La question est donc : y a-t-il véritablement un point d'arrivée, sauf dans la tête de certaines personnes ?

Je ne le pense pas. En Europe, l'unité est une utopie. La réalité est qu'il y aura *toujours* des problèmes. De nouveaux thèmes surgissent constamment. De l'intérieur, ou bien parce que le monde qui nous entoure change. Les États peuvent se quereller sur l'agriculture au moment où ils progressent sur la défense européenne. Dix ans plus tard, la situation peut s'être inversée. Ou bien les désaccords peuvent porter sur de nouveaux sujets.

Parce que ce sont des nations qui prennent les décisions au sein de l'Union européenne, il y aura toujours des affrontements. Parce que les nations divergent par leurs intérêts, leurs interdits, leurs traditions et leurs complexes. Ces affrontements ont toujours existé. Autrefois, ils dégénéraient à intervalles réguliers. On se faisait la guerre.

Dans les années 1950, six pays européens ont décidé de ne plus se tirer dessus avec des munitions, mais avec des mots. Ils ont désigné Bruxelles comme l'endroit où ils videraient leurs querelles (encore a-t-il fallu plusieurs années aux fondateurs pour faire ce choix : Strasbourg et Luxembourg ne demeurent pas pour rien des semi-capitales européennes). "Bruxelles" a été inventée pour trancher les différends des États membres. Ils s'y affrontent tous les jours. Sur les nouvelles règles de protection de la vie privée, sur les fonds pour le climat, [récemment encore] sur les relations avec la Russie, ou sur le budget.

Tous les diplomates qui se bagarrent dans les bureaux du Conseil pendant des semaines, des mois, voire des années au sujet d'un brevet européen ou d'une directive sur la chimie portent un costume très convenable. Alors qu'en fait, ils sont la moderne piétaille que les États envoient au combat. Quand ils quittent à cinq heures du matin le bâtiment du Conseil, ils ressemblent à des chats de gouttière qui se seraient battus toute la nuit : cheveux en bataille, auréoles de sueur, valises sous les yeux.

L'enceinte du Conseil est le théâtre de petites guerres. Des guerres entre gens de bonne compagnie, qui dissimulent leurs armes dans des amendements juridiques – mais des guerres quand même. Il est important de comprendre cela. Chaque fois que les journaux titrent CHAMAILLERIES SUR LES OBJECTIFS CLIMATIQUES AU SEIN DU CONSEIL EUROPÉEN, ou bien QUATRIÈME NUIT D'AFFRONTEMENTS SUR LE PLAN DE RELANCE, il faut se rendre compte que l'Union et Bruxelles ont précisément été inventées pour servir de champ de bataille. Et que ce mécanisme conserve visiblement toute son utilité.

L'Europe repose aussi, bien sûr, sur des principes. Il existe une "bande passante" à l'intérieur de laquelle nous devons tous nous maintenir : respect des valeurs humaines, interdiction de la peine de mort, État de droit fonctionnel et démocratique doté d'institutions indépendantes. Le marché unique est également régi par des règles qui s'imposent à tous. Ces contraintes constituent la partie “rigide” de l’Europe, sur laquelle aucun, ou presque aucun, compromis n’est possible. C’est sur ce noyau dur que les Britanniques se sont cassé les dents lors des négociations sur le Brexit. Et c’est également lui qui générera des frictions tant que la Hongrie, la Pologne et d’autres essaieront de s’en affranchir.

Mais pour le reste, l’Union fait montre de flexibilité puisqu’elle s’adapte constamment aux défis internes et externes. De réunion en réunion et de sommet en sommet, elle avance et résout un problème après l’autre. L’Europe se réforme un peu à chaque décision. Cela fait maintenant vingt ans que je me rends régulièrement à Bruxelles ou que j’y réside. Je ne cesse pas d’être surprise, de constater des changements par rapport à ce à quoi j’étais habituée. L’Union se métamorphose en permanence, comme autrefois l’empire des Habsbourg. Certains se plaignent de la lenteur ou de la timidité de ces changements, mais telle est la nature de la bête. Rien n’est jamais fini. De nouveaux problèmes apparaissent constamment, les États membres livrent constamment de nouveaux ingrédients avec lesquels ils concoctent chaque fois une nouvelle “saucisse de Bruxelles”.

Et il en a toujours été ainsi. Les gens se figurent que l’intégration progressait sans heurt pendant les premières années de la construction européenne, et qu’elle aurait aujourd’hui plus de mal à avancer. Cette image est fausse. Au début, les capitales étaient tout aussi jalouses et butées qu’elles peuvent l’être maintenant. Les Européens se méfiaient tellement les uns des autres que les Américains menacèrent même d'annuler le plan Marshall s'ils ne mettaient pas un terme à leurs disputes. L'après-guerre est une période de frictions, de suspicions et de portes qui claquent. Le projet de Communauté européenne de défense a fait long feu. Les Français ont même boycotté pendant six mois toutes les réunions bruxelloises. Et une querelle linguistique a bloqué pendant vingt ans la mise en place d'un brevet européen.

Ceux pour qui l'Europe est un rêve, ou au contraire un simple marché, en ont une image trop statique et trop irréaliste. Qu'importe qu'ils rêvent d'une Europe fédérale, ou d'une Europe d'États-nations plus souverains – ceux dont les attentes ne correspondent pas à la réalité finiront toujours par être déçus.

V

Ne faut-il donc rien changer ? Je n'ai pas dit cela. Mais inutile d'espérer des réformes grandioses et radicales. En revanche, de petites adaptations progressives ont continuellement lieu – trop peu et trop tard le plus souvent, mais c'est déjà ça.

Hormis la suppression du veto en politique étrangère, aucune règle vraiment nouvelle n'est nécessaire pour améliorer le fonctionnement de l'Europe. Les soubresauts du système ne proviennent pas de ses règles, mais du manque de volonté politique des États membres. Si ceux-ci se montraient plus coopératifs à Bruxelles et sur leur scène politique intérieure, tout pourrait avancer de façon plus souple et plus fluide.

Si chaque pays apprenait à ses enfants à l'école en quoi consiste l'Union et comment elle fonctionne, cela serait déjà un progrès. Le lendemain du référendum sur le Brexit, l'expression la plus recherchée sur Google au Royaume-Uni était *European Union*. Beaucoup de Britanniques n'avaient aucune idée de ce à quoi ils avaient dit oui. Ils pensaient qu'ils ne seraient plus obligés d'écouter Bruxelles et que, pour le reste, tout resterait comme avant. Quand les gens ne savent rien de l'Europe et que le gouvernement ne leur en parle pas, il n'est pas étonnant que les slogans eurosceptiques des populistes – qui eux, en parlent – fassent mouche. Cela devrait inciter tous les gouvernements européens à réfléchir.

Autre suggestion : les ministres devraient rendre compte plus honnêtement des accords qu'ils concluent à Bruxelles. Ils insistent bien trop souvent sur ce qu'ils ont "gagné" en passant sous silence ce qu'ils ont "perdu". Ils se défaussent sur l'Union des décisions qui leur déplaisent – comme s'ils n'avaient pas eux-mêmes participé à leur élaboration. De nombreux citoyens ont une image faussée des marchandages bruxellois, ce qui leur fait appréhender les questions européennes à travers une grille de lecture trop étroitement nationale. Bien souvent, ils ne sont pas au courant de la dimension européenne, plus large, des événements. Pourquoi Angela Merkel a-t-elle, par exemple, changé son fusil d'épaule en 2020 et décidé, lors de la crise du Covid, de *donner* de l'argent aux pays en difficulté – un geste d'autant plus remarquable que cet argent avait été emprunté collectivement par l'Union européenne sur les marchés ? Les citoyens allemands en ont eu l'explication, car Merkel ne s'est pas lassée de commenter sa décision : comme les entreprises allemandes recevaient plus de soutien de l'État que celles des autres pays, elles avaient un avantage compétitif sur le marché unique européen. Le déséquilibre commercial qui en résultait sapait les fondements de l'intégration politique européenne. L'Allemagne ne voulait pas avoir un tel échec sur la conscience. Merkel était donc entrée en action. C'était un compte rendu clair et compréhensible. Mais dans de nombreux autres pays, les citoyens n'ont pas été informés. Leurs dirigeants ne leur ont pas donné d'explication. Après quatre jours de réunion marathon, Merkel est retournée à Berlin où elle a déclaré que l'accord sur le plan de relance était bon pour l'Europe. Le président Macron a parlé d'un accord historique pour l'Europe. Le Premier ministre néerlandais Mark Rutte est revenu à La Haye en se déclarant satisfait que les Pays-Bas n'aient pas à augmenter leur contribution au budget européen.

Chaque pays devrait, à vrai dire, nommer un vice-premier ministre aux Affaires européennes. Les ministres qui négocient à Bruxelles oublient souvent les accords qu'ils ont conclus une fois qu'ils sont rentrés chez eux. Les affaires européennes s'ajoutent à leur fonction nationale, qui les occupe déjà à temps plein. La barque est très chargée. Les affaires européennes sont donc traitées en dernier, même par les ministres les plus consciencieux. La nomination d'un vice-premier ministre pour les Affaires européennes, libre de tout ministère national, pourrait améliorer la situation. Il ou elle pourrait s'assurer que les affaires européennes reçoivent l'attention qu'elles méritent. Ce membre du gouvernement occuperait un poste d'un rang supérieur aux simples ministres, auxquels il pourrait donner des instructions, et rappeler les échéances bruxelloises. Le vice-premier ministre serait en contact permanent avec ses collègues des autres pays. Une telle initiative contribuerait à mettre de l'huile dans les rouages de la machine européenne.

VI

Karl Kraus, le grand satiriste autrichien mort en 1936, a écrit que les rues de Vienne étaient pavées de culture, alors que celles des autres villes étaient recouvertes d'asphalte. Peut-être est-ce pour cela qu'aucune ville ne nous tend un miroir aussi fascinant que l'ancienne capitale de la Cacanie. Tout est encore là : les splendides collections artistiques des empereurs et des princes, leurs bibliothèques, leurs salles de concert dorées où le public désargenté disposait de places debout, le bruit de sabots des chevaux trottant sur les pavés, les bâtiments historiques abritant aujourd'hui ministères, restaurants ou *pop-up stores*, les cafés dont les serviettes arborent encore la couronne impériale. À Vienne, il est impossible de ne pas penser aux Habsbourg et à l'époque où ils vivaient.

Mais pourquoi cherchons-nous à identifier les similitudes et les différences ? Est-ce parce que l'expérience contemporaine ou les circonstances actuelles nous permettent de mieux comprendre la façon dont l'empire a fonctionné et évolué ? Ou au contraire parce que nous espérons faire des découvertes qui pourraient nous aider à déchiffrer notre propre monde ?

Je ne sais pas. Les deux, sans doute. Et c'est bien ainsi.

BIBLIOGRAPHIE SÉLECTIVE

Assmann, Aleida, *Der europäische Traum. Vier Lehren aus der Geschichte* (Le Rêve européen. Quatre leçons de l'Histoire), C. H. Beck, 2019.

Badinter, Elisabeth, *Le Pouvoir au féminin : Marie-Thérèse d'Autriche 1717-1780, l'impératrice-reine,* Flammarion, 2016.

Bánffy, Miklós, *La Trilogie de Transylvanie*, traduction de Jean-Luc Moreau, préface de Patrick Leigh Fermor (I, *Vous jours sont comptés* ; II, *Vous étiez trop légers* ; III, *Que le vent vous emporte,* Phébus, 2010-2011. [Édition originale hongroise, 1934-1940.]

Bassett, Richard, *Last Days in Old Europe, Trieste '79, Vienna '85, Prague '89*, Penguin Press, 2019.

Becker, S. O., Boeckh, K., Hainz, Ch., Woessmann, L. (2011), "The Empire Is Dead, Long Live the Empire! Long-Run Persistence of Trust and Corruption in the Bureaucracy", *CEPR Discussion Paper Nr. 8288. The Economic Journal*, vol. 126, n° 590, février 2016, p. 40-74.

Beller, Steven, *The Habsburg Monarchy, 1815-1918,* Cambridge University Press, 2018.

Beneš, Edvard, *Détruisez l'Autriche-Hongrie ! Le martyre des Tchéco-Slovaques à travers l'Histoire*, Librairie Delagrave, 1916.

Berger, Stefan et Miller, Alexei (éd.), *Nationalizing Empires*, Central European University Press, 2015.

Bled, Jean-Paul, *L'Agonie d'une monarchie : Autriche-Hongrie 1914-1920*, Tallandier, 2014.

Bradford, Anu, *The Brussels Effect. How the European Union Rules the World*, Oxford University Press, 2020.

Brix, Emil et Busek, Erhard, *Mitteleuropa revisited*, Verlag Kremayr und Scheriau, 2018.

Brook-Shepherd, Gordon, *Uncrowned Emperor. The Life and Times of Otto von Habsburg*, Continuum, 2004.

Cahill, Kevin, *Who Owns Britain*, Canongate Books, 2000.

Clare, George, *Dernière valse à Vienne*, traduction Jean-Baptiste Grasset et Odile Pidoux, Petite bibliothèque Payot n° 345, avril 2008. [*Last Waltz in Vienna*, 1982.]

Clark, Christopher, *Les Somnambules*, traduction d'Anne-Marie du Béru, Flammarion 2013. [*The Sleepwalkers: How Europe Went to War in 1914*, 2012.]

Clary-Aldringen, Alfons, *A European Past. Memoirs by Prince Clary*, Weidenfeld & Nicolson, 1978. [*Geschichten eines alten Österreichers*, Ullstein, 1977.]

Cooper, Robert, "Why History Matters: The Fragility of Order. Lessons from the End of the Habsburg Monarchy", in *Diplomacy: Austrian Journal of International Studies*, n° 1 (2019).

Dornbusch, Rüdiger *et alii*, "Post-Communist Monetary Problems: Lessons from the End of the Austro-Hungarian Empire", in *Weltwirtschaftliches Archiv*, Bd. 128, H. 3 (1992), p. 391-424.

Elias, Norbert, *La Civilisation des mœurs* et *La Dynamique de l'Occident*, traduction de Pierre Kamnitzer, Calmann-Lévy, 1974 et 1975. [*Über den Prozess der Zivilisation*, 1939.]

Garber, Peter et Spencer, Michael, "The Dissolution of the Austro-Hungarian Empire: Lessons for Currency Reform", n° 1992/066, *IMF Working Papers from International Monetary Fund.*

Gramsci, Antonio, *Cahiers de prison*, édition de Jean-Yves Frétigné, Folio Essais, 2021. [*Quaderni del carcere*, édition intégrale 1975.]

Grillparzer, Franz, *Ein Bruderzwist in Habsburg*, 1848 (Une querelle entre frères dans la maison de Habsbourg).

Gueniffey, Patrice et Lentz, Thierry (rédacteurs), *La Fin des empires*, Perrin, coll. "Synthèses historiques", 2016.

Gusejnova, Dina, *European Elites and Idea of Empire, 1917-1957*, Cambridge University Press, 2016.

Habsbourg, Otto de, *Le Nouveau Défi européen. Conversations avec Jean-Paul Picaper*, Fayard, 2007.

Habsburg, Eduard, "The 21st-Century Habsburg Mission", in *Catholic Herald*, 16 novembre 2016, https://catholicherald.co.uk/the-21st-century-habsburg-mission/

Habsburg, Otto von, *Die Reichsidee, Geschichte und Zukunft einer übernationalen Ordnung* ("L'idée d'empire, histoire et avenir d'un ordre supranational"), Amalthea Verlag, 1987.

Habsburg, Otto von, *Zurück zur Mitte* ("Retour au centre"), Amalthea Verlag, 1991.

Healy, Maureen, *Vienna and the Fall of the Habsburg Empire*, Cambridge University Press, 2004.

Hermlin, Stephan et Vajda, György Mihaly (éd.), *Ungarische Dichtung aus fünf Jahrhunderten*, 1970.

Hobsbawm, Eric, *The Age of Empire, 1875-1914*, Little & Brown Book Group, 1994 [1989].

Hochedlinger, Michael, *Austria's Wars of Emergence, 1683-1797*, Routlege, 2013 [2003].

Illyés, Gyula, *Ceux des pusztas. Le déjeuner au château*, traduction de Véronique Charaire, Gallimard, coll. "Du monde entier", 1969. *[Pusztták népe; Ebéd a kastélyban.]*

Janik, Allan et Toulmin, Stephen, *Wittgenstein's Vienna*, Elephant Paperbacks, 1973.

Judson, Pieter M., *L'Empire des Habsbourg, une histoire inédite*, traduction de Johan-Frédérik Hel Guedj, Perrin, 2021. [*The Habsburg Empire: A New History*, 2016.]

Keyserling, Hermann von, *Analyse spectrale de l'Europe*, traduction d'Alzir Hella et Olivier Bournac, Gonthier, "Bibliothèque médiations", 1965. [*Das Spektrum Europas*, 1928.]

King, David, *Vienna 1814; How the Conquerors of Napoleon Made Love, War, and Peace at the Congress of Vienna*, Broadway Paperbacks, 2008.

Kraus, Karl, *Les Derniers Jours de l'humanité*, traduction de Jean-Louis Besson et Henri Christophe, Agone, 2005. [*Die letzten Tage der Menschheit,* 1922.]

Kumar, Krishan, *Visions of Empire: How Five Imperial Regimes Shaped the World*, Princeton University Press, 2019.

Magris, Claudio, *Danube*, traduction de Jean et Marie-Noëlle Pastureau, Gallimard, 1990. [*Danubio*, 1986.]

Menasse, Robert, *La Capitale*, traduction d'Olivier Mannoni, Verdier, 2019. [*Die Hauptstadt*, Suhrkamp, 2017.]

Mitchell, Aaron Wess, *The Grand Strategy of the Habsburg Empire*, Princeton University Press, 2018.

Morris, Jan, *Trieste ou le Sens de nulle part*, traduction de Guillaume Villeneuve, Nevicata, 2018.

Morton, Frederic, *Thunder at Twilight, Vienna 1913-1914*, Da Capo Press, 1989.

Musil, Robert, *L'Homme sans qualités*, traduction de Philippe Jaccottet, Le Seuil, coll. "Points", 1995. [*Der Mann ohne Eigenschaften*, 1930-1932.]

Okey, Robin, *The Habsburg Monarchy, c. 1765-1918. From Enlightenment to Eclipse*, Bloomsbury, 2000.

Pešalj, Jovan, Steidl, Annemarie, Lucassen, Leo et Ehmer, Josef (éd.), *Borders and Mobility Control in and between Empires and Nation-States*, Brill, 2022.

Rohan, Karl Anton, *Europa: Streiflichter* (Europe : un coup de projecteur), 1923.

Roth, Joseph, *Hôtel Savoy*, traduction de Françoise Bresson, Gallimard, coll. "Du monde entier", 1969 [*Hotel Savoy*, 1924.]

Roth, Joseph, *La Marche de Radetzky*, traduction de Blanche Gidon, revue par Alain Huriot, Le Seuil, 1998. [*Radetzkymarsch*, 1932.]

Roth, Joseph, *La Crypte des Capucins*, traduction de Blanche Gidon, Le Seuil, 1983. [*Die Kapuzinergruft*, 1938.]

Roth, Joseph, *Les Fausses Mesures*, traduction de Brice Germain, Sillage, 2009. [*Das falsche Gewicht*, 1937.]

Rumiz, Paolo, *Comme des chevaux qui dorment debout*, traduction de Béatrice Vierne, Arthaud, 2018. [*Come cavalli che dormono in piedi*, Feltrinelli, 2014.]

Scheer, Tamara, *Von Friedensfurien und dalmatischen Küstenrehen: Vergessene Wörter aus der Habsburgermonarchie*, Amalthea Verlag, 2019.

Schnitzler, Arthur, *La Nouvelle rêvée*, traduction de Philippe Forget, Garnier-Flammarion, 2002 ; ou *Double rêve*, traduction de Pierre Deshusses, Payot et Rivage, 2010. [Titre original : *Traumnovelle*, 1926.]

Schulze, Max-Stephan et Wolf, Nikolaus, "On the Origins of Border Effects: Insights from the Habsburg Customs Union", CSGR Working Paper Series 231/07, juin 2007.

Siemann, Wolfram, *Metternich, Strategist and Visionary*, traduction de Daniel Steuer, Harvard University Press, 2019. *[Metternich, Stratege und Visionär, eine Biografie.]*

Snyder, Timothy, *Le Prince rouge. Les vies secrètes d'un archiduc de Habsbourg*, traduction d'Olivier Salvatori, Gallimard, 2013. *[The Red Prince.]*

Steiner, George, *Une certaine idée de l'Europe*, traduction de Christine Lebœuf, Actes Sud, coll. "Un endroit où aller", 2005.

Taylor, A. P. J., *The Habsburg Monarchy 1809-1918*, Penguin Books Limited, 1990.

Tóth, Barbara, *Karl von Schwarzenberg: Die Biografie*, Ueberreuter Verlag, 2017.

Van der Kiste, John, *The End of the Habsburgs: The Decline and Fall of the Austrian Monarchy*, Fonthill Media, 2019.

Waal, Edmund de, *The Hare with the Amber Eyes: A Hidden Inheritance,* Chatto & Windus, 2010.

Waal, Edmund de, *The White Road: A Pilgrimage of Sorts*, Chatto & Windus, 2015.

Weidermann, Volker, *Ostende: 1936, Sommer der Freundschaft* ("Ostende, 1936. L'été de l'amitié"), Verlag Kiepenheuer und Witsch, 2014.

Wheatcroft, Andrew, *The Habsburgs, Embodying Empire*, Penguin Books, 1996.

Winkelhofer, Martina, *The Everyday Life of the Emperor: Francis Joseph and his Imperial Court*, traduction de Jeffrey McCabe, Haymon Verlag, 2012. *[Der Alltag des Kaisers. Franz Joseph und sein Hof.]*

Zielonka, Jan, *Europe as Empire: The Nature of the Enlarged European Union*, Oxford University Press, 2006.

Zombory-Moldován, Béla, *The Burning of the World: A Memoir of 1914*, New York Review Books, 2014.

Zweig, Stefan, *Le Monde d'hier. Souvenirs d'un Européen*, traduction Serge Niémetz, Belfond, 1993. [*Die Welt von Gestern. Erinnerungen eines Europäers*, 1942.]

REMERCIEMENTS

Ce livre a mis des années à grandir et à mûrir. Certains courts passages avaient déjà été publiés dans *NRC Handelsblad*, *De Standaard*, *EUobserver* et par Carnegie Europe. Mais le livre n'a véritablement pris forme que pendant le confinement de 2020 contre le Covid-19.

Je remercie tous ceux qui, au fil des années, m'ont encouragée, conseillée, signalé des livres, recommandé des contacts et indiqué des numéros de téléphone – parfois en partageant un Aperol spritz ou un *Tafelspitz*.

Je remercie également mon éditeur Frits van der Meij, ainsi que Ben van der Velden et Elsbeth de Vos, qui ont consciencieusement relu et commenté tous mes brouillons. J'assume, bien sûr, l'entière responsabilité des éventuelles fautes ou erreurs contenues dans cet ouvrage.

Sans mon époux et mes enfants, ce livre n'aurait jamais vu le jour. Patiemment, ils m'ont accompagnée, soufflé des idées, recommandé des livres et des articles. Les plus belles photos figurant dans le livre sont de Thierry et Nina. Merci à tous.

TABLE

OUVRAGE RÉALISÉ
PAR SOFT OFFICE
REPRODUIT ET ACHEVÉ D'IMPRIMER
EN AVRIL 2023
PAR CORLET
À CONDÉ-EN-NORMANDIE
POUR LE COMPTE DES ÉDITIONS
ACTES SUD
LE MÉJAN
PLACE NINA-BERBEROVA
13200 ARLES